KB117105

크리미널 조선

# 크리미널 조선

1판 1쇄 발행 2019. 12. 26.
1판 3쇄 발행 2023. 05. 01.

지은이 박영규

발행인 고세규
편집 이한경 | 디자인 윤석진
발행처 김영사
등록 1979년 5월 17일(제406-2003-036호)
주소 경기도 파주시 문발로 197(문발동) 우편번호 10881
전화 마케팅부 031)955-3100, 편집부 031)955-3200 | 팩스 031)955-3111

값은 뒤표지에 있습니다.
ISBN 978-89-349-9979-9 03910

홈페이지 www.gimmyoung.com      블로그 blog.naver.com/gybook
인스타그램 instagram.com/gimmyoung   이메일 bestbook@gimmyoung.com

좋은 독자가 좋은 책을 만듭니다.
김영사는 독자 여러분의 의견에 항상 귀 기울이고 있습니다.

표지그림_서울대학교 중앙도서관

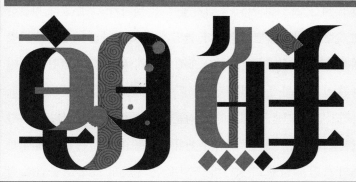

# 크리미널 조선

박영규 지음

**우리가 몰랐던 조선의 범죄와 수사, 재판 이야기**

김영사

들어가는 말

# '조선인 사용 부작용 설명서'를 펴내며

선조 시절, 포천의 어느 무덤가에서 한 남자가 칼에 찔려 처참하게 죽은 시신으로 발견되었다. 놀랍게도 그 남자는 재상급의 고관대작이었다. 사건이 알려지자 조정이 발칵 뒤집혔다. 범인으로 지목된 자들은 화적 떼였다.

하지만 범인들을 체포하여 심문을 진행할수록 이상하게도 사건은 미궁 속으로 빠져들기만 했다. 체포된 범인들은 감옥에서 의문의 죽임을 당했고, 그나마 죽지 않은 자들도 태도를 돌변해 말을 바꾸기 시작했다. 그런 와중에 화적 떼에 살인을 청부한 자가 따로 있다는 것이 밝혀졌다. 그러나 그 교사범을 밝히려 들면 들수록 수사는 더욱 벽에 부딪치기만 했다. 불가항력의 거대한 힘이 수사관들을 가로막고 끊임없이 범인을 안갯속에 감춰버렸다.

그나마 가까스로 밝혀진 것은 이 사건이 치정살인이라는 사실

정도였다. 죽은 재상과 교사범 사이에 기생 하나를 두고 연적 관계가 형성되었고, 불화와 갈등이 결국 화적 떼 강도사건으로 위장된 청부살인으로 이어졌던 것이다. 하지만 이런 사실을 다 밝혀놓고도 포도청과 형조는 범인을 체포하지 못했고 이 사건은 영원히 미제로 남고 말았다.

도대체 포도청은 왜 사건을 덮을 수밖에 없었던 것일까? 수사를 방해하고 압력을 행사했던 강력한 힘은 무엇이었을까?

놀랍게도 사건을 은폐하고 포도청에 외압을 가했던 인물은 당시의 왕 선조였다. 그리고 기생 문제로 재상급 고관대작의 살해를 청부한 범인은 선조의 큰아들 임해군 이진이었다. 왕자 신분으로 살인을 저지른 아들과 그 범죄를 감추고 아들을 구하기 위해 물불 가리지 않은 제왕 신분의 아버지. 이렇듯 힘 있는 자들은 시대를 막론하고 자신의 치부를 숨기기 위해 간악한 흉계로 협잡을 서슴없이 저질렀다.

비단 이 사건뿐 아니라 조선시대의 모든 범죄사건 뒤에는 권력과 돈, 음모와 모략, 그리고 간계와 비리가 판을 쳤다. 살인은 물론이고 강도와 절도, 성범죄와 폭행, 밀수와 방화 등 모든 사건에서 이런 현상은 일상으로 굳어졌다. 권력 있고 돈 있는 자들은 살인을 하고도 온갖 이유와 구실로 감형을 받아 사형을 면하거나 무죄로 방면되기 일쑤였고, 힘없고 가난한 백성들은 작은 죄를 짓고도 하소연 한번 제대로 하지 못하고 형장의 이슬로 사라지는 일이 다반사였다.

그렇다고 모든 관리와 형리가 진실을 은폐하고 부정과 비리에만 골몰한 것은 아니었다. 그 시절에도 사건의 진상을 파헤치고 검은손의 유혹을 뿌리치며 불의와 싸우던 사람들이 많았다. 그들은 어떻게 해서든 공정한 수사와 재판을 통해 범죄를 밝혀내고 범인을 처벌하여 법의 정의를 구현하기 위해 고군분투했다.

그럼에도 정의는 늘 백성들의 삶과 동떨어져 있었다. 지금이나 조선시대나 법은 죄인의 처벌이 아니라 한 명이라도 억울한 사람이 없도록 하는 데 목적을 둔다. 그러나 그것은 어디까지나 허울 좋은 공염불에 불과했다. 특히 신분사회였던 조선의 힘없는 백성에게 법이란 그저 수탈과 억압을 합법화하는 무형의 칼날일 뿐이었다.

일례로 어느 마을에 살인사건이 발생하면 해당 마을은 하루아침에 쑥대밭이 되곤 했다. 고을 수령이 사건 현장에 오기도 전에 이미 마을엔 한 차례 폭풍이 지나간다. 아전과 나졸이 들이닥쳐 마을의 노인들을 포승줄로 묶어 죄인 다루듯 닦달하는 것을 시작으로 온 마을을 벌집 쑤시듯 휩쓸고 다니며 곡식이든 가축이든 마구잡이로 노략질하는 까닭이다.

어디 그뿐이랴. 수사가 시작되면 백성의 고충은 한층 심화된다. 피의자나 피해자의 이웃부터 잡아들이는 것이 수사의 첫 단계였다. 이들은 증인이 되어 사건을 조사하는 순간부터 판결이 날 때까지 죄인처럼 살아야만 했다. 주민들은 혹시라도 증인으로 끌려갈까 두려워 나졸이 마을에서 무슨 짓을 해도 당할 수밖에 없었다. 그래서 그들이 당도하면 으레 마을 사람들이 돈을 모아뒀다가 바치는 것이 관례였다.

이런 상황이고 보니 살인사건이 터지면 마을이 아예 사라지는 경우도 허다했다. 주민들은 지레 겁을 먹고 보따리를 싸서 다른 마을로 달아나기도 했고, 한동안 산속에 숨어 살며 송사가 끝나길 기다리기도 했다. 그러니 사람이 살던 집은 폐가가 되고 순식간에 마을이 송두리째 사라지는 사태가 나는 것이다.

때문에 살인사건이 발생하면 마을 사람들이 공동으로 사건을 은폐하는 일이 다반사였다. 이로 인해 정작 고발되는 사건은 전체의 10퍼센트도 되지 않았다. 나라와 관청의 횡포가 백성들로 하여금 살인의 공범이 되도록 조장했던 셈이다. 그래서 송사가 터지면 집안이 망하고 마을이 사라진다고 했던 것이다.

물론 수사와 심문, 기소와 재판은 절차에 따라 이뤄졌다. 수사와 심문, 기소는 지방에선 각 지역의 수령이 맡고, 서울에선 포도청과 한성부가 맡았다. 재판은 당시에도 요즘처럼 3심제였다. 1심의 경우 지방에선 관찰사가, 서울에선 한성부 판윤이 담당했다. 2심과 3심은 모두 형조와 의금부에서 맡았다.

재판 과정은 인고의 세월 그 자체였다. 심문하는 동안 혹독한 고문을 견뎌야 하는 것은 물론이고, 길게는 20년이 넘도록 재판이 끝나지 않아 감옥에서 늙어 죽는 죄수도 있었다. 그럼에도 재판이 중요한 것은 그 결과에 따라 집안 전체의 운명이 결정되었기 때문이다. 누군가 범죄를 저지르면 연좌제가 적용되어 그 가족들까지 함께 처벌받는 것이 조선의 법이었다.

때문에 조선 백성들은 가족 중 하나가 범죄사건에 연루되면 가능한 모든 수단과 방법을 동원해 죄에서 빠져나오기에 혈안이 될 수밖에 없었다. 그 과정에서 협잡과 음모는 당연했고 뇌물과 청탁은 일상이 되었다. 가족을 감옥에서 빼내기 위해서라면 부모와 형제, 친지는 물론이고 친구나 사돈의 팔촌까지 모두 팔아야 했던 것이다.

그러니 이 과정에서 모든 인간의 밑바닥이 여지없이 드러나는 것은 당연한 일이다. 범죄 자체만 하더라도 욕망과 욕정의 뿌리를 들추어내는 일인데, 거기에 죽음의 위협으로부터 벗어나려는 생존을 향한 발버둥까지 더해지니 범죄와 그 처리 과정이야말로 당대 사람들의 본능과 민낯을 확인할 수 있는 가장 확실한 사료가 아닐까 싶다.

이런 의미에서 이번 집필은 조선인들이 남긴 가장 적나라한 삶의 모습을 파헤치는 작업이었다고 감히 말할 수 있다.

역사는 지구에서 가장 위험한 존재인 인류를 어떻게 이해하는 것이 가장 현명한지를 알려주는 일종의 '인류 사용 설명서'라고 할 수 있다. 이 책은 살인, 성범죄, 절도, 폭행, 강도, 위조, 밀수, 방화 등 인간이 시대를 불문하고 저질러왔던 대표적인 범죄와 그 처리 과정을 다루고 있다. '인류 사용의 부작용'에 집중한 셈이다. 그것도 조선시대에 한정했으니 명칭을 붙이자면 '조선인 사용 부작용 설명서'라고 할 수 있지 않을까. 모쪼록 이 책이 조선 백성들의 삶을 세심하게 이해하는 하나의 계기가 되길 바란다.

2019년 12월 일산우거에서

박영규

## 3장 | 미제사건 파일

## 4장 | 성범죄사건 파일

# 7장 | 위조사건 파일

# 8장 | 폭행·방화·밀수사건 파일

# 9장 | 조선에만 존재한 범죄

이 책을
읽기 전에

# 조선의 사법기관과 3심제

## 사법권을 행사한 기관

—

조선시대에는 범죄를 수사할 때 어떤 과정을 거치고, 어떻게 범죄자를 처벌했을까? 이에 대한 궁금증을 가장 빠르게 해소하는 방법은 당시에 실제로 일어났던 사건이 어떤 과정을 거쳐 처벌에이르는지 구체적으로 살펴보는 것이다.

1장에서는 영조시대 말기에 발생하여 정조시대에 처벌된 살인사건을 통해 당시의 범죄 처리 과정을 소개하고자 한다. 구체적으로 사례를 살피기에 앞서 당시에 사법권을 행사한 기관과 재판절차에 대해 간략히 알아본다.

시대와 지역을 막론하고 사람이 사는 곳엔 반드시 범죄가 있기마련이고, 범죄가 있는 곳에는 범죄를 다루는 치안 기관이 있다.

또한 범죄자를 체포하면 어떤 형태로든 처벌이 있을 수밖에 없고, 처벌을 하려면 그 수위를 결정하는 곳이 필요하므로 형량을 결정하는 사법기관이 존재한다. 따라서 범죄가 있는 곳에는 치안기관과 사법기관이 필수적이다.

그렇다면 조선시대엔 어떤 치안기관과 사법기관이 있었을까? 조선은 사법과 행정이 제대로 분리되지 않아 지금처럼 치안기관과 사법기관이 세분화되지 않았다. 각 행정기관이 경찰과 검찰, 법원의 기능을 보유했을 뿐이다. 따라서 행정업무를 담당하는 관청이 곧 경찰, 검찰, 법원의 기능을 했다.

조선의 행정조직은 중앙조직과 지방조직으로 구분된다. 지방에서는 행정기관이 곧 치안기관이자 사법기관이었지만, 중앙에서는 치안을 맡은 기관과 사법권을 가진 기관이 따로 있었다. 그래서 지방에서는 현·군·도호부·목·부·도 등의 행정기관이 치안권과 사법권을 행사했지만, 중앙에서는 형조·의금부·사헌부가 치안권과 사법권을 행사했다. 한성부의 경우 서울의 행정을 맡은 지방기관이지만 중앙 행정기관의 역할을 했다.


## 치안과 소송, 재판 전담기관 형조
—

조선의 정부조직은 이·호·예·병·형·공조로 이뤄진 육조를 기

| 형조의 구성 | 소속 부서 | 상복사, 고율사, 장금사, 장례사 |
|---|---|---|
| | 소속 관청 | 좌·우포도청, 좌·우순청, 율학청, 전옥서, 장례원, 보민사 |

반으로 한다. 그중에서 국가의 치안과 사법을 책임지는 곳이 형조다. 형조의 주된 임무는 치안과 소송, 그리고 재판이었다. 지금의 법무부와 대법원의 기능을 동시에 수행했던 셈이다.

형조는 상복사, 고율사, 장금사, 장례사 등 4사를 기반으로 한다. 상복사는 사형죄인 등 중죄인의 2심과 3심을 맡았고, 고율사는 법령과 사건을 조사했다. 장금사는 형벌과 옥사에 관한 일, 금령을 내리는 일에 관여했으며, 장례사는 노비의 호적과 포로에 관한 일을 담당했다. 다시 말해 상복사는 지금의 고등법원과 대법원, 고율사는 검찰, 장금사는 경찰과 교도기관에 해당한다고 볼 수 있다. 하지만 노비가 사라진 현대에는 장례사와 비슷한 기구는 없다.

형조의 관원을 살펴보자. 《경국대전》에 나와 있는 초기 관원은 판서·참판·참의 각 1인, 정랑과 좌랑 각 4인, 이 밖에 법률을 가르치는 율학교수, 별제, 명률 등이 있었다. 정랑과 좌랑은 각 사의 책임자인데, 형조에 4사가 있었기 때문에 4인씩 배치되었다.

형조에 소속된 관청으로는 포도청, 순청, 율학청, 전옥서, 장례원, 보민사 등이 있었다. 이들 관청을 하나씩 살펴보자면, 우선 포도청은 지금의 경찰청에 해당하는 기관으로 도적의 체포나 각종 범죄를 단속하고 도성 안팎의 야간 순찰을 담당했다. 왕이 거둥할 때는 호위를 맡기도 했다. 포도청 청사는 원래 하나였으나 관리해야 하는 지역이 너무 넓어 성종 때 한성과 경기를 둘로 나누어 좌포청과 우포청을 만들었다. 좌포청사는 현재 서울 종로구 수은동 일대에 있었고, 우포청은 현재 종로1가 일대에 있었다. 포도청의 장은 종2품의 포도대장으로서, 왕의 행차에 반드시 순시하여 동행했으며, 다른 직책은 겸하지 않았다. 그 외의 관원으로는 종6품의 종사관 3인을 위시하여 부장, 무료부장, 겸록부장, 가설부장(정원 외에 더 둔 부장) 등이 포진해 있었으며, 그 밑에 군관, 서원, 사령, 군사 등을 두었다.

순청은 포도청 산하의 순찰기관으로 좌순청과 우순청이 있었다. 이곳에 근무하는 순찰관을 순라군이라고 하는데, 이들의 순찰을 위해 도성 곳곳에 경수소를 설치했다. 경수소는 도성 안팎의 도적을 방비하고 화재를 예방하기 위한 일종의 파출소다. 순라군들이 숨어 있는 곳이라고 해서 '복처伏處'라고 부르기도 했다.

율학청은 법전의 시행에서 전문적인 실무와 법률 교육을 맡아보는 곳으로, 지금의 법제처와 사법연수원 기능을 담당했다. 율학청의 관원으로는 종6품 율학교수를 비롯하여 명률(종7품), 심률(종8품), 율학훈도(정9품), 검률(종9품) 등이 있었다. 율학교수는 의금부의 일을 겸했고, 승정원, 병조, 사헌부, 규장각, 개성부, 강화부 등에 율관을 파견했다. 또 지방 8도의 감영에도 검률을 1인씩 파견하여 법률적인 조언을 하도록 했다.

전옥서는 죄수를 관장하던 기관으로 오늘날의 교도소에 해당한다. 서울 중부 서린방(현재 종로구 세종로 부근)의 의금부 옆에 있었다. 실무관리로 주부(종6품) 1인, 봉사(종8품) 1인, 참봉(종9품) 1인과 서리 4인 및 나장 30인을 두었다. 전옥서는 형리들의 부정이 극심한 곳이었기 때문에 형조에서는 전옥서의 부정을 막기 위해 월령낭관을 파견하여 수시로 감찰하곤 했다.

장례원은 노비 문서를 보관·관리하며 노비 소송을 처리하는 기관으로 육조거리에 있었다. 관원은 판결사(정3품) 1인, 사의(정5품) 3인, 사평(정6품) 4인을 두었다.

보민사는 속전贖錢에 관한 일을 관장하기 위하여 설치된 기관이다. 속전이란 죄를 대신해서 내는 돈을 의미하는데, 지금의 벌금과 같은 개념이다.


## 도성의 모든 업무를 관장한 한성부

—

한성부는 지금의 서울시청에 해당하는 관청으로, 한성 이내와 한성 바깥 10리 이내의 행정, 치안, 사법을 모두 담당하던 서울의 지방 행정기관이다. 한성부에서 주요 업무는 서울에 사는 인구와 가구 수를 조사하여 정리하고, 시장과 가게 및 가옥, 토지와 더불어 서울을 둘러싼 산과 도로, 다리, 하천 등을 면밀히 조사하여 관리하는 일이었다.

이런 행정권 외에 한성부에는 경찰권과 사법부의 권한도 있었다. 소송을 처리하고 죄인을 처벌하는 데 다른 어떤 부서보다도 큰 권한이 있어서 형조, 사헌부와 함께 삼법사三法司라고 불리기도 했다.

한성부에는 정2품인 한성판윤 1인을 비롯하여 종2품 좌윤과 우윤이 각각 1인씩 있었고, 그 밑에 서윤 1인, 판관 2인, 참군 2인 등이 있었다. 판윤은 요즘으로 말하자면 서울시장이고, 좌윤과 우윤은 부시장에 해당한다. (판윤은 나중에 부윤으로 명칭이 바뀐다.) 서윤이란 종4품 벼슬로 판윤을 돕는 보좌관이며, 종5품 판관은 행정실무를 담당하던 관리다. 그리고 참군은 정7품의 군직인데, 숙종 12년(1686년) 이후 참군은 한성부에서 사라지고 대신 종6품의 주부 2인을 두게 된다.

이들 외에 서리가 41인, 호적 담당 서원이 11인, 글자를 베껴 쓰는 서사가 1인, 소송문을 담당하는 소차서리가 3인, 대령서리가 1인, 고직 1인 등 58인의 이속이 있었다. 거기다 사령이 47인, 구종이 14인이 있었다. 구종驅從이란 벼슬아치를 모시고 다니는 관노를 지칭한다. 이외에도 군사 7인이 더 있었으니, 한성부에 근무하는 직원은 총 130인 정도였다. 이렇듯 소속된 관원이 많은 까닭에 한성부 관청 규모는 172간이나 되었다.

## 특별사법재판소 의금부

—

의금부는 최고 사법기관으로서 지금의 3심제와 같은 대법원 기능을 했다. 하지만 단순히 재판만 하는 곳은 아니었다. 범인을 색출하고 수사하고 기소하는 일까지 했으니, 경찰과 검찰, 법원의 기능을 다 가지고 있는 특별사법부라고 하는 편이 맞을 것이다.

지금의 경찰청 기능을 했던 포도청이 형조에 속해 있는 데 반해 의금부는 왕의 직속기관이었다. 따라서 의금부와 같은 기관은 왕조시대에서나 찾아볼 수 있고, 현대사회에는 비교 대상이 없다.

의금부는 원나라에 복속되었던 시절인 고려 충렬왕 때 설치된 순마소에서 유래했다. 순마소는 순군만호부, 사평순위부를 거쳐, 조선시대에 들어와서는 태종 초기에 순위부, 의용순금사 등으로 명칭이 바뀌었다. 그 뒤 왕권이 안정되자 태종 14년(1414년)에 의금부로 개칭되어 지속되었다. 그리고 1894년 갑오개혁 때 의금사로 이름이 바뀌었다가 결국 일제에 의해 고등재판소로 바뀌었다.

태종 시절의 의금부 관원을 보면 도제조는 정승인 정1품이 겸직했고, 제조는 3인을 두도록 했다. 제조는 대개 종1품 이하의 당상관이 맡았다. 하지만 이들은 임기가 따로 없었고, 사건에 따라 위관이 되어 죄인을 심문하는 역할을 했지만 실무를 맡지는 않았다.

의금부의 실무는 정3품 진무 2인을 수장으로 하여, 종3품 부진무 2인, 4품의 지사 2인, 5~6품의 도사 4인을 중심으로 이뤄졌다.

이들 아래로 서리 역할을 하는 영사가 40인, 무관직인 백호 80인, 하급군졸이자 옥졸인 나장 1백 인, 의금부에 소속된 사졸인 도부외 1천 인을 뒀다.

하지만 후대로 갈수록 의금부에 예속된 인원은 줄어들었다. 《경국대전》엔 당상관 4인을 종1품 판사로 하고, 정2품 지사 1인, 종2품 동지사 1인을 뒀는데, 이들은 모두 겸직이었다. 따라서 의금부 실무는 종4품 경력과 종5품 도사 위주로 이뤄졌다. 의금부 도사의 품계는 많은 변화를 겪어서 영조 이후에는 종6품에서 종9품으로 낮아졌다. 영사의 수도 후대로 갈수록 줄어들어 《속대전》에는 18인을 뒀다고 기록하고 있다. 나장 역시 《속대전》에는 40인으로 규정되었다가 《육조전례》에서는 80인으로 늘어나는 등 변화가 있었다. 이렇듯 의금부 관원 수가 줄어들었다는 것은 왕권이 약해졌음을 방증하는 일이기도 하다.

의금부는 당시 한성부 중부 견평방에 있었는데, 지금의 서울 종로구 견지동에 해당한다.


## 권력을 견제하고 감찰하는 사헌부

—

사헌부는 조선시대 언론삼사의 중심기관이었다. 조선시대의 언론이란 신하와 왕의 잘못을 지적하여 바로잡는 역할을 했다. 그것은 곧 임금다운 임금, 신하다운 신하, 백성다운 백성으로 가르치고 행하게 하는 일이었다. 그 같은 업무를 담당한 사헌부, 사간원, 홍문관을 합해서 언론삼사라고 일컫는다.

언론삼사 중 사법권과 감찰권을 가진 유일한 곳이 바로 사헌부인데, 법을 만드는 입법에서부터 법령을 집행하는 사법처리까지 맡았다.

사헌부의 기능은 다음의 다섯 가지로 나눌 수 있다. 첫째로는 정치적인 문제에 대한 언론활동이다. 위로는 왕의 말이나 행동에 잘못이 있을 때 이를 바로잡기 위해 간쟁諫諍(왕의 잘못을 지적하고 고치는 일)을 하고, 아래로는 관리의 부정이나 비리를 조사하여 탄핵하는 일을 했다. 지금의 감사원과 비슷한 업무를 담당했다고 볼 수 있다. 관리를 감찰하다 보니 자연히 인재를 배치하는 인사에도 관여했다. 꼭 알맞은 자리에 적절한 인재를 씀으로써 조정을 안정시키고 합리적인 정치풍토를 만드는 것이 사헌부의 주요 임무 중 하나였다. 이 밖에도 당시에 일어나는 중요한 정치적인 사안에 대한 옳고 그름을 논하여 바른 방향을 잡아주는 시정의 기능도 수행했다.

둘째로는 정치 참여다. 사헌부의 관원들은 의정부 및 육조 대신들이 왕에게 정치 안건을 보고하거나 자문을 받는 자리에 같이 참여했으며, 이들과 함께 입법에 관한 논의도 했다. 지금으로 얘기하자면 입법부에 해당하는 국회의 기능도 담당했던 것이다. 그 때문에 사헌부를 헌대憲臺, 즉 '법을 맡은 기관'이라고도 불렀다.

셋째로는 왕을 가장 가까이에서 모시는 신하로서의 역할이다. 그래서 왕을 위한 정치 토론장인 경연과 세자의 제왕 교육장인 서연에 반드시 참석했고, 왕의 행차에도 따라다녔다.

넷째로는 관리에게 임명장을 내리거나 상벌을 주는 일에 대한 심사를 맡아 함으로써 인사에 부정이 없게끔 했다.

다섯째로는 법령의 집행, 관리에 대한 조사, 죄인 심문, 억울한 백성의 소송을 재판하는 일 등 사법부로서의 기능을 수행했다. 이 때문에 형조, 한성부와 함께 삼법사라고 불렀다.

사헌부의 관원으로는 종2품 대사헌 1인과 종3품 집의 1인, 정4품 장령 2인, 정5품 지평 2인, 정6품 감찰 24인이 있었다.

사헌부 감찰은 자주 지방에 파견되어 지방관리들을 은밀히 감시하고 비리를 적발하여 고발하는 업무를 수행했다. 이들을 다른 말로 '행대감찰'이라고 하는데, 당시 지방관들은 행대감찰이 출동하면 몸을 사리며 아주 두려워했다. 행대감찰은 성종 때부터 암행어사 제도로 변경된다.


## 3심제에 기반한 재판

—

그렇다면 조선의 재판제도는 어떤 형태였을까? 조선의 재판제도는 3심제를 기반으로 했지만 형벌의 경중에 따라 1심 또는 2심제를 적용하는 형태였다. 형벌은 5형제도를 갖췄는데, 사형, 유배형, 도형(징역형), 장형, 태형 등 다섯 가지였다. 이 중에서 태형에 해당되는 죄일 경우엔 1심관이 직결할 수 있고, 유배형 이하일 경우엔 2심관이 결심 선고를 할 수 있었다. 그러나 사형에 해당되는 경우엔 반드시 3심을 적용하도록 했다. 또한 유배형 이하라고 하더라도 피의자가 신문고를 쳐서 다시 재판을 받기 원하면 3심이 진행되었다.

예컨대 중앙에서 사형에 해당하는 살인사건이 발생했다면 1심은 한성부가 진행하고 2심과 3심은 형조 또는 의금부에서 진행했다. 이와 달리 지방에서 발생한 살인사건의 경우 1심은 관찰사가 맡고, 2심과 3심은 형조에서 맡았다. 하지만 3심의 최종 판결은 지방과 중앙을 가리지 않고 왕이 직접 했다. 태형 이하의 가벼운 형벌은 지방에서는 현감, 군수 등의 지방 수령이 직결했고, 서울에서는 한성부에서 직결했다.

이러한 3심제를 더 정확히 이해하기 위해 영조 51년(1775년)에 고발 접수된 사건인 '박웅삼 살인사건'의 진행 과정을 살펴본다.

## 1장

# 살인사건으로 본
# 수사와 재판 과정

## 사건 발생 4년 뒤에 접수된
## 의문의 고발장
—

4년 전인 신묘년(1771년)에 마을 사람 전여횡이 밥을 구걸하러 온 박응삼을 붙잡아 가혹하게 구타하고 묶어서 22일 동안 가둬뒀다가 박응삼이 사망하자 서둘러 매장하였습니다. 이에 전여횡을 살인자로 고소합니다.

이는 1775년(을미년) 5월에 충청도 옥천군의 한 관청에 접수된 살인사건에 대한 고소장의 일부다. 고소인은 옥천군의 어느 마을 주민인데, 이름이 명시되지는 않았다.

고소장에 따르면 고소된 전여횡은 꽤 부유한 사람이었고, 박응삼은 형편이 어려운 사람이었다. 박응삼이 전여횡의 집에 찾아와 밥을 구걸하자 이전부터 박응삼에 대한 감정이 좋지 않던 전여횡은 다짜고짜 박응삼을 잡아다 구타했고, 그것도 모자라 22일 동안이나 창고에 가둬뒀다. 이후 박응삼이 사망하자 형제들과 함께 몰래 산에 묻어버렸다.

그런데 마을 사람들은 이 사실을 알고도 4년 동안이나 관가에 고발하지 않다가 이때에 와서 고발장을 접수했다. 도대체 마을 사람들은 왜 사건이 발생한 지 4년이 지나서야 전여황을 고발했을까?

사실 마을 사람들이 박응삼의 죽음을 관청에 알리지 않은 데엔 그들 나름의 절박한 이유가 있었다. 옥천의 이 마을 사람들뿐 아니라 조선시대의 모든 마을이 살인사건 고발을 매우 꺼렸다. 그 때문에 조선의 살인사건 중 80퍼센트는 암암리에 은폐되었다.

당시 사람들이 살인사건 고발을 꺼렸던 가장 큰 이유는 관청의 횡포와 수탈, 그리고 죄 없이 당하는 매질 때문이었다. 어느 마을에 살인사건이 일어나면 해당 마을은 하루아침에 쑥대밭이 되곤 했다. 고을 수령이 사건 현장에 오기도 전에 이미 마을엔 한 차례 폭풍이 지나간다. 문졸들이 들이닥쳐 마을의 노인들을 포승줄로 묶어 죄인 다루듯 닦달하는 것을 시작으로 온 마을을 벌집 쑤시듯 휩쓸고 다니며 곡식이든 가축이든 옷이든 마구잡이로 노략질했기 때문이다.

문졸이란 관아의 문을 지키는 사령인데, 흔히 조례 또는 나장이라고 불리는 관속이다. 이들에겐 봉급이 주어지지 않았기 때문에 마을 사람들의 고혈을 짜서 먹고살았다. 이들 문졸은 별것 아닌 직책 같지만 힘없는 백성에겐 마을 수령이나 아전보다 훨씬 무서운 존재였다. 이 때문에 문졸이 온다는 말만 들어도 마을 사람들은 지레 겁을 먹고 도망가기 일쑤였다. 더구나 살인사건 조사 때문에 그들이 온다면 모든 마을 사람이 벌벌 떨 수밖에 없었다.

조선시대엔 살인사건이 나면 일단 피의자나 피해자의 이웃부터 잡아들였다. 이들을 간련干連·간증看證·인보隣保라고 하는데, 쉽게 말하면 이웃 또는 증인인 셈이다. 당시엔 이들을 마치 죄인 다루듯 했다. 간련·간증·인보로 지목되면 포승줄에 묶인 채 관아로 끌려가기 십상이었고 심지어는 감옥에 갇히기도 했다. 그 때문에 사람들은 어떻게 해서든 간련이나 간증, 인보로 지목되지 않기 위해 안간힘을 썼다. 그런데 간련 등을 결정하는 권리가 문졸에게 있었다. 그러니 마을 사람 누구든 문졸의 눈 밖에 나면 사건 관계자로 지목되어 온갖 고초를 겪으며 사건을 조사하는 순간부터 판결이 날 때까지 죄인처럼 살아야만 했다. 그 기간이 때론 수년씩 걸렸기 때문에 마을 사람들은 지옥 같은 삶을 피하기 위해 문졸들이 마을에서 무슨 짓을 해도 당할 수밖에 없었다. 으레 마을 사람들은 돈을 모아뒀다가 문졸이 마을에 오면 바치는 것이 관례였다.

문졸이 한바탕 설치고 나면 이번에는 아전이 관노를 이끌고 들이닥친다. 아전은 문졸보다 상전인 까닭에 역시 마을 사람들은 돈을 모아 그들에게 바칠 수밖에 없다.

이런 상황이고 보니 살인사건이 터지면 마을이 아예 사라지는 경우도 허다했다. 사람들이 지레 겁을 먹고 보따리를 싸서 다른 마을로 달아나기도 했고, 한동안 산속에 숨어 살며 송사가 끝나길 기다리기도 했다. 그러니 집은 폐가가 되었고 순식간에 마을이 송두리째 사라지는 사태가 나는 것이다.

이런 당시 상황에 대해 정약용은 《목민심서》〈형전〉에서 이렇게 서술했다.

옥사가 일어난 곳에는 아전과 군교들이 횡포를 부려 집을 부수며 침략하므로 그 마을은 그만 망하게 되니 가장 먼저 염려할 일이 바로 이것이다.

대개 살인사건이 일어나면 그 주범이 된 자는 마땅히 죽여야 하겠지만, 간련·간증·인보의 무리들은 본래 죄를 범한 것이 없다. 그런데 한번 목록에 들어가면 반드시 두 번씩 조사를 거친다. 혹 운이 나쁘면 세 번, 네 번, 다섯 번, 여섯 번까지 조사를 받는데, 이때는 수갑을 차고 옥에 갇힌 채 몇 달을 지내야 한다.

혹은 몇 년 뒤에 별도 조사로 심리를 하면 그때 또 잡아들이는데, 사실대로 말하면 이웃과 원수가 되어 마을에서 살지 못하기 십상이다. 그 때문에 안면을 봐서 감싸주면 수령이 죄를 씌워 억울하게 형장을 당하기도 한다.

또한 옥에 들어가면 비용이 엄청나게 든다. 유문踰門(감옥에 들어가는 것)이나 해가解枷(죄인의 목에 씌운 칼을 벗기는 것)에도 돈이 들고, 구류되면 주반酒飯(술상을 마련하는 것), 연항烟炕(온돌에 불을 때는 것)에도 비용

이 있어 백에 하나도 온전함 없이 가산을 탕진하게 된다.[*]

　그러므로 백성이 살인옥을 난리와 같이 겁내어 한번 말이 나기만 하면 물고기가 놀라듯, 짐승이 숨듯 하여 삽시간에 그만 사방으로 흩어진다. 여기서 완악한 장교와 악질 아전들이 으르고 소리치면서 그 약한 노인을 묶고 부녀를 잡으며, 솥을 앗아가고 돼지와 송아지를 몰아가며, 항아리를 찾아내고 길쌈한 것을 모두 노략질해 간다. 그러므로 창문은 일그러지고 부엌은 쓸쓸하며 울음소리는 하늘에 사무치고 온 마을엔 근심 걱정이 가득해진다.

　살인사건이 벌어진 마을은 이렇듯 아수라장이 되는 형국이었으니, 마을에 살인이 벌어져도 마을 사람들이 쉬쉬하며 은폐하는 것은 당연한 일이었다. 심지어 피해자 가족이 관청에 알리려고 해도 주민들이 압력을 가해서 신고를 하지 못하도록 하는 경우가 다반사였다. 또 피해자 가족이 신고하지 못하도록 마을 사람들이 돈을 거둬서 피해를 보상해주는 일도 많았다. 피해 보상을 마을에서 해주는 것이 마을을 살리는 유일한 길이라고 믿었기 때문이다.

　옥천에서 박응삼 사건이 4년 동안 은폐되었다가 뒤늦게 관청에 고발된 데엔 바로 이런 아픈 사연이 있었다.

──────────

● 당시 감옥에 들어가는 사람은 먼저 그곳에 있던 죄수들에게 신고식 등 여러 이유로 돈을 바쳐야 했다.

## 시신을 파내
## 검시에 돌입한 군수
—

그렇다면 또 하나의 의문이 생긴다. 마을 사람들은 4년 동안이나 숨기고 있던 이 사건을 왜 갑자기 관청에 알린 것일까? 이에 대한 분명한 기록은 없지만 짐작은 가능하다.

마을 사람들이 전여휭을 살인죄로 고발할 수밖에 없었던 것은 아마도 아전이나 문졸 같은 관속들의 귀에 박응삼 사건에 대한 소문이 들어갔기 때문일 것이다. 관속에게 살인사건은 대단한 돈벌이 수단이었기 때문에 소문을 들은 그들은 마을을 들쑤시고 다니며 사건의 진상을 캐내는 데 혈안이 되었을 가능성이 높다. 또한 용의자인 전여휭을 찾아가 협박을 일삼으며 돈을 끌어냈을 수도 있다. 이 사건을 기록한 《심리록審理錄》에는 이런 말이 있다.

"전여휭은 법을 어기고 형벌을 가했으며, 남모르는 곳에서 뇌물을 주었습니다."

이는 당시 2심을 맡았던 충청도 관찰사 구윤명이 형조에 올린 사건 보고서에 있는 내용이다. 구윤명의 말에서 알 수 있듯이 전여휭은 사건을 은폐하기 위해 뇌물까지 썼다. 하지만 뇌물이 통하지 않았는지 그는 살인죄로 관청에 고발되었다. 그러자 전여휭은 도주를 시도했는데 이내 체포되어 옥천군 관아로 끌려가 조사를 받아야만 했다.

조사를 진행한 옥천 군수는 전여횡에게 형신을 가하며 범행에 대한 자백을 받아내려고 했지만 실패했다. 전여횡은 박응삼이 스스로 목을 매어 자살한 것을 불쌍히 여겨 묻어줬을 뿐이라고 항변했다. 결국 군수는 박응삼의 무덤을 파헤쳐 검시를 하는 수밖에 없었다.

검시에는 초검과 복검이 있는데, 첫 번째 검시를 일컫는 초검은 살인사건이 일어난 해당 관청의 수령이 맡고, 두 번째 검시인 복검은 관찰사가 파견한 인근의 관청 수령이 맡는다. 따라서 옥천 군수가 행한 검시는 초검이었다.

검시는 마을 사람들이 가장 무서워하는 일이었는데, 그 이유를 《목민심서》는 이렇게 서술한다.

진실로 검시를 한 차례 치르면 드디어 폐촌廢村이 되어 해를 넘기지 못하고 다 시들고 병들어서 흩어져버리고 만다. 그러므로 고주告主 (고소인)는 대개 그 슬프고 원통함이 가슴에 치밀지만 마을 부로와 호걸들의 만류를 듣게 된다. 여기서 범인은 쫓아버리고 고주에게 뇌물을 주고 급히 매장하여 그 입을 막는데, 혹 권리權吏(권세 있는 아전)와 무교武校(장교 또는 사령) 들이 알고 위협하면 마을 안에서 돈 2백에서 3백 냥을 모아 뇌물을 주고는 끝내 고발하려고 하지 않으니 그 해독의 심함을 여기서도 짐작할 수 있다.

검시를 할 때는 증거를 찾기 위해
시신의 옷을 모두 벗긴 후 물 등으로 세척했다.
검시는 두 차례 이루어졌고
필요하다면 추가로 진행되는 경우도 있었다.

1937년 조선총독부 법무국이 간행한 《사법제도연혁도보》에 실린 조선시대의
검시 현장이다. | 서울대학교 중앙도서관

검시를 한 마을이 폐촌이 되는 이유는 검시에 동원되는 관속이 너무 많기 때문이다. 수령의 검시가 시작되면 질서를 잡는다는 명목으로 우선 문졸과 아전, 군관이 마을을 휩쓸고 다니며 온갖 행패와 악행, 수탈을 일삼는다. 거기다 죄인들을 신문하는 데 쓰이는 각종 형구를 가지고 수백 명의 관속이 말과 소를 이끌고 마을로 들어오는데, 그 행렬의 길이가 5리, 즉 2킬로미터에 이르렀다고 한다. 그들의 음식은 모두 마을에서 마련해야 하는데, 검시가 오래 지속되면 마을 사람들은 그들을 먹이고 재우고 입히느라 생업을 놓게 되고 마을은 아수라장이 되기 일쑤였다. 이렇다 보니, 마을 사람들은 검시가 실시된다는 말만 들어도 공포와 두려움에 휩싸일 수밖에 없었다.

어쨌든 옥천 군수의 1차 검시인 초검이 실시되었다. 박응삼의 무덤을 파헤치고 관을 부수자, 백골만 앙상하게 남은 유골이 드러났다. 검시를 맡은 오작인(시신을 검시하는 관노)이 군수의 지시에 따라 유골을 꺼내어 살폈고, 군수는 《신주무원록》을 펼쳐 유골의 상태를 통해 검시를 진행했다.

유골을 확인한 결과 정강이의 힘줄이 끊어지고 뼈가 부러져 있었으며 복사뼈가 썩어서 떨어졌다. 이는 죽기 전에 두 다리가 부러졌다는 뜻이다. 즉, 전여횡이 몽둥이로 박응삼의 다리에 매질을 가해 정강이뼈를 부러뜨리고 복사뼈를 부쉈다는 것이 증명된 셈이다. 하지만 그것으로 사람이 죽지는 않기 때문에 박응삼의 직접적인 사인은 확인하지 못했다.

아마도 박응삼은 굶어서 죽었을 것이다. 전여횡이 박응삼을 몽둥이로 구타한 후 묶어서 22일 동안이나 창고에 가둬뒀기 때문이다. 하지만 이미 백골밖에 남지 않은 상태였기 때문에 사인을 정확하게 규명하는 것은 불가능했다. 이 때문에 전여횡은 자신이 죽이지 않았다고 주장했다. 이에 옥천 군수가 유골의 상태를 언급하며 몽둥이로 때린 것이 확인되었는데도 발뺌을 한다면서 형신을 가했지만 전여횡은 여전히 살인을 부인했다.

초검이 그렇게 끝난 후, 또다시 복검이 이어졌다. 복검 역시 마을을 한바탕 뒤집어엎은 뒤에 시행되었고, 복검의 검시관은 초검과 같은 결론을 내렸다.

이렇듯 두 번의 검시가 이뤄지는 사이에 마을은 완전히 엉망이 되었고, 사건과 관련된 증인 및 이웃, 친척은 관청으로 끌려가 감옥에 갇히는 신세가 되었다. 그리고 옥천 군수와 이웃의 수령은 함께 전여횡과 사건 관련자들을 심문한 뒤, 검안(시체의 검험과 사건에 관련된 피의자, 증인 등의 심리내용을 기록한 문서)을 작성하여 충청도 관찰사에게 올렸다. 이로써 재판을 위한 수사와 조사는 종결되었다.

# 법의학 지침서
## 《신주무원록》
—

조선시대에는 살인사건이 나면 반드시 검시를 실시했는데, 이때 법의학 지침서로 활용된 책이 바로 《신주무원록新註無冤錄》이다. 《신주무원록》이란 《무원록》이라는 책에 새로운 주석을 달았다는 뜻이다.

《무원록》은 원나라 학자인 왕여가 저술한 책으로 송나라의 법의학 서적인 《세원록》과 《평원록》을 참고하여 만들었다. 《무원록》은 고려에도 전래되어 검시 현장에서 사용되었다. 하지만 중국 제도에 바탕을 두고 있기 때문에 이해하고 적용하는 데 어려움이 있었다. 세종은 이를 보완하기 위해 최치운 등에게 다른 참고서를 연구하여 주석을 달도록 명했고, 그렇게 해서 탄생한 것이 《신주무원록》이다. 이후 《신주무원록》은 중앙과 지방의 관청에 모두 비치되었고, 검시를 할 경우에 반드시 필요한 지침서로 활용되었다.

이 책은 시체의 상태를 통해 사인을 규명하는 방법을 중점적으로 다룬다. 또한 검안을 작성하는 방법과 검안 과정에서 벌어질 수 있는 다양한 일도 함께 서술하는데, 그 목적은 사인을 명확하게 규명하고 억울한 사람이 없도록 하는 데 있다.

시체의 상태를 통해 사인을 규명하는 방법은 꽤 구체적으로 서술되어 있다. 박응삼 사건과 관련하여 《신주무원록》을 참고한다면 몽둥이로 맞아 죽은 경우와 구타로 죽은 경우를 생각해봐야 할 것이다. 이와 관련하여 '몽둥이로 맞아 죽은 경우'의 항목을 보면 이렇게 나온다.

몽둥이로 맞아 죽은 시체는 눈이 열리고 손이 흐트러져 있으며, 두 발이 산만하고, 복부가 팽창하지 않는다. 전신의 가벼운 상처 이외에 어느 곳인가에 상처가 하나 정도 있는데, 길이와 너비가 어느 정도 요해처(생명과 직결되는 부위)와 관련되어 있다. 검험하여 이와 같으면 생전에 몽둥이로 맞아 죽은 것이다.

또 '주먹이나 손발 등으로 구타당해 죽은 경우'에 대해서는 다음과 같이 나온다.

시체는 입과 눈을 감지 않고 두 손이 흐느적거리고 머리카락이 흐트러지고 의복이 찢어져 있다. 발로 찬 흔적은 모나거나 둥글다. 혹 가죽신이나 짚신을 신었으면 간간이 약간의 상처가 있는데, 상흔 둘레가 도드라져 있어야 한다. 물건으로 구타한 경우도 동일하다. 얼굴, 목 위, 가슴 앞, 양 젖가슴, 갈빗대, 배꼽, 대소변처 등도 모두 목숨을 잃을 만한 요해처로 정할 수 있는 부위다. 발로 구타한 흔적이 목 아래 바로 있거나 혹 치우쳐 좌측에 있는 경우나 갈빗대 위와 아

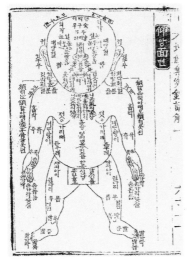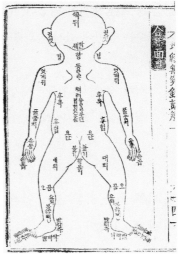

《증수무원록언해》의 일부. 영조 대 《신주무원록》의 내용을 증보하고 해석을 붙여
《증수무원록》을 편찬했고, 정조 대 언해본을 간행했다. ㅣ 국립중앙도서관

래, 음낭, 아랫배 등을 발로 찬 경우, 모두 상처가 모나거나 둥근지,
푼촌이 얼마인지 설명해야 한다.

하지만 이 두 항목을 적용한다고 해도 이미 백골이 된 박응삼
의 시체에서는 사인을 확인할 방법이 없다. 다행히 박응삼의 백골
에서는 뼈가 부러지거나 으스러진 흔적이 발견되었기 때문에 몽
둥이에 의한 구타는 확인된 셈이다. 그것이 직접적인 사인인지는
단언할 수 없지만 폭행치사의 증거는 될 만했다. 하지만 고의적인
살인이라는 증거는 되지 못했다. 그 때문에 심리 과정에서 이 부

분은 중요한 쟁점이 되었다. 이와 관련하여 사건 조사를 맡은 옥천 군수는 검안에 검시 결과를 이렇게 적었다.

> 상처: 정강이의 힘줄과 뼈가 부러지고 복사뼈가 썩어 떨어졌다.
> 실인實因(살해된 사람의 죽은 원인): 두 다리가 부러진 것이다.

## 검시를 보조하는 오작인은 어떤 존재일까

—

검시를 책임지는 사람은 지방의 수령이나 포도청 또는 한성부의 관원이지만 직접 시신을 살피고 시신의 상태를 파악하는 사람은 오작인이었다. 오작인仵作人은 비록 신분은 노비였지만, 조선시대의 법의학 전문가로서 살인사건 수사에서 없어서는 안 될 존재였다. 오작인이라는 용어는 '시신을 검사하는 사람'이라는 뜻으로 요즘 말로는 법의관 정도로 이해하면 된다.

조선은 검시 과정에서 오작인의 역할을 모두《무원록》에 따라 부여했다.《무원록》은 오작인의 역할에 대해 다음과 같이 기술한다.

> 시수屍首를 네 번 꿰매어 모름지기 자세하게 몸소 살펴서 징험하고,
> 머리 위의 정頂·신문顖門·승침乘枕·좌우의 액각額角·태양太陽·빈문鬢門

과 목 아래 및 심장 좌우와 양 옆구리 아래위와 아랫배 좌우 및 음낭·옥경玉莖·뇌후腦後와 좌우 양쪽 갈비는 모두 아주 요해의 치명적인 곳에 관계되니, 안에 다른 사고가 있을 것을 생각하여 만약 한 곳에라도 상한 흔적이 있거든 요해의 치명적인 곳에 있는가, 혹은 치명적인 곳이 아닌가를 모두 곧 오작인으로 하여금 지정하여 소리치게 한다.

오작인은 시신의 머리끝에서 발끝까지 전신을 살핀 후 소리를 쳐서 검시관에게 시신의 상태를 알렸다. 말하자면 검시관은 직접 시신을 살피지 않고 오직 오작인이 소리치는 말만 듣고 《무원록》의 내용과 비교하는 형태로 검시한다는 뜻이다.

그렇다면 오작인은 단순히 시신의 상태를 알려주는 역할만 했던 것일까? 시신은 망자의 죽음에 대한 진실을 찾아낼 수 있는 가장 중요한 증거다. 하지만 검시관들은 이 시신을 직접 보지도 않고 오직 오작인이 파악한 내용에만 의존한다. 따라서 검시가 정확하게 이뤄지기 위해서는 오작인의 능력이 무엇보다 중요하다. 예컨대 망자가 칼을 맞고 죽었다고 한다면 상흔을 통해서 사인을 규명하는데, 이에 대해 《무원록》은 《세원록》을 인용하여 이런 말을 전한다.

스스로 숨통 아래를 베고 죽은 경우, 단 한 번의 칼자국만 있다. 만일 목을 벤 즉시 죽었다면 상흔의 깊이는 1촌 7푼이고, 식계(식도)와

기계(기도)가 모두 끊어진다. 만일 상해를 입은 지 하루 만에 죽었다면 상흔의 깊이는 1촌 5푼이며, 식계가 끊어지고 기계는 약간 파손된다. 만일 상해를 입어 3일에서 5일 만에 죽었다면 상흔의 깊이는 1촌 3푼이며 식계만 끊어진다.

《세원록》의 이 내용은 검시에 그대로 적용된다. 따라서 검시 과정에서 오작인이 상흔의 깊이를 어떤 방식으로 측정하느냐에 따라 상해를 당한 지 얼마 만에 죽었는지가 결정된다. 또한 상흔의 개수에 따라 자살인지 타살인지도 결정된다. 만약 오작인이 제대로 검시하지 못했거나 속인다면 사건은 미궁으로 빠져들 수밖에 없다. 죽은 지 3일에서 5일 된 시체를 하루 만에 죽은 것으로 잘못 파악했을 경우 이를 역이용해 타살을 자살로 위장할 수도 있고, 3일 전에 죽은 시신을 하루 전에 죽은 것으로 둔갑시켜 범인이 알리바이 조작에 이용할 수도 있다.

오작인은 시체를 전문적으로 다루는 직업이다 보니 범행에 가담하는 경우도 많았다. 특히 죽지도 않은 사람을 죽은 것처럼 위장해서 버릴 때 오작인이 곧잘 동원되었다. 《연산군일기》 연산 12년(1506년) 1월 14일 자 기록에도 이와 같은 내용이 있다.

전교하였다.

"양인 윤석이 운평악 응시생과 간통하여 임신하였으니 그를 국문하라.”

이때 임신해서 대내로 들어온 운평은 분만을 하자 곧 오작인을 시켜 그 아이를 산 채로 묻어버렸다.

운평이란 연산군이 채홍사를 통해 뽑은 기생을 말한다. 그런데 운평으로 응시한 기생이 윤석이란 인물과 간통하여 아이를 밴 채 대궐에 들어가 운평이 되었다. 이후 임신한 사실이 발각될 것을 두려워하여 몰래 출산하고 아이를 산 채로 버렸다. 아이를 버리는 과정에서 동원된 이들이 바로 오작인이었다. 즉, 오작인이 영아 살해에 가담했다는 뜻이다. 영아를 죽이는 일에 왜 오작인이 동원된 것일까? 그것은 오작인이 시신에 대해서 가장 잘 알고 있기 때문에 살아 있는 영아를 죽은 것으로 처리하기 위해서였을 것이다.

오작인이 살인에 관여한 사례는 또 있다. 다음은 중종 7년(1512년) 1월 24일 자 실록 기록이다.

좌승지 이희맹이 의금부로부터 와서 제 어미를 구타하여 유기한 것 때문에 갇혀 있는 돌덕과 논송을 형신하는 일을 아뢰니, 전교하였다.

“오작인을 시켜 산 어미를 업어다 버리는 짓은 차마 할 수 없는 일이다. 그러나 오작인이란 오직 이익만을 탐내는 자이니, 어찌 하지 않았다고 보장하겠는가. 돌덕은 반드시 죽게 될 것을 스스로 아므로 결코 실정을 자복하지 않을 것이니, 마땅히 한 차례 더 형신해야 하나 실정을 자복할 때까지 함은 불가할 듯하다."

이 기록에서 알 수 있듯이 오작인은 이익만 되면 산 사람을 죽게 만드는 일에 쉽게 가담했다. 그것도 살아 있는 어머니를 몰래 산에 버려 죽이는 일에 동참할 정도로 오작인에게는 윤리 의식이 결여되어 있었다.

이런 행태로 볼 때 오작인이 범인과 결탁하고 검시관에게 시신의 상태를 거짓으로 알릴 가능성은 아주 농후했다. 시신의 상태를 조금만 다르게 알려도 범인이 뒤바뀌거나 사건이 미궁에 빠지기 십상이기 때문이다. 그런 만큼 오작인에게 검은 유혹의 손이 뻗칠 가능성은 항상 열려 있었다. 때론 검시관이 뇌물을 받고 오작인과 결탁하여 시신의 상태를 속이는 경우도 있었다. 시신을 반드시 두 번 검시하고 초검관과 복검관을 따로 뒀던 이유도 바로 이런 부정을 방지하기 위해서였다.

## 관찰사의 1차 심리
—

옥천 군수에 의해 수사와 조사가 마무리된 뒤, 박응삼 사건은 충청도 감영으로 이첩되어 본격적인 심리가 이뤄졌다. 심리를 맡은 이는 당시 충청도 관찰사였던 김상철이었다. 김상철의 심리 과정에서 전여횡은 새로운 주장을 꺼냈다.

"다리를 부러뜨린 사람은 제가 아니라 인무입니다."

이는 사건 당시 박응삼을 구타한 사람이 전여횡 혼자가 아니라는 뜻이었다. 이후 사건의 전말이 좀 더 분명해졌다. 전여횡과 형제 관계로 짐작되는 '인무'라는 이름의 남자와 더불어 사건에 관여한 사람이 모두 세 사람으로 확대되었다. 다만 《심리록》에는 그들이 구체적으로 누구인지 자세히 기록되어 있지 않다.

관찰사가 심리하는 과정에서 새로운 사실이 더 나왔다. 세 사람이 박응삼을 구타한 시간이 한밤이었다는 것이다. 또한 사건 이전부터 전여횡과 박응삼이 알고 지내는 사이였으며, 전여횡이 박응삼에게 묵은 감정이 있어 이에 대한 앙갚음을 했다는 사실도 밝혀졌다.

이렇듯 가려졌던 내막이 드러남에 따라 1차 심리는 더욱 길어졌다. 김상철은 1차 심리를 진행하면서 그 나름대로 이런 결론을 내렸다.

"어둠 속에서 세 사람이 거의 동시에 박응삼을 구타했기 때문에 누가 직접적인 사인을 제공했는지는 알 수 없다. 따라서 전여횡을 단독 살인범으로 보는 것은 무리가 있다. 또한 박응삼에 대한 구타가 미리 계획하고 실행한 것으로 보기 어렵기 때문에 계획적 살인이라고 보기도 어렵다."

이런 판단이 판결로 이어진다면 전여횡이 계획적인 살인, 즉 모살을 한 것으로는 볼 수 없는 상황이었다. 또한 세 사람 중 누가 직접적인 사인을 제공했는지 알 수 없으니 다수의 우발적인 폭행에 의한 죽음으로 결론 날 가능성이 높았다. 그렇게 되면 세 사람은 사형죄를 면할 수 있고, 또한 굳이 3차 심리까지 가지 않고 관찰사 선에서 최종 판결을 내릴 수 있다는 뜻이었다.

하지만 김상철은 선뜻 결정을 하지 못했다. 자칫 심리를 잘못하여 문제가 된다면 면직을 당할 수도 있기 때문이었다. 그런 이유로 심리는 늘어졌고 결국 김상철은 판결을 내리지 못한 채 관찰사 자리에서 물러나야 했다. 사건 심리가 종결되지 않은 상황에서 임기가 끝나버린 것이다.

김상철이 충청도 감영을 떠난 후 이 사건의 심리는 신임 관찰사 구윤명이 진행했다. 구윤명은 김상철이 남긴 심리 기록을 검토하고 관련자들을 다시 신문한 끝에 전여휭의 단독범행이라는 결론을 내렸다. 전임 관찰사인 김상철과 다른 결론을 내린 셈이다.

김상철은 전여휭이 처음부터 고의로 박응삼을 구타하고 죽였다고 보았으며, 다른 두 사람을 끌어들인 것은 사건을 애매하게 만들기 위한 술책이라고 판단했다. 그래서 구윤명은 전여휭이 고의로 박응삼을 살해했다는 결론을 내렸다. 즉, 사형에 해당하는 판결을 한 것이다. 그리고 형조에 이런 보고서를 올렸다.

비록 4년 뒤에 검시를 했으나 두 다리가 부러진 것을 감추기는 어렵

습니다. 법을 어기고 형벌을 가했으며, 남모르는 곳에서 뇌물을 주었
습니다.

구윤명은 비록 죽은 지 4년이나 지나 백골밖에 남지 않았지만,
박웅삼의 두 다리가 부러진 것을 근거로 구타에 의한 살인이라고
판결했다. 또한 정황 증거로 전여흥이 불법적으로 박웅삼을 구타
하고 가뒀으며, 이를 무마하기 위해 은밀히 뇌물공여 행위를 했
다고 덧붙인 것이다. 이렇게 해서 이 사건은 형조로 이첩되어 2차
심리에 들어갔다.

## 피고의 변호는
## 누가 했을까
—

조선시대에도 피고를 변호하는 존재가 있었을까? 공식적으로 피
고를 변호할 권리는 피고의 가족이나 친인척, 그리고 피고 자신
밖에 없었다. 하지만 피고의 친인척을 가장하여 돈을 받고 피고를
변호하는 존재가 있었다. 형식상 피고의 친인척이라고 말하지만
그들은 소송으로 먹고사는 전문적인 쟁송위업자들이었는데, 바로
외지부外知部였다. 도대체 외지부란 어떤 일을 했을까? 실록엔 외
지부의 유래에 대해 다음과 같은 기록이 남아 있다.

형조에서 장례원의 첩문에 의거하여 아뢰었다.

"지난날 전지傳旨에, '무뢰배가 항상 송정訟庭(법정)에 와 품을 받고 대신 송사를 하기도 하고, 혹은 사람을 인도하여 송사를 일으키게 하며, 법률 조문을 마음대로 해석하여 법을 남용해서 옳고 그름을 변경하고 어지럽게 하는데, 시속時俗에서 외지부라고 하니, 쟁송의 번거로움이 진실로 이러한 무리로부터 말미암는 것이므로, 마땅히 엄하게 징계하여 간사하고 거짓됨을 없애야 할 것이다'라고 하였습니다. 본조에서 이 전지를 공경히 받들어 그 외지부라고 일컫는 자들은 이미 밀봉한 장계를 받아 과죄되어 전 가족을 변경으로 옮겼으나, 그래도 간사한 무리가 다 없어지지 아니하여 예전에 비해 다름이 없습니다. 청컨대 본 조와 한성부, 사헌부, 장례원에서 찾아 잡아서 사실을 조사하여 전과 같이 죄주게 하소서."

이에 그대로 따랐다.


이 기록을 보면 외지부는 돈을 받고 공공연히 법정에 나와서 송사를 대신한다. 또한 때로는 사람들을 부추겨 송사를 일으키기도 한다. 이들은 법조문에 대한 지식이 많아 해석도 자유롭게 하고, 이를 바탕으로 송사를 주도하기도 한다. 그렇다면 지금의 변호사들과 별반 차이가 없는 존재다. 다만 이들의 행위는 불법이었다. 그래서 나라에서 외지부를 잡아들이기도 하고 때로는 변방으로 쫓아버리기도 했으나 여전히 민간에서는 그들이 활개를 쳤다.

원래 외지부라는 말은 '정부 밖의 지부知部'라는 뜻이다. 지부란 형조에서 노비 소송을 판결하는 종3품 이상의 관리를 뜻한다. 지금으로 치자면 대법관이라고 할 수 있는데, 이런 일을 정부 바깥에서 하는 존재라는 의미에서 외지부라고 했던 것이다.

이들 외지부가 머무는 곳은 대개 형조 근처였다. 이는 법원 근처에 변호사 사무실이 늘어선 것과 비슷하다. 외지부는 지방에서 사건이 발생하면 감영으로 달려가 피고를 만나 흥정을 하고 변론을 대신해주기도 했다. 그 때문에 조정에서 그들을 매우 골치 아프게 생각하여 틈만 나면 잡아들여 변방으로 쫓아냈다. 연산 2년(1496년) 10월 28일 자 실록도 그런 내용이다.

> 장례원 판결사 정숙지 등이 외지부 16인의 이름을 써서 아뢰었다.
>
> "이 사람들이 거짓으로 긴요치도 않는 소장을 들고서, 혹은 송사장에서, 혹은 외정에서 송자訟者를 지목하면서 시비를 어지럽히니, 청하옵건대 법으로 처결하소서."
>
> 이에 전교하였다.
>
> "법에 의하여 변방으로 옮기라."

하지만 외지부는 좀체 사라지지 않았다. 실록에는 명종 때까지도 외지부에 대한 기록이 있는데, 그 내용은 이렇다.

요즘 기강이 해이하고 인심이 각박해져서 탐욕을 자행하되 두려움이나 망설임이 없으며 세력을 믿고 공공연하게 남의 밭과 노비를 빼앗는 경우도 흔히 있어, 앞으로 그 폐단을 구제하기 어렵습니다. 장흥군 이상은 품질이 높은 종친으로서 외지부의 사람들과 결탁하여 문서를 위조해서 남의 노비를 가로채었는데, 형조에 피소되어 변정ㅏ正(사건을 밝혀서 바로잡음)할 즈음에 힘센 종들을 많이 보내어 함부로 관문衙門에 들어가 여러 가지로 소란을 피우게 했으며, 또 직접 판서 정사룡의 집으로 가서 맞대놓고 욕설을 하고 위협했을 뿐 아니라 심지어는 관계도 없는 사람을 결박하기까지 하였으니, 국법을 무시하고 광패를 자행함이 이보다 더 심할 수 없습니다.

이렇듯 외지부는 소송을 기반으로 먹고사는 협잡꾼이나 무뢰배 정도로 인식되었다. 그렇다면 누가 외지부 노릇을 했을까? 외지부로 활동하려면 기본적으로 법리에 밝아야 했기 때문에 적어도 법을 잘 알아야만 한다. 요즘도 마찬가지지만 송사는 일반적인 지식이 좀 있다고 해서 대리할 수 있는 일이 아니기 때문이다. 더구나 송사는 협잡과 음모가 극성이었기 때문에 형조의 관리들과 인맥이 닿지 않고서는 진행할 수 없었다. 그런 까닭에 형조 관원이나 서리 출신이 제격이었을 것이다.

## 형조의 심리와
## 정조의 최종 판결

—

박응삼 사건은 형조에서 2차 심리가 이뤄졌고, 형조 역시 구윤명과 같은 결론을 내렸다. 형조는 전여휭이 자신의 부유함을 믿고 어려운 처지에 있는 박응삼을 함부로 구타하고 22일 동안 가둬서 죽게 만들었다고 보았다. 그래서 전여휭이 박응삼을 계획적으로 구타하고 살해한 것이 명백하니 단독 살인범이라는 구윤명의 판결이 옳다고 결론지었다.

형조는 전여휭이 언급한 나머지 두 사람에 대해서는 사건에 가담하지 않은 것으로 판단했다. 전여휭이 살인범이 되는 것을 면하기 위해 두 사람을 끌어들였다고 본 것이다. 그래서 형조에서는 전여휭에게 사형을 내림이 마땅하다는 취지의 선고를 올리며 이렇게 덧붙였다.

"누가 부호의 자식은 사형을 당하지 않는다고 했습니까? 법에는 본디 준엄한 법칙이 있는 것입니다."

그 선고 내용이 담긴 판부(선고문)에 정랑 박경규는 이런 의견을 냈다.

"밥 한 술도 주지 않고서 어찌하여 이렇게 양다리를 부러뜨릴 수 있단 말입니까?"

또 참의 이헌경은 이렇게 덧붙였다.

"목매 죽었다고 속이고 도망간 것 등 증거 아닌 것이 없습니다."

결국 형조도 전여횡을 사형해야 한다는 판결을 내린 셈이었다. 사형사건에 대해서는 왕이 최종 결정을 내려야 하기 때문에 박응삼 사건에 대한 최종 결정은 정조의 판결에 맡겨졌다. 그런데 정조는 형조의 판부를 읽고 미심쩍은 부분이 있다고 판단했다. 그래서 이런 주문을 했다.

"형조의 당상과 낭관, 충청도 관찰사를 지낸 김상철과 구윤명은 이 사건에 대한 견해를 올리라."

그러자 충청도 관찰사를 지낸 뒤 중추부 영사로 있던 김상철이 이런 의견을 냈다.

"다리를 부러뜨린 것은 인무에게서 비롯되었는데 사형의 죄는 홀로 전여횡에게 돌아가게 되었습니다. 전여횡이 끝내 승복하지 않는 것은 이 때문입니다."

김상철은 여전히 전여횡의 단독 범행으로 보지 않았다. 김상철에 이어 충청도 관찰사로서 1차 심리를 진행했던 구윤명 역시 이전과 다름없는 견해를 밝혔다.

"더 이상 의심할 것이 없음은 전일의 견해와 같습니다."

전여횡의 단독 범행이 확실하며 살인범으로 판결하여 사형하는 것이 맞다는 생각이었다. 그러자 정조는 다시 지시를 내렸다.

"형조의 판서와 참판, 그리고 일찍이 도백(관찰사)을 지낸 사람 중에서 서울에 있는 사람들로 하여금 의견을 내게 해서 죄상을 의논, 처리하도록 하라."

이후 형조에서 지명된 관료들의 의견을 종합하여 보고서에 담아 올렸다. 정조가 보고서를 살펴보니 신하들의 내용이 크게 둘로 갈렸다. 한쪽은 죽을죄를 지었으니 살아날 방도가 없다는 것이었고, 다른 한쪽은 미심쩍은 부분이 있어 죽여서는 안 된다는 것이었다. 대개 사형에 처해야 한다는 주장을 하는 사람이 많았는데, 형조 판서 조시준, 참판 이형규, 의정부 좌참찬 윤동섬, 우참찬 서유린, 중추부 부사직 윤동석, 한성부 좌윤 이숭호 등이 그들이었다. 하지만 도승지 홍수보는 이렇게 말했다.

"일을 모의한 자 역시 사람을 죽게 한 자만큼 중죄를 저지른 것이 맞습니다. 하지만 흉악한 짓을 모의한 것과 직접 범행을 한 것은 다릅니다."

즉, 전여횡이 일을 모의한 것은 맞지만 직접 살인을 저지른 것은 아니기 때문에 사형은 지나치다는 주장이었다. 돈녕부 동지사 김문순 역시 사형은 지나치다는 취지로 이런 발언을 했다.

"캄캄한 밤중에 앞다투어 묶고서 내리눌렀으니 누가 먼저 범행을 저질렀는지 모르고, 이것이 혹 의심스럽기도 하나 감히 경솔하게 논의할 수가 없습니다."

김문순 역시 홍수보의 의견과 일맥상통했다. 정조는 이런 의견을 모두 살핀 뒤에야 마침내 다음과 같이 판부를 내렸다.

조정에서 이 옥안獄案(재판에서 조사한 사실을 적은 문서)을 반복하여 밝히려고 했지만 끝내 반분이나마 살릴 단서가 없다. 그래서 추조秋曹(형조)의 당상과 낭관 및 일찍이 도백을 지낸 이들에게까지 두루 물어보았던바, 법을 그대로 집행하자는 사람이 많았고 의문점을 제기한 사람은 적었으며, 그 의문점을 제기한 논의 또한 정확하여 믿을 만한지 모르겠다고 한다. 대체로 분함을 틈타서 설욕하려 한 것은 전여횡이며, 사람들을 협박하여 함께 간 자도 전여횡이고, 끝에 가서 세력을 도운 자 역시 전여횡이다.

당시에는 증거로 내세운 공초가 이미 명백하더니, 두 번째는 없는 죄를 교묘하게 꾸며냈다는 설을 일으켜 터무니없는 거짓으로 돌아가게 하였다. 그 형은 죽이고 그 동생은 양육했으며 돈을 거두어 널을 구입하고 은혜를 팔아 유감을 푸는 등 각종 정황이 분명하여 감추기 어려우니, 일을 모의하거나 살인을 방조했다는 구별은 이 옥사에서는 참작할 일이 아니다. 오랫동안 갇혀 있으면서 7백여 차례 형신을 받은 것이 어떻게 그의 죄를 조금이나마 대신할 수 있겠는가.

그러나 검시를 실시한 것은 4년이나 되는 오랜 시일이 지난 뒤였고, 실인은 두 다리가 부러진 것으로 밝혀졌다. 세 사람의 공동 범행에서 누가 손찌검을 더 했는지 덜 했는지 모르니, 이것이 혹시 용서해줄 단서가 될 수 없겠는가? 뿐만 아니라 사건이 캄캄한 밤중에 있었고 명백한 증거가 부족하며, 지금 여러 사람의 논의까지 가벼운 죄로 처벌하자는 의견이 있다.

그러나 그냥 심문하라고 한다면 어찌 심리를 자세히 해야 한다는 뜻에 어그러짐이 없겠는가. 또 몇 해 전에 해서(황해도) 죄인 주와달의 옥사에서 《대명률》의 '노인이나 어린이로 특별히 불쌍한 사형수는 위의 결재를 받아 처리한다'는 법조문을 인용하여 사형을 감하여 정배로 결정하였다.

이 죄수의 나이는 주와달과 비교하여 그 당시의 나이는 같지 않으나 늙고 병든 것만은 마찬가지다. 이렇게 하든 저렇게 하든 잘 참작하여 소결疏決(죄수를 너그럽게 처결함)한다면 크게 잘못된 형량에는 이르지 않을 것이니, 전여횡을 사형을 감하여 정배하라.

결국 전여횡은 사형을 면하고 유배형이 확정되었다. 이 판결문이 내려진 것은 1784년 3월이었다. 고소장이 접수된 것이 1775년이니 무려 9년이나 재판이 지속되었다. 그동안 전여횡은 계속 감옥에 갇혀 있었고 무려 7백여 차례 형신을 당했으니 거의 초주검이 된 상태였다. 또 고소 당시 장년이었던 그는 어느덧 노년의 나이로 접어들었고 오랫동안 감옥에 갇혀 형신을 당한 까닭에 병까지 들어서 몸이 아주 쇠약한 상태였다. 정조는 이런 요소를 모두 감안하여 사형을 감하고 유배형으로 판결한 것이다.

《경국대전》〈형전〉에는 범죄사건 처결의 기간에 대해 사형죄에 해당하는 큰 사건은 30일, 유형에 해당하는 보통 사건은 20일, 태형과 장형에 해당하는 작은 사건은 10일로 한정한다고 규정되어 있지만, 정작 재판 과정에서 이런 규정이 지켜지는 경우는 없었다. 그야말로 형식적인 규정에 불과했던 것이다. 전여횡 사건에서 보듯 대개의 살인사건은 처결까지 최소 1년에서 최장 10년 이상 늘어지는 것이 일반적이었다. 심지어 20년 이상 재판이 진행되는 경우도 있었고, 재판을 받기 위해 감옥에서 기다리다 죽는 경우도 허다했다.

죄인을 구금하는 것이나 형문(형벌을 가하면서 신문하는 것)에 관한 규정도 존재했다. 고문을 할 때는 정해진 형장을 사용하고 한 번에 30대를 넘지 못하게 하며 3일 이내에 고문을 두 번 할 수 없도록 했지만 이 역시 규정대로 시행되지 않았다. 그런 까닭에 고문으로 허위자백을 얻어 판결에 이르는 경우도 허다했다.●

● 이 사건은 《심리록》에 '전여횡의 옥'이란 제목으로 실려 있다. 《심리록》은 1799년에 완성된 판례집으로 당시 승지로 있던 홍인호와 동생 홍의호가 주도하여 편찬했다. 이 책은 두 가지 판이 전해지는데, 하나는 32권 16책으로 된 것이며, 다른 하나는 18책으로 된 것이다. 《심리록》의 판례는 정조가 세손으로 있으면서 대리청정하던 해인 1775년부터 1799년까지 24년 동안 있었던 사건들에 대한 것이며, 수록된 판례는 모두 1,850여 건이다. 다음에 소개하는 충청도 괴산의 영아 살해사건과 평안도 위원의 투전판 살인사건도 《심리록》에서 발췌한 것이다.

태형 이하의 가벼운 형벌은
지방에서는 수령이, 서울에서는 한성부가 직결했다.
현감, 군수 등 수령이 주재한 지방의 재판은
동헌 앞에서 이루어졌다.

형정도, 조선시대 형정의 실상을 그렸다. | 국립민속박물관

朝鮮
CRIMINAL

2장

살인사건 파일

## 살인의
## 유형과 처벌
—

살인죄는 누구나 알다시피 사람을 죽인 죄를 지칭하는데, 살인죄도 유형이 구분되며 그 유형에 따라 처벌이 달라진다. 살인의 유형엔 모살, 고살, 구타살인, 과실살인 등이 있다. 모살은 계획적 살인을 의미하며, 고살은 고의적 살인을 의미한다. 따라서 모살은 고살의 일부라고 할 수 있다. 그리고 구타살인은 때려서 죽음에 이르게 한 것이다. 조선은 별도의 형법을 두지 않고 명나라 법률인《대명률》을 적용했는데, 고살과 구타살인에 대해 다음의 형법 조항을 적용했다.

무릇 싸우다가 때려서 살인한 자는 손발이거나 다른 물건이거나 쇠붙이 연장 따위로 했음을 불문하고 모두 교형에 처하고, 고의로 살인한 자는 참형에 처한다. 또 공모하여 같이 때리다가 살인이 된 때는 치명상을 중요하게 보아서 직접 손 쓴 자는 교형에 처하고, 주모한 자는 장 1백 대에, 3천 리 밖으로 귀양을 보내고, 나머지 사람은 각각 장 1백 대에 처한다. 비록 쇠붙이 연장으로 상해하여 죽인 경우라도 사지의 급소가 아니라면 처음부터 죽일 의사가 없었는데 우연히 죽이게 된 것이고, 만약 긴급한 곳을 찔러 죽였다면 본래는 비록 싸우다가 된 일일지라도 곧 사람을 죽일 마음이 있었던 것이니, 관리가 심문할 때에 죽일 의사가 있었다고 자복하는 자는 고의로 살인한 것으로 논하고, 처음부터 살해할 의사가 없었다고 공술하는 자는 싸우다 죽인 것으로 논고하여, 일체로 죄인의 말에 따라서 경중을 삼는다.

이 형법 조항에 따르면 고의적 살인인 고살은 참형에 처하고, 구타살인은 교수형에 처한다. 또한 여러 명이 구타살인을 저지른 경우엔 주범과 종범을 구분하여 주범은 구타살인죄를 적용하여 교수형에 처하고 종범은 한 단계 아래인 유배형에 처했음을 볼 수 있다.

그렇다면 과실살인은 어떻게 처벌했을까? 이에 대해 《대명률》에는 '만약 과실로 살인한 자는 싸우다가 살인한 죄에 준하고, 율에 의하여 속전을 거두어서 살인당한 집에 급부한다'고 나와 있다. 다시 말해 과실로 사람을 죽인 경우엔 앞에 설명했던 구타살인죄에 준하는 처벌을 하되, 죽게 한 사람의 집에서 돈을 거둬서 죽은 사람의 집에 보상하는 것을 우선적으로 했다. 따라서 과실살인의 경우엔 교수형을 면하고 배상으로 대신하는 경우가 일반적이었음을 알 수 있다.

조선시대에는 살인사건이 발생하면 고소하기보다 배상을 받고 사건을 은폐하는 경우가 많았다. 특히 과실살인인 경우엔 관에 신고하지 않고 죽은 사람의 집에 보상하는 것으로 매듭짓는 게 일반적이었다. 이는 살인사건으로 인해 마을 전체가 피해를 입는 것을 막기 위한 조치였다. 살인사건의 처결과 관련하여 세종 1년(1419년) 11월 15일 자 실록 기사를 살펴보자.

> 대정현 백성 성보개는 고의로 살인하였으므로 참형에 처하고, 길주 백성 최모지리와 해풍군에 사는 사노 오마지는 사람을 구타하여 죽였으므로 교수형에 처하고, 성주에 사는 사노 가언금은 강도로서 참형에 처하였다.

이 기록에 따르면 성보개는 고살범이고, 최모지리와 오마지는 구타살인범이며, 가언금은 모살범이다. 그런데 고살범과 모살범은 모두 참형에 처해졌고 구타살인범은 교수형에 처해졌다. 따라서 형법상으로 고살범과 모살범은 같은 수위로 처벌되었고, 구타살인범은 한 단계 아래의 형벌로 처벌되었음을 알 수 있다. 이렇게 볼 때 살인범에 대한 처벌은 참형 아니면 교수형밖에 없는 셈이다.

하지만 교수형에 해당하는 죄수 중에는 감형을 받아 유배형이나 더 낮은 형벌로 끝나는 경우도 있었다. 1772년 황해도 황주에서 발생한 이춘삼 살인사건을 예로 살펴보자.

황해도 황주에서 문취명이라는 자가 환곡을 징수하는 과정에서 이춘삼을 구타하여 3일 만에 죽게 한 사건이 발생했다. 이춘삼의 시신을 검시해보니 항문이 파열되고 눈의 흰자위가 앞으로 튀어나와 있었다. 사건 조사를 맡은 황주 목사는 사인을 구타에 의한 것이라고 보았다. 그리고 관찰사에게 사건을 송치하자 1차 심리를 맡은 황해도 관찰사는 이런 보고를 올렸다.

"주먹으로 맞거나 발에 차인 것 같지는 않고 반드시 무기나 장대를 사용한 것입니다. 그런데 술에 취해 싸우느라 그는 정신이 없었고 어두운 밤이라 목격한 증인도 없었습니다."

관찰사의 판단대로라면 이춘삼은 누군가가 휘두른 무기나 장대에 맞아 죽은 것이 분명했다. 하지만 이때 두 사람 다 술에 취해 정신이 없었고, 문취명이 이춘삼을 죽이는 것을 목격한 증인도 없다고 하면서 문취명에게 강한 처벌을 내리긴 곤란하다는 의견을 낸 것이다.

이후 2차 심리를 맡은 형조는 이렇게 판단했다.

"한창 술에 취하여 엎어졌으니 돌에 부딪히기 쉬웠을 것이므로 이미 의심스러운 점이 많은바, 가벼운 형벌을 시행하는 것이 합당할 듯합니다."

정조는 형조의 판단이 옳다고 보고 가벼운 처벌을 하라고 명했다. 문취명은 구타살인을 했지만 살인을 면하고 유배형이나 도형으로 감형되어 목숨을 건진 것이다.

세종 5년(1423년) 7월 13일 자 실록 기사도 구타살인죄를 감형한 내용이다.

> 형조에 교지를 전하게 했다.
> "하양의 죄수로서 구타하여 살인한 김망과 김기관, 허소의 형을 한 등 감하여 곤장 1백 대를 쳐서 3천 리 밖으로 귀양을 보내라."

이렇듯 구타살인죄는 가급적이면 형을 감량하여 목숨을 부지하게 하는 일이 많았다. 하지만 만약 이 사건이 구타살인이 아닌 고살로 판정 났다면 결과는 전혀 달랐을 것이다. 구타살인이나 과실살인에 대해서는 여러 상황을 참작하여 되도록 목숨을 살려주는 쪽으로 결론을 내리는 경우가 많았지만, 고의적인 살인이 감형되는 경우는 거의 없었다.

그런데 구타살인의 경우라도 참형을 내리는 사례가 있었다. 구타살인이 강상죄와 연계될 때에는 처벌의 수위를 높여 참형에 처했다. 강상죄란 인간의 기본적인 윤리, 즉 부모나 형제를 죽이거나 구타하여 최소한의 인간의 도리조차 지키지 않은 죄를 말한다. 이런 경우에는 구타살인이더라도 강상죄를 더해서 가중 처벌을 했다.

# 구타로 죽은 사람들

—

## 놀라서 죽은 아이

충청도 괴산 영아 살해사건이 접수된 것은 1775년 10월이었다. 피고는 귀섬이라는 여종이었는데, 그녀가 술을 먹고 신욱경의 다섯 달 된 영아를 차고 밟아서 8일 만에 사망에 이르게 했다는 내용이었다.

사건 신고를 받은 괴산 군수는 어린아이에 대한 검시를 실시했다. 아이의 시신에서는 명치부터 배꼽까지 청색 시반(시체에 나타나는 얼룩)이 나타났다. 그는 아이의 사인을 폭력을 당해 놀란 몸이 움츠러들면서 숨이 멎은 것이라고 적었다. 그리고 충청도 관찰사가 파견한 인근 현감이 실시한 복검에서도 '밟혀서 놀라 죽었다'며 비슷한 결론을 내렸다. 즉, 초검과 복검에서 아이의 직접적인 사인을 '놀란 것'으로 판단한 것이다.

《신주무원록》은 놀라서 죽은 시체에 대해 이렇게 서술한다. "눈을 똑바로 뜨고 입을 벌리고 두 손을 쭉 펴고 무서움에 떠는 형상을 하고 있으면, 이는 실로 생전에 놀라 죽은 경우다."

그런데 이 내용은 너무 놀란 나머지 그 순간에 심장마비로 죽은 경우에 해당하기 때문에 이 아이의 사례와는 다르다. 이 아이는 먼저 어른의 발에 밟혔고, 이후 8일간 고통을 겪다가 죽었기 때문이다. 따라서 이 아이의 직접적인 사인은 '놀란 것'이 아니라 밝혀서 내장이 손상된 것이라고 하는 편이 맞을 것이다. 대개 외부적인 충격에 의해 내장 손상을 입고 사망하는 경우, 시반이 청색으로 나타난다. 따라서 아이의 명치부터 배꼽까지 푸른 시반이 나타났다는 것은 그 안쪽의 장기가 손상되어 사망에 이르렀다는 증거인 셈이다. 하지만 보통 내장이 손상된 경우에는 항문으로 피가 나오기 마련이다. 그런데 초검에도 복검에도 이런 소견은 없었다. 따라서 초검과 복검이 매우 허술했음을 알 수 있다. 그럼에도 수사 과정에서 초검관과 복검관은 영아가 귀섬에게 밟힌 것 때문에 사망했다는 결론을 도출하여 살인죄로 판단했다.

그런데 사건의 1차 심리를 맡은 충청도 관찰사는 다른 결론을 내리면서 이런 글을 올렸다.

"태어난 지 겨우 다섯 달 된 아이고, 귀섬에게 밟힌 날로부터 8일이나 지나서 죽었습니다. 따라서 사인은 분명하지 않고 증거도 제대로 없습니다."

관찰사는 정황상 아이가 귀섬에게 밟혀서 죽은 것으로 보이지 않고 증거도 명백하지 않으므로 무죄로 보았다.

2차 심리를 맡은 형조 역시 1차 심리와 비슷한 결론을 내리며 다음과 같이 판단했다.

"치명적인 상처가 없어 옥사가 성립되기에는 신중함이 결여되었으니, 초검관과 복검관을 무겁게 추고하소서."

정조 또한 관찰사나 형조의 판단이 옳다고 보았다. 그래서 이런 판결을 내렸다.

"귀섬의 옥사는 당초 성립할 때 신중함이 매우 부족했으니, 그때의 도신을 무겁게 추고하라."

결국 귀섬의 살인죄는 성립되지 않았고, 되레 귀섬을 살인죄로 판단한 초검관과 복검관이 처벌을 받았다. 재판 과정에서 명백한 실수나 문제가 드러나면 관리도 처벌을 받았던 것이다. 지금이나 그때나 3심 제도는 똑같지만 지금은 판사나 검사가 잘못된 판단을 해도 법적인 오류가 없으면 징계를 받는 경우가 없다. 그런데 조선시대에는, 조사, 기소 그리고 판결을 맡은 관리도 실수가 드러나면 징계를 받았다. 이는 판결을 맡은 판관이 사건을 허술하게 처리하지 못하도록 하기 위한 제도적 장치였다.

### 옥중에서 치른 죗값

평안도 위원의 투전판 살인사건은 '이명중의 옥사'라고도 한다. 사건이 접수된 것은 1775년 3월이었다. 이명중이 조정화라는 사람과 투전판에서 돈내기를 하던 중에 시비가 붙어 서로 치고받고 싸우다가 이명중이 조정화를 심하게 구타하여 죽였다는 것이다.

당시 조정화의 시신을 검시한 위원 군수는 조정화가 두부의 분골이 빠지고 옆구리의 살이 터졌으며 뼈가 심하게 상했다고 보고했다. 이는 조정화가 머리에 심한 타박상을 입었을 뿐 아니라 옆

투전도. 둘러앉아 투전을 하는 사람들 사이로 동전 묶음이 보인다. | 국립민속박물관

구리에도 심한 부상을 입었다는 것을 의미한다. 위원 군수는 또한 조정화의 사인을 '구타'라고 적시하고 있다. 말하자면 구타에 의해 조정화는 두부의 뼈가 부서질 정도의 심각한 상처를 입었고, 옆구리도 뼈가 상할 정도로 많이 맞았던 것이다.

이 사건으로 이명중이 재판에 회부되고 갇히자, 이명중의 아버지 이봉령은 탄원서를 올려 아들을 구제해줄 것을 청원했다. 이봉령은 아들 명중이 조정화를 구타한 곳은 영만이라는 인물의 방이었는데 정작 죽은 곳은 임돌이라는 인물의 방이라고 하면서, 이명중의 구타가 조정화의 직접적인 사인이 아니라고 했다. 그는 조정화를 죽게 한 진짜 범인은 임돌이라고 하면서 임돌이 자취를 감춘 것이 그 증거라고 말했다. 또 임돌이 조정화를 죽인 것은 임돌이 조정화의 아내와 간통을 했기 때문이라고 주장했다. 이명중 역시 동일하게 진술했다.

이몽령의 탄원서에 대해 1차 심리를 맡은 평안도 관찰사는 이런 의견을 올렸다.

"자식을 위하여 원통함을 하소연하는 것이 비록 사람의 상정이라고 하나, 감히 화(禍)를 전가하려고 했으니 또한 지극히 극악합니다."

이후 형조에서 2차 심리가 이뤄졌는데, 형조는 이렇게 결론을 내렸다.

"돈내기할 때 마구 발길질한 사실은 여러 사람의 공초로 숨길 수 없고, 몰래 간통한 일로 때려죽였다는 말은 거짓으로 귀결되었습니다. 상처와 증거가 모두 보고서와 맞아떨어집니다."

형조도 관찰사와 마찬가지로 이명중이 조정화를 구타하여 죽인 것이 명백하다는 의견이었다. 임돌이 조정화의 아내와 간통했다는 말이 거짓이었음이 그 증거라는 것이다. 하지만 정조는 매우 신중한 입장에서 다음과 같은 교지를 내렸다.

"평안 감사의 보고서와 이몽령의 상언을 보니 의심스럽고 불분명하다고 하겠다. 자식을 위하여 원통함을 호소하는 것은 인지상정으로 치부할 수 있지만, 문안을 자세히 살펴보니 의심스러운 단서가 있는 듯하다. 경솔하게 먼저 처분하는 것은 죽을 자를 살린다는 본의와는 아주 다르다. 이 보고서를 형조에 다시 내리니, 소견에 따라 품의하여 조처함으로써 백성의 생명을 중히 여기는 나의 본의에 부응하라."

정조가 이 교지를 내린 것은 사건이 접수된 때로부터 1년 5개월이 지난 1776년 8월이었다. 법이라는 것이 근본적으로 죄주기 위한 것이 아니라 백성을 살리기 위해 있는 만큼 그 취지를 살려 더욱 신중하게 판단하라는 뜻이었다. 정조는 임돌이 진짜 범인이기 때문에 자취를 감춘 것이라는 탄원서의 주장에 일리가 있다는 판단을 한 셈이다.

그러자 형조 좌랑 김이온은 이런 의견을 냈다.

"종놈이 사람을 죽인 일이 주인과 무슨 상관이 있기에 암혈巖穴에 몸을 숨기고 넋이 나간 것처럼 합니까?"

여기서 종놈이란 곧 몸을 숨긴 임돌을 지칭한다. 그리고 주인은 바로 이명중이다. 이 말을 통해 사건이 고발된 직후 이명중이 산에 있는 바위굴에 몸을 숨기고 있었음을 알 수 있다. 그런데 김이온은 자신의 종인 임돌이 사람을 죽였다는데, 왜 주인인 이명중이 겁을 먹고 몸을 숨기느냐고 의혹을 제기한다. 이는 곧 임돌이 범인이 아니라 이명중이 범인임을 자인한 꼴이라는 뜻이다.

형조 판서 조시준 역시 김이온과 비슷한 말을 했다.

"참으로 간사한 속임수입니다. 어찌하여 그 즉시 구타하지 않다가 꼭 돈내기할 때를 기다려 비로소 손을 대어 때려죽인단 말입니까?"

조시준 또한 이몽령의 말은 믿을 바가 못 된다는 의견이었다. 조시준은 임돌이 몸을 숨기긴 했지만 간통을 들킨 즉시 조정화를 구타하지 않고 하필 돈내기를 할 때를 기다려 때려죽였다고 하는 것이 납득되지 않는다고 한 것이다. 그래서 형조는 이런 결론을 내렸다.

"이명중의 평계가 허위로 돌아갔으니 형신을 가하여 사실을 캘 것이며, 이몽령의 속임수가 이를 데 없이 무엄하니 잡아다 심문하여 죄주소서."

정조는 형조의 주장을 받아들였다. 이후 이명중과 이몽령에 대한 가혹한 형신이 가해졌지만 이명중은 끝까지 죄를 인정하지 않았다. 그러자 정조는 이런 판결을 내렸다.

"상처가 낭자하고 증거가 명백하니 범행을 저지른 정황은 다시 의심할 것이 없는데, 한결같이 죄를 자복하지 않으니 더욱 흉악하다. 그러나 죽은 조정화가 구타당한 곳은 영만의 방이었는데, 숨을 거두기는 임돌의 방에서였으니 이 점은 의심스럽다. 간음 운운한 것을 믿을 수는 없다. 그러나 임돌이 계속 도피 중이어서 아직 잡아 오지 못하여 원범元犯(주범, 이명중)으로 하여금 구실을 삼게 만든 것은, 옥사의 체모로 헤아려볼 때 소루함을 면할 수 없다. 이명중은 당분간 형신을 정지해 엄하게 가둬두고, 도망 중인 임돌을 기일 내에 체포하여 엄하게 심문해서 끝까지 밝히라는 뜻으로 해도(평안도)에 분부하라."

정조의 판결이 난 것은 1784년 3월이었으니, 사건이 접수된 지 무려 9년이나 지난 때였다. 그동안 이명중은 계속 감옥에 갇혀 있었다. 정조는 이때까지도 이명중의 죄를 확정 짓지 못하고 다시 평안도로 사건을 돌려보낸 것이다. 평안도 관찰사는 몇 년 뒤에 이렇게 보고했다.

"사인이 명확하고 증거가 구비되었으나, 임돌이 아직 체포되지 않아 조사하지 못했으니, 이명중의 옥사를 어떻게 종결지을 수 있겠습니까?"

정조는 결국 이렇게 판결을 내렸다.

"몇 해 전의 판부에 이미 '원범은 형신을 정지하고 임돌을 추적하여 체포하라'는 뜻으로 말을 만들어 엄하게 신칙하도록 했다.

근래 문안을 열람하다 보니, 이명중이 그동안 꾸미고 지어낸 말과 이몽령의 허다한 거짓말이 모두 매우 통탄스럽다. 또한 이명중이 범행할 때를 목격한 증인들은 모두 객관적인 평범한 사람이 아니고 대부분 그 집에 고용살이하는 무리로, 행랑에 살면서 종처럼 일을 하여 임돌과 비교할 때 현격한 차이가 있다. 그러니 그들의 말을 증거로 삼고 그 증거로 녹안錄案을 만드는 것은 끝내 온당치 않은 일이다.

그리고 임돌이 간음했다는 말은 이미 허황된 주장으로 돌아갔고, 이명중이 사람을 죽인 변은 이미 변경할 수 없는 사실이 되었으니, 고향을 그리워하는 인정으로 볼 때 (임돌은) 반드시 처자를 데리고 집으로 돌아왔을 것이다. 그러나 지금 10여 년이 되도록 영구히 도망하여 그림자도 비치지 않는 것은 특별한 곡절이 있어서 그런 것이 아닌지 어떻게 알겠는가.

옥사의 체모로 살펴보건대, 임돌을 체포하여 한번 철저히 조사하면 저절로 결판이 나겠지만, 이렇게 가둬두고 추적한 지 여러 해가 되도록 아직 체포하지 못했으니, 만약 그가 체포되기를 기다려 처벌하려고 한다면 장차 이명중을 옥중에서 늙어 죽게 만들 것이다. 지금 와서 참작하여 방면한다고 해도 너무 관대하다고는 하지 않을 것이고 도백의 아룀 또한 근거가 되니, 이명중을 특별히 방면하라."

마침내 정조가 결정을 내린 때는 1790년 8월이었으니, 옥사가 발생한 지 무려 15년 5개월이나 지난 시점이었다. 정조는 그 정도 세월이면 이명중이 폭행에 대한 죗값은 치렀다고 판단하고 방면하도록 조치했다. 말하자면 임돌이 끝내 붙잡히지 않음으로써 사건의 정확한 진상이 밝혀지지 않은 덕에 이명중은 석방될 수 있었던 것이다.

그런데 이 사건을 자세히 살펴보면 조정화를 죽인 범인은 이명중이 거의 확실하다. 이명중의 아버지 이봉령이 사건을 은폐하기 위해 임돌을 빼돌린 것이다. 아마도 이봉령은 임돌에게 돈을 주고 가족과 함께 섬이나 변방으로 몸을 숨기게 했을 것으로 추정된다.

## 황희와 맹사성의 사건 은폐

세종 대인 1427년 6월 17일에 형조 판서 서선, 우의정 맹사성, 좌의정 황희가 충청도 신창현에서 발생한 살인사건에 연루되어 의금부에 하옥되는 사태가 발생했다. 당연히 이 때문에 조정이 발칵 뒤집어졌다. 사건의 범인은 서달이라는 인물이었는데, 그는 서선의 아들이자 황희의 사위였다. 그리고 맹사성은 황희와 친밀한 까닭에 사건 은폐에 가담하여 함께 하옥되었다.

사건의 내막을 살펴보면 이렇다. 서달이 모친 최씨와 함께 대흥현으로 가는 길에 신창현을 지나게 되었다. 그런데 그 고을 아전하나가 서달에게 예를 갖추지 않고 달아나는 일이 발생했다. 화가난 서달은 잉질종 등 세 명의 종을 시켜 아전을 붙잡아 오게 했다. 잉질종은 길에서 신창현 아전 한 명을 붙잡아 결박하여 끌고 오면서 도망친 아전의 집을 대라고 했다. 이 광경을 본 표운평이라는 아전이 서달의 종들에게 소리쳤다.

"어떤 놈들이기에 관청의 아전을 묶어놓고 때리느냐?"

종들이 그 말에 발끈하여 표운평의 머리채를 잡아끌고 발길질을 한 뒤, 몽둥이로 볼기와 등을 사정없이 때려 서달에게 끌고 갔다. 표운평은 정신을 잃고 의사 표현도 하지 못할 지경이었는데, 서달은 그가 술에 취해 말도 제대로 하지 못한다면서 수하인 서득을 시켜 표운평의 양손을 묶고 몽둥이로 정강이를 마구 치도록 했다.

이튿날 표운평이 그만 명줄을 놓고 죽어버렸다. 그의 가족이 감사에게 이 사실을 고소했고, 감사 조계생은 조순과 이수강에게 신창현으로 가서 서달과 그 종들을 신문하라고 명했다. 두 관리는 서달이 종을 시켜 표운평을 때려죽이게 한 것으로 처결 문건을 만들어 감사에게 보고하려 했다.

당시 황희는 의정부 찬성 벼슬에 있었다. 그는 사위가 살인을 한 사태를 접하고 친분이 깊던 판부사 맹사성을 찾아가 피해자 집안과의 중재를 요청했다. 신창현은 맹사성의 본향이었기에 피해자 집안과 화해를 주선해주리라 믿었던 것이다. 때마침 표운평의 형인 표복만이 한양에 머물고 있었으므로 맹사성이 그를 불러 권고했다.

"이런 일로 고향 풍속을 더럽혀서야 되겠는가?"

표복만을 타이른 맹사성은 한편으로 신창 현감 곽규에게 편지를 보내 어떻게 해서든 무사히 처리해달라고 청탁을 했다. 서선의 사위인 노호는 신창현 옆의 대흥 현감으로 있었는데, 신창 현감을 찾아가 선처를 부탁하고 사람을 시켜 애걸하기도 했다. 고관과 동료의 부탁으로 난처한 처지에 놓인 신창 현감 곽규는 노호에게 이렇게 통지했다.

"차사관이 장계를 가지고 이미 떠났소이다."

즉, 장계를 빼앗든 말든 마음대로 하라는 뜻이었다. 속내를 알아차린 노호는 즉시 사람을 풀어 길목을 지키고 있다가 장계를 강탈했다.

서선의 부인, 즉 서달의 모친인 최씨의 친족 강윤도 피해자 집안을 찾아가 큰 보상을 해주겠다며 없던 일로 해줄 것을 청했고, 표운평의 형 표복만까지 뇌물을 받고 가세하여 표운평의 처를 타일렀다.

"죽은 사람이야 다시 살아날 수 없는 일이고, 신창에 본향을 둔 재상과 상관의 지시를 아전 된 사람으로서 따르지 않다간 결국 어떻게 되겠소?"

표복만은 표운평의 가족이 가해자 집안과 개인적으로 화해했다는 글까지 써주며 표운평의 처에게 이 글을 신창현에 제출하도록 종용했다. 또한 감사의 지시로 사건을 담당했던 온수 현감 이수강과 직사현 지사 조순에게도 보내게 했다. 이수강과 조순은 논의 끝에 이 사건과 관련된 증인들을 한자리에 모아놓고 처음 작성한 처결 문건과는 전혀 상반된 결정을 내렸다. 서달을 면죄하고 잉질종에게 죄를 뒤집어씌워 감사에게 보고한 것이다.

감사 조계생은 직산 현감 이운과 목천 현감 윤환에게 다시 조사하라고 명했는데, 서선과 노호, 이수강의 청탁을 받은 이들은 이수강과 조순의 처결 문건을 그대로 받아 감사에게 보고했다. 감사 조계생과 도사 신기는 그들의 말을 사실로 믿고 자세히 살펴보지도 않은 채 형조에 보고했다. 형조 좌랑 안숭선은 7개월 동안 시간을 끈 뒤 사건의 내막을 다시 조사하지 않은 채 보고했으며,

형조 참판 신개도 제대로 심리하지 않고 서달을 석방해버렸다. 그리고 잉질종 등 종들에게 죄를 묻고 법조문을 적용해서 의정부에 보고했다.

그러나 세종은 그냥 넘어가지 않았다. 처결 문건을 낱낱이 살펴보면서 앞뒤가 맞지 않은 부분이 많아 의심의 여지가 있다고 보고, 의정부에 사건을 다시 내려보내 죄인들을 신문할 것을 명했다. 그 결과 사실이 백일하에 드러났고 사건을 은폐하기 위해 청탁과 뇌물이 오갔음이 밝혀졌다.

법대로 하면 서달은 교수형감이었다. 하지만 세종은 그가 외아들이라는 이유로 장 1백 대를 치고, 3천 리 밖으로 유배 보내는 것으로 벌을 대신했다. 또 범행에 가담한 좌의정 황희와 우의정 맹사성을 직책에서 파면하고, 형조 판서 서선의 임명장을 회수했다. 형조 참판 신개는 강음에, 대사헌에 올라 있던 조계생은 태인에, 형조 좌랑 안숭선은 배천에 유배했다. 또 온수 현감 이수강은 장 1백 대에 3천 리 밖인 광양으로 유배되었으며, 직사현 지사 조순, 직산 현감 이운, 목천 현감 윤환은 각각 장 1백 대와 도 3년을 선고받았다. 그 외에 대흥 현감 노호는 장 90대와 도 2년 반, 신창 현감 곽규와 신창 교도 강윤은 각각 장 1백 대와 도 3년, 도사 신기는 장 1백 대에 처했다.

양반의 살인을 은폐하여 종복에게 뒤집어씌우려고 했던 이 사건으로 명재상 황희와 맹사성은 망신살이 뻗쳤고, 그 사실을 밝혀낸 세종의 위엄은 한층 높아졌다.

황희는 서달 사건으로 엄청난 정치적 타격을 입은 데다 모친상까지 당한 처지였다. 세종은 그런 처지를 달래기 위해 서달이 유배지에서 가족과 함께 살 수 있도록 죄를 경감하고 황희를 위로했다. 또한 황희가 시집간 딸을 생각하여 살인을 은폐하려는 음모에 가담한 죄가 크나, 그의 능력을 높이 평가하여 좌의정 벼슬을 복원해줬다.

그러자 대사헌 이맹균이 황희를 다시 부르는 것과 서달의 죄를 경감한 것은 옳은 조치가 아니라며 반대를 하고 나섰다. 세종은 인재를 함부로 버릴 수 없다며 의지를 굽히지 않았고, 다시금 상을 당한 황희에게 기복 명령을 내려 조정으로 돌아오도록 조치했다.

황희는 선뜻 기복하여 조정으로 돌아올 수 없었다. 한 나라의 재상으로서 살인사건에 가담한 죄가 천하에 알려져 얼굴을 들고 다닐 수 없는 지경이었던 것이다. 세종은 그 점을 감안하여 동궁과 함께 명나라에 가서 황제를 배알하고 오라는 명을 내렸다. 당장 조정에 돌아올 수 없는 황희의 처지를 고려하여 만들어낸 묘안이었다. 하지만 황희는 기복 명령을 거둬달라는 상소를 올리며 조정에 나오지 않았다.

그런 가운데 세자가 명나라에 갈 필요가 없어졌는데 세종은 여전히 황희에게 기복을 명했다. 황희는 대궐로 나와서 명나라에 갈 일도 없으니 굳이 기복할 이유가 없다고 하면서 3년상을 마치게 해달라고 청했다. 그러나 세종은 그를 대신할 인물이 없다고 보고 단호하게 말했다.

"경의 기복은 단지 세자의 황제 조현만을 위한 것이 아니오. 더구나 대신의 기복은 조종祖宗이 세우신 법이니 청을 받아들일 수 없소."

그 뒤에도 황희는 다시 글을 올려 기복 명령을 거둬줄 것을 청했으나 세종은 끝내 허락하지 않았다. 결국 세종의 강력한 의지에 따라 황희는 기복 명령에 복종하여 좌의정 자리로 되돌아왔다.


## 치정살인은
## 왜 일어났는가
—

치정살인은 남녀 간의 애정 관계 때문에 발생하는 살인이다. 대개 불륜 관계를 전제 조건으로 한다. 조선시대에는 특히 유부녀가 남편 아닌 다른 남자와 불륜을 저질렀을 때 일어나는 사건이 대부분이었다.

조선사회는 남자의 불륜에 대해서는 관대하고 여자의 불륜에 대해서는 매우 엄격했다. 일반적으로 남편이 아내의 불륜을 적발한 뒤 아내를 구타하여 내쫓는 것은 문제 삼지 않았다. 하지만 아내가 남편의 불륜을 적발한 뒤 남편을 내쫓는 경우는 용납하지 않았다. 그런 까닭에 남편이 불륜을 저지른 아내를 구타하다 죽이는 사건이 일어나도 비교적 관대한 처분이 내려지는 경우가 많았다. 심지어 남편이 아내의 불륜 장면을 목격하고 그 자리에서 아내를 죽였다손 치더라도 살인죄로 다루지 않았다.

물론 아내를 살해하는 행위를 모두 살인죄로 다루지 않았다는 뜻은 아니다. 남편이 아내의 불륜 현장을 목도하고 그 자리에서 아내를 죽였다면 살인죄가 성립되지 않았지만, 아내의 불륜 현장을 목도한 뒤 다른 시간에 다른 장소에서 아내를 죽였다면 살인죄가 적용되었다. 또 아내가 불륜을 저질렀다는 말만 듣고 아내를 살해했다면 역시 살인죄가 적용되었다. 하지만 이런 경우에도 아내의 불륜 사실이 명백할 경우엔 대개 형을 감하여 사형을 면해주었다.

그러나 아내가 남편의 불륜 현장을 목도하고 남편을 살해했다면 이야기는 달라진다. 이 경우엔 불륜 현장에서든 나중에 다른 장소에서든 상관없이 똑같이 사형에 처해졌다. 그만큼 조선은 남녀 차별이 심한 사회였다.

대개 여자들은 불륜 사실이 발각되면 남편에게 심한 매질을 당하고 쫓겨나기 십상이었고, 심한 경우에는 맞아 죽는 경우도 있었다. 이런 까닭에 다른 남자와 간음한 여인들은 자신과 내연 관계에 있는 남자와 공모하여 남편을 살해하는 일이 더러 있었다. 불륜 사실을 은폐하기 위해 남편 살해를 감행하는 것이다.

사실 치정살인의 건수를 보면 남편이 아내를 살해하는 경우보다 아내가 남편을 살해하는 경우가 더 많았다. 어쩌면 이는 당연한 결과인지도 모른다. 불륜을 저지른 아내는 그 사실이 들통날 경우 목숨을 걸어야 하는 처지지만 남편은 아내를 버리고 다른 여인을 들이면 되기 때문이다.

　치정살인 중에는 연적인 남자가 상대 남자를 죽이는 경우도 제법 있었다. 말하자면 아내의 불륜 사실을 알게 된 남편이 아내를 내쫓고 상대인 간부를 죽이는 것이다. 또 때로는 간부가 불륜 상대의 남편을 죽이는 경우도 있었다.

## 간통이 살인이 되기까지

1407년 11월 28일 태종은 내은가이라는 여인에게 저잣거리에서 거열형을 내리도록 명했다. 그녀가 남편 우동을 간부 강수와 함께 살해했기 때문이다. 그 내용을 소개하면 이렇다.


　　충청도 연산현 백성 우동의 아내 내은가이가 이웃 남자 강수와 정을 통하였는데, 하루는 우동이 6일 동안의 양식을 싸서 일 때문에 이웃 고을에 가니, 내은가이가 강수에게 말했다.

　　"길에서 기다렸다가 죽이는 것이 좋겠다."

　　그러자 강수가 말했다.

　　"노상에서는 나는 감히 못 하겠다. 네가 만일 돌아오는 길에 머물게 하여 같이 잔다면, 내가 죽일 수 있다."

우동이 곧 돌아오게 되자, 내은가이가 술과 안주를 가지고 도중에 맞이하여 술을 먹이고 말했다.

"오늘 저녁은 밭 가운데서 같이 자며 곡식을 지키는 것이 좋겠소."

우동이 믿고 그대로 따랐다. 내은가이가 남편이 깊은 잠에 빠진 것을 엿보고, 슬그머니 일어나 강수를 데리고 와서 말했다.

"지금이 바로 그때요."

강수가 마침내 우동을 죽여서 가까운 땅에 묻었다. 사람들이 자못 의심하니 드디어 다른 곳에 옮겨 묻다가 일이 발각되었다.

형조에서 아뢰니, 임금이 말했다.

"처첩이 남편을 죽인 사건으로 이처럼 끔찍한 일은 없었다."

그리고 황희에게 물었다.

"이 여자와 같은 범죄를 외방의 수령은 어떻게 형벌하는가?"

황희가 대답했다.

"곧 목을 뱁니다."

이에 임금이 말했다.

"율에는 능지(살을 도려내며 서서히 죽이는 형벌)의 법이 없느냐?"

황희가 대답했다.

"이전에는 거열로 능지를 대신하였습니다."

그러자 임금이 말했다.

"한 고을에서 죽이면 누가 알겠느냐? 잡아서 서울로 올려와 저자에

세우고 대중에게 사건의 내막을 알린 뒤에, 사지를 나누어 여러 도에 보이라."

대개 살인은 참형에 처하는 것이 최고의 형량이었지만, 이 사건에 대해서는 태종이 직접 간여하여 한 단계 높은 거열형을 내리도록 명했다. 거열형은 사지를 소에 묶어 찢어버리는 형벌로 이전까지 반역죄를 저지른 경우에 한해 내려졌다. 그런데 태종은 내은가이의 살인 행각이 너무나도 대담하고 패륜적이라며 거열형을 행하라고 명한 것이다.

다음의 세조 1년(1455년) 윤6월 25일 자 기사가 비슷한 사례다.

형조에서 아뢰었다.

"전라도 옥과현에 수감되어 있는 죄수 지필종이 일찍이 최을의 처 내은이와 간통하고 그녀와 공모하여 최을을 살해하였는데 내은이는 이미 죽었으니, 청컨대 지필종을 율에 의해 사형에 처하소서."

이에 임금이 그대로 따랐다.

이 사건은 유부녀가 외간 남자와 간통하고 그 간부와 공모하여 남편을 살해한 전형적인 사례다. 전라도 옥과현의 내은이라는 여인이 지필종이라는 남자와 간통하고 그와 공모하여 자신의 남편 최을을 죽였던 것이다. 그런데 범죄 행각이 완전히 드러났을 때 내은이는 이미 죽고 없었기 때문에 지필종만 사형을 당하게 되었다. 내은이가 어떤 경로로 죽었는지는 자세히 기록되지 않아서 그녀가 자살을 했는지 자연사했는지 아니면 고문 중에 죽었는지는 분명치 않다. 다만 내은이가 이미 죽은 것으로 미루어 그녀와 지필종의 간통은 오랜 시간이 지나서 발각된 듯하다.

유사한 사례가 또 있다. 이듬해 9월 11일에 형조에서는 다음과 같이 아뢰었다.

"금산 죄수 서중선이 김봉의 아내 소질장과 간통하고 공모하여 김봉을 죽였으니, 서중선은 응당 베어야 하고 소질장은 능지처사해야 합니다."

이와 같은 사건은 실록에 무수히 기록되어 있는데, 공통점은 아내가 간통하고 간부와 함께 남편을 죽였다는 점이다. 그렇다면 왜 간부와 아내는 남편을 죽였을까? 바로 간통 사실이 발각될 것을 두려워했기 때문이다. 간통죄가 없는 지금이야 간통 사실이 발각되더라도 중벌에 처해지지 않기 때문에 살인으로 이어지는 경우가 드물지만, 당시엔 정절이 강요된 시대인 만큼 남편 있는 부인이 간통죄를 저질렀을 경우 최고 사형까지 당할 수 있었기 때문에 이를 모면하기 위해 아예 배우자를 죽여 간통 사실을 숨기려고 했다.

이렇듯 간통이 살인으로 이어진 이유는 간통에 대한 처벌이 너무 과했기 때문이다. 간통 사실이 발각되어 죽으나, 살인 사실이 발각되어 죽으나 매한가지라는 의식이 팽배했던 것이다.

## 남편을 직접 죽인 여인

남편 살해의 경우 간부와 공모하여 남편을 죽이는 경우가 대부분
이었지만 간혹 아내가 직접 남편을 죽이는 일도 있었다. 세종 대
에 돈녕부 영사를 지낸 이지 사건이 대표적이다.

이지의 죽음에 대한 이야기를 하기 전에 우선 이지가 아내 김
씨를 만난 경위부터 알 필요가 있다. 사실 이지의 부인 김씨는 장
안에서 꽤 유명한 여인이었는데, 이와 관련하여 실록은 이렇게 전
한다.

처음에 김씨는 조화의 아내였다. 조화가 일찍이 김씨의 어머니와
간통하니 김씨가 이를 알고 김씨도 또한 허해와 몰래 간통하였다. 하
루는 조화가 첩을 데리고 외박을 하였는데 김씨도 또한 허해를 끌어
들여 유숙시켰다. 그런데 허해가 옷을 벗어 조화의 옷걸이에 걸어놓
았다가 돌아갈 때 잘못하여 조화의 옷을 입고 가버렸다. 조화가 새벽
에 안방에 들어와서 옷을 꺼내 입으니 옷이 몸에 맞지 아니하므로,
드디어 알고 이를 따져 묻자 김씨가 이렇게 대답했다.

"오늘 밤에 허해가 와서 유숙했는데 잘못 입고 갔소."

조화가 노하여 꾸짖으니 김씨가 대꾸했다.

"당신의 하는 짓이 이와 같은데 어찌 나를 허물하는가. 당신이 만약

말을 퍼뜨리면 당신이 먼저 수레에 오른 뒤라야 나도 다음 수레에 오르겠소."

이 말에 조화는 그녀에게 침을 뱉었다. 김씨는 더욱 거리낌 없이 집 안의 종 박송과 간통하였으므로, 조화가 이를 붙잡아 훈계하였다.

조화가 죽은 뒤에 김씨는 이지와 부부가 되기를 약속하였다. 혼인 날 저녁 김씨의 아들과 며느리가 모두 문을 닫고 들여보내 주지 않으므로, 이지가 말하였다.

"내가 이곳에 온 것은 한 번이 아닌데 아이들이 어찌 이와 같이 하느냐."

아침 조회 때 태종이 측근의 신하를 돌아보며 물었다.

"영돈녕(이지)이 어찌 오지 않느냐."

이에 모두 아뢰었다.

"장가를 듭니다."

태종이 물었다.

"신부가 누구인가?"

신하들이 대답했다.

"조화의 아내입니다."

이에 태종이 말했다.

"그렇다면 어찌 장가든다고 할 수 있겠는가?"

이렇듯 이지의 아내 김씨는 임금까지 아는 유명인사였던 셈이다. 김씨는 문하시랑 찬성사를 지낸 김주의 딸이었다. 그녀가 첫 남편 조화와 사별했을 때는 57세였다. 당시 57세면 증손자를 볼 나이였다. 그녀는 자신이 연상의 남자와 재혼한다는 사실을 자식들에게 숨겼다. 그 내용을 실록은 이렇게 전한다.

처음에 김씨가 이지에게 시집가기를 꾀하면서 아들 조명초 등이 알지 못하게 하였다. 어두운 저녁에 이지가 찾아오니, 조명초가 그때서야 알고 이지의 목덜미를 잡고 함께 땅에 쓰러져서 목 놓아 슬피 울며 말리었으나 어쩔 수가 없었다. 김씨가 이미 동뢰同牢(신랑 신부가 신방에 들기 전에 술잔을 나누고 음식을 먹던 의식)하고 나서 이튿날 다른 사람에게 이렇게 말하였다.

"나는 이분이 늙었는가 하였더니, 참으로 늙지 않은 것을 알았다."

이렇듯 이지가 조화의 부인이었던 김씨와 재혼하자 사헌부에서 이지를 탄핵했다. 하지만 태종은 이런 말로 탄핵을 받아들이지 않았다.

"아내 없는 남자와 남편 없는 여자가 스스로 서로 혼인하는 것을 어찌 반드시 묻겠는가? 하물며 이지가 계실을 취한 것을 나도 아는 일이니, 다시는 핵론하지 말라."

이지는 태조 이성계의 사촌 동생이자 태종의 당숙이었다. 그런 까닭에 태종이 너그러운 결정을 내린 것이다. 이렇듯 이지는 주변의 비난을 받으면서까지 김씨와 결혼했지만 불행하게도 그녀의 손에 죽고 말았다. 이지가 죽은 것은 김씨와 결혼한 지 10여 년이 지난 1427년이었다. 그때 이지의 나이 79세였고, 두 번째 부인 김씨의 나이도 70세를 넘긴 때였다. 이때 이지는 황당한 일로 죽게 되는데, 그 사연을 실록은 다음과 같이 기록한다.

이지가 얼마 뒤에 영의정에 임명되어 치사하고, 다시 영돈녕이 되어 그대로 치사하게 하였다. 이지의 어머니 기일은 섣달 그믐날이고 아버지 기일은 정월 초하루이므로, 매양 세말歲末에 죽은 부모를 위하여 절에 가서 부처를 공양하고 중에게 재齋 올리는 것을 떳떳한 일로 삼았는데, 이때에도 향림사에 나아가서 부처에게 공양하였다가 하룻밤 사이에 갑자기 졸卒하니, 그의 나이 79세였다.

부음이 들리니 조회를 3일 동안 정지해 부의를 내리고 관官에서 장사 지내는 일을 다스리게 하였다. 그런데 사람들이 이런 말을 하였다.

"이지가 후처 김씨와 더불어 절에 가서 수일 동안 머물렀는데 밤에 김씨가 중과 간통하였다. 이지가 간통하는 장소에서 붙잡아 꾸짖고 구타하니 김씨가 이지의 불알을 끌어당겨 죽였다."

그때 따라간 사람이 모두 김씨의 노비였기 때문에 이를 숨겼으니 외인外人들은 알 수가 없었다. 이지의 전처 아들 절제사 이상흥이 충청도에서 부고를 듣고 왔는데, 한 남자 종이 김씨에게 이렇게 고했다.

"상흥이 장차 이 사실을 형조에 알릴 것입니다."

그러자 김씨는 어찌할 바를 모르고 발광하여 천치처럼 되니 드디어 일이 잠잠해졌다. 마을 사람들이 모두 말하였다.

"관청에 알려서 시체를 검사하면 원통함을 씻을 수 있을 것입니다."

하지만 이지의 시신에 대한 검시는 이뤄지지 않았다. 이지의 아들 상홍이 아버지가 죽은 내막을 알면서도 관청에 고소하지 않았기 때문이다. 이상홍이 이 사건을 관아에 알리지 않은 이유는 뻔하다. 관아에 알려봤자 피해를 보는 것은 자기 집안일 것이기 때문이다. 비록 계모라고는 하지만 어쨌든 김씨는 자신의 어머니였다. 그런데 그녀가 승려와의 간통 사실을 숨기기 위해 남편을 죽였다는 소문이 나면 가문의 명예가 훼손되는 것은 당연한 일이었다. 김씨를 도와 사건을 은폐한 종들은 모두 물고장이 날 것이고 이상홍 자신도 벼슬을 내놓아야 한다. 뿐만 아니라 형제들까지 모두 피해를 입게 될 것은 자명했다. 그런 까닭에 이상홍은 이 사건을 덮을 수밖에 없었을 것이다.

그렇다면 사헌부는 왜 이 사건을 문제 삼지 않았을까? 대개 소문으로라도 고관대작이 살해되었다는 말이 나오면 으레 사헌부에서 사건을 조사하는 것이 관례였다. 그럼에도 사헌부는 이 사건에 섣불리 나서지 못했다. 만약 사헌부가 이 사건을 왕에게 알려 조사를 시작했다면 필시 이지의 관을 파내 검시를 해야만 했을 것이다. 그런데 사헌부가 이 소문을 접했을 땐 이미 이지가 죽은

지 한참 지난 때였다. 즉, 어차피 이지의 시신은 이미 백골이 된 상태였고, 백골을 파내 검시를 해봤자 사인을 밝혀내는 것은 불가능하므로, 그런 상황에서 사헌부가 이지의 사건을 끄집어내는 것은 무리였던 것이다.

## 아내가 죽었다면 남편이 범인

아내가 다른 남자와 간통하다 들켜 남편에게 살해되는 경우도 많았다. 때론 아내가 다른 남자와 간통한다는 말만 듣고도 아내를 살해하기도 했다. 세종 12년(1430년) 7월 14일의 다음 사건이 전형적인 사례다.

> 형조에서 평안도 감사의 관문關文에 의거하여 아뢰었다.
> "평양 수군 이자하는 그의 아내가 매부 감가질동과 간통하였다는 말을 듣고 그 아내를 구타해 살해하였습니다. 자하는 율에 의하여 교형에 처하고, 가질동은 장 90대에 처하게 하소서."
> 이에 그대로 따랐다.

이 사건은 인척 사이에 벌어진 간통이 살인으로 이어진 경우다. 말하자면 자신의 아내가 누이의 남편과 간통했다는 말을 듣고 눈이 뒤집힌 남편이 아내를 마구잡이로 구타하다가 결국 사망에 이르게 한 것이다. 이 경우 구타살인죄가 적용되어 교수형에 처해지는 것이 일반적이었고, 세종도 법대로 이자하를 처벌했다. 그런데 만약 이자하가 간통 현장을 적발하고 그 자리에서 살인을 저질렀다면 구타살인죄가 적용되지 않았을 것이다. 조선의 법으론 그럴 경우 무죄로 방면되기도 했다. 하지만 이자하는 아내가 간통했다는 말만 듣고 마구 구타하여 죽였으니 살인죄가 적용된 것이다.

그렇다면 간통 현장이 아닌 곳에서 간통한 아내를 죽인 경우엔 모두 사형에 처했을까? 세종 14년(1432년)에 일어난 다음 사건을 한번 살펴보자.

형조에서 아뢰었다.

"망오적이 그의 아내가 간부와 더불어 서로 희롱하는 것을 보고 칼로 상해를 입혀 죽게 하였습니다. 청컨대 구타살인의 죄로 논고하게 하소서."

이에 임금이 말하였다.

"부부의 은의는 더할 수 없이 중한 것이다. 망오적이 만약 이유 없이 쳐서 죽였다면 이런 죄명으로 처벌하는 것이 마땅하다. 그러나 그의 아내가 이미 아내의 도리를 잃었으니 마땅히 죄주어야 할 것이다. 그렇다면 망오적의 죄를 살인으로 처리하는 것은 과중하지 않은가."

형조 판서 정흠지가 대답했다.

"정상으로는 용서할 만합니다. 그러나 간음 현장에서 살해한 것이 아니므로 이렇게 결정한 것입니다."

그러자 임금이 말하였다.

"법은 비록 이러하나 정상을 참작하여 감형하는 것이 좋겠다. 마땅히 죄 몇 등을 감경하는 것이 좋을지 장차 경 등의 의논을 들어서 결단을 내리겠다."

우승범, 유맹문, 박신생, 허성, 이명덕, 허조 등이 아뢰었다.

"자기의 아내가 행실이 나쁘면 마땅히 버려야 하는 것이니, 망오적의 죄가 사형에까지 이를 수는 없습니다. 그러니 정상을 참작하여 죄의 등수를 감경한다면 그것으로 족합니다."

흠지, 유사눌, 노한 등이 다시 아뢰었다.

"그 아내의 행위가 몹시 나빠서 현장에서 붙잡아 죽였다면 본래부터 당연히 불문에 붙일 것이지만, 현장이 아닌 곳에서 붙잡아 살해하였으니 죄 2등을 감해주는 것이 좋겠습니다."

이에 이들의 논의에 따랐다.


결국 세종은 망오적의 죄를 2등 감하여 사형을 면하게 해줬다. 세종이 망오적의 죄를 감해준 결정적인 이유는 무엇일까? 그것은 망오적이 아내의 간통 현장을 직접 목격한 것을 참작했기 때문이다. 망오적이 비록 간통 현장에서 아내를 죽이지 않아 법적으로는 구타살인죄에 해당되지만 아내가 간통하는 현장을 목격한 뒤에 살인을 저질렀기 때문에 감경할 사유가 된다고 본 것이다.

## 죽이고 싶을 만큼 미운 연적

간통과 관련해서는 연적이 살해되는 일도 허다했다. 대개 남편이 아내와 간통한 간부를 살해하는 경우였다. 그런데 연적 살해는 다소 엽기적인 형태를 보이기도 해서, 심지어 연적의 음경을 잘라버린 사건도 있었다. 다음의 태종 3년(1403년) 5월 7일 자 실록 기사에서 관련 내용을 확인할 수 있다.

> 우레가 치고 비가 내리던 날, 풍해도(황해도) 봉주에서 어떤 사람이 소를 끌고 가다가 벼락에 맞아 죽었는데 누군가가 죽은 자의 두 손가락과 음경을 잘라 갔다. 관찰사가 율에 의하여 논죄하였다.

이 기사엔 왜 두 손가락과 음경을 잘라 갔는지 그 이유는 나오지 않는다. 추측컨대 죽은 자에 대한 응징의 차원이 아니었을까 싶다. 사실 실록에 기록된 살인사건 중에는 음경을 잘라 원한을 씻은 내용들이 다수 있다. 그리고 이런 사건은 대개 연적 관계인 상대를 죽인 경우다. 세조 1년(1455년) 12월 16일 자 실록에 기록된 다음 사건이 대표적이다.

> 의금부에서 아뢰었다.
> "이석산의 시체를 반송정 밑에서 찾았는데, 칼로 난자하고 눈을 빼고 세勢(음경)를 베어 잔인함이 매우 심하였습니다. 사건을 모름지기

끝까지 밝혀 다스려야 하겠습니다."

이 말을 듣고 임금이 의심하여 말했다.

"사람이 죽으면 얼굴빛이 변하여 달라지는데, 이석산의 시체라고 하는 것이 어찌 진짜임을 알았는가?"

그러면서 동부 승지 이휘에게 명하여 다시 검시하게 하였다. 이휘가 시체 있는 곳에 이르러 검시를 마치고 돌아와 아뢰었다.

"신 등이 이석산의 시체를 보니, 눈을 빼고 음경을 베었으며 창으로 찌른 흔적이 몸에 두루 있었습니다. 신 등이 매우 의심하여 바로 민발의 첩 막비의 집에 이르러 보니, 외청에 뿌려진 피가 벽에 가득한데 종이로 벽을 새로 바르고 피를 닦은 흔적도 있었으며, 그 청 바닥에는 흙을 깎아버린 흔적이 있고 또 모래로 피를 덮은 것도 있었습니다. 이것이 무슨 피냐고 물으니 그 집 사람이 황급하게 대답하기를, '말을 치료할 때 흘린 피입니다'라고 답하였습니다. 또 작은 철창鐵槍을 찾았는데 이석산 시체의 창으로 찔린 구멍과 맞추어보니 서로 합하고, 또 이석산이 신었던 신 한 짝이 없어졌는데 막비의 집 방석 밑에서 전정氈精 한 짝을 찾아내어 비교해보니 바로 그 한 짝이었습니다. 또 이석산의 친모와 유모, 신간 등을 불러 이석산의 몸에 무슨 징험할 만한 곳이 있느냐고 물으니 그 어미가 이르기를, '발꿈치에 검붉은 흔적이 있고 일찍이 병으로 인하여 머리털이 모두 빠졌다'고 하기에 징험해보니, 과연 그러하였습니다. 또 신간이 시체를 보고 눈물을 흘렸으니 민발이 죽인 것이 명백합니다. 청컨대 민발을 가두고 막비를 고신하게 하소서."

하니, 그대로 따랐다. 얼마 안 되어 민발을 석방하고 전교하였다.

"민발은 지위가 재상에 이르렀고 또 원종의 공이 있으니, 의심스러운 일로 몸을 구속하는 것은 옳지 않다."

하면서 또 승정원에 물었다.

"만약 민발이 한 짓이라면 민발은 원종공신인데, 어떤 율로 죄줄 수 있는가?"

승정원에서 아뢰었다.

"민발이 비록 공신이나 이석산도 또한 공신의 후손이므로, 공신이 공신을 죽였으니 죄를 감할 수 없습니다."

임금이 오히려 의심하여 다시 조사하도록 상을 걸고 죄인을 찾게 하니, 나라 사람들이 모두 민발의 소위인 것을 알았으나 이만 갈 뿐이었다.


이 사건은 누가 봐도 민발이 범인이었다. 하지만 태종은 민발을 아낀 나머지 사건을 덮어버렸다. 그런데 민발은 왜 이석산을 죽이고 음경을 잘랐을까? 이는 필시 그의 첩 막비와 연관된 것으로 보인다. 사건의 정황으로 미루어 이석산은 막비의 집에서 살해되었다. 민발이 막비와 이석산이 같은 공간에 있는 것을 보고 그들이 정을 나눈 것으로 의심하여 죽였던 것이다. 이석산은 민발의 연적이었고, 그 연적을 죽인 징표로 음경을 자른 셈이다. 이른바 '연적 살해'였다.

다음 사건도 연적의 음경을 잘라 죽인 사례다. 성종 24년(1493년) 6월 5일에 충청도 경차관 정숙지가 이런 보고를 했다.

"지난 기유년(1489년)에 신과 봉상시 주부 노모가 함께 경상도에 가게 되었는데, 노모가 신보다 앞서 밀양에 갔다가 얼마 안 되어 병사하였습니다. 신이 근래에 청주에 도착하여 도사 정윤과 서로 이야기하다가 노모가 죽은 데에 말이 미치자 정윤이 말하기를 '그때 노모가 술에 취하여 기생과 같이 누웠는데 누군지 모르는 사람이 노모의 음경을 베어 죽였습니다. 밀양 부사 허혼이 듣고 면화를 써서 시체를 두껍게 싸 피가 밖으로 보이지 않게 하고는 노모가 데리고 간 봉상시 서리와 그 종에게 뇌물을 후하게 주어 탄로 내지 말도록 주의하였다고 합니다'라고 하였습니다. 신이 묻기를 '이 말은 어디에서 들었습니까?' 하니 정윤이 말하기를 '연원도 찰방 권광필에게 들었는데 권광필은 바로 노모의 사촌 형입니다'라고 하였습니다. 신이 또 충주 교수 김수현에게 물었더니 정윤이 말한 바와 같았습니다."

정숙지의 보고는 조정에 소란을 일으켰다. 비록 4년 전에 일어난 일이지만 관리의 살인사건인 데다 은폐된 정황이 있고, 그것도 죽음의 원인이 음경이 잘린 것이라고 하니 치정 관계에 의한 살인이 의심되는 상황이었다. 성종은 즉시 승정원에 명령하여 당시 노모와 동행했던 봉상시의 관노 고음금을 잡아들여 심문했다. 이에 고음금이 이렇게 말했다.

"지난 기유년 7월에 노모가 봉상시의 주부로 있으며 신주목 작벌 경차관으로 경상도에 가게 되었는데 종이 수행하였습니다. 본도에 이르자 예천 기관記官 이세균, 풍기의 일수(지방관청의 하인) 백산이 노모의 행차를 따랐습니다.

11월에 밀양부에 도착하여 7, 8일 동안 머물렀는데, 노모가 지관 손영과 율림에 가자, 부사 허혼이 와서 술자리를 베풀고 종일토록 마셨습니다. 밤 2고鼓에 파하자 기생을 데리고 걸어가서 동쪽 상방上房에 이르렀는데, 부사가 다시 술자리를 베풀고자 하니 노모가 몸이 불편하다고 말하고서 기생과 함께 방 안에 들어왔으므로, 종은 잠자리를 펴고 물러 나왔습니다.

다음 날 장차 다른 고을로 향하려고 종이 전대를 차려 먼저 떠났는데, 겨우 5리를 가자 어떤 역졸이 돌아오도록 불렀습니다. 종이 돌아와 노모를 뵈니 노모가 두통이 있다고 하면서 방 안에 누워 있었습니다. 병세가 점차 심해져 코에서 피가 나와 그치지 않다가 7, 8일이 지나 죽었습니다."

성종은 이 말을 듣고 정숙지와 고음금의 이야기가 너무 다르다며 사건을 의금부에 넘겼다. 의금부에서는 사인을 밝히기 위해 노모의 무덤을 파헤쳐 관을 열고 음경이 붙어 있는지 확인해야 한다고 주장했다.

이 일로 조정에서 한바탕 논란이 있었다. 노사신, 윤필상 등의 정승들은 비록 관을 열고 확인한다고 해도 이미 시신이 썩어 음경의 존재 여부를 확인할 수 없을 것이라며 무덤을 파헤치는 것에 반대했다. 반면 정문형과 윤효손은 무덤을 열어 확인하지 않으면 논란이 계속될 것이라며 이렇게 주장했다.

"노모의 죽음을 나달로 계산하면 4년에 불과하니, 시체가 허물어지고 허물어지지 아니한 것은 적실히 알 수 없습니다. 관을 열어 보고 허물어져서 증험할 수 없거나 혹은 허물어지지 아니하고 양도陽道(음경)가 그대로 있으면 이 옥사는 곧 내버려둘 만합니다. 의금부가 아뢴 바에 따라 관을 파헤쳐 검시하는 것이 적당합니다."

거기에 의금부 판사 정괄 등이 이들의 주장을 거들었다.

"밀양은 큰 고을이라 관官에 있는 사람이 무려 2백여 명인데, 노모가 만약 제명에 죽지 못하였으면 반드시 시끄럽게 전파되었을 것입니다. 허혼이 어찌 면포를 줌으로써 여러 사람의 입을 모두 막겠습니까? 만약 기부妓夫(기생의 남편)가 투기함으로써 죽였으면 혹 그 목을 찌르거나 그 배를 찌를 것인데, 하필 깊숙한 그 음경을 찾아서 찍겠습니까? 그렇지만 변고가 많으니 반드시 없다고는 보장할 수 없습니다. 그 일에 관련된 각 사람이 서로 책임을 회피하고 형신한 자가 많아서 목숨이 떨어지기까지 하니 어찌 애매하지 아니하겠습니까? 신 등은 반복해 생각하건대 만약 내버려둔다면 그만이지만 만일 실정을 찾아내려고 한다면 관을 파헤쳐 검시하지 아니할 수 없습니다."

이렇듯 조정에서 노모의 무덤을 파헤치는 일을 두고 옥신각신하자 마침내 성종이 결론을 내렸다.

"그냥 두라."

성종은 숙고 끝에 4년이나 지난 무덤에서 노모의 음경을 찾아내는 것은 불가능하다고 판단했다. 노모의 음경을 찾을 가능성이 희박한 상황에서 무덤을 파헤치면 괜히 자손들에게 폐만 끼치고, 되레 사건에 대한 소문이 더욱 확대될 것으로 우려한 것이다. 결국 노모 사건은 의혹만 잔뜩 남긴 채 그대로 덮이게 되었다.

작은 형장(곤장)으로 볼기를 치는 태형은
5형 가운데 가장 가벼운 형벌이었다.
장형은 큰 형장으로 볼기를 치는 형벌로
60~100대까지 집행했다.

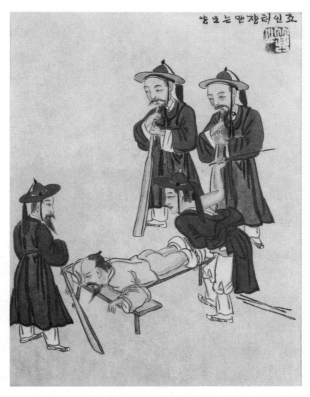

죄인 태장 맞는 모습. 김준근의 풍속화 모사복원품. | 국립민속박물관

朝鮮

CRIMINAL

**3장**

미제사건 파일

# 여종 백이를 죽인
# 사람은 누구인가

—

## 한성 한가운데서 일어난 살인사건

1451년 1월 28일 밤, 한성부 관아에 살인사건 신고가 들어왔다. 신고자는 내은금이라는 여인이었고, 죽은 사람은 승문원 교리인 조변안의 여종 백이였다. 내은금은 여종 출신으로 물건을 사고파는 거간꾼 노릇을 하는 여인이었다.

백이의 시신이 발견된 곳은 내은금의 조카 귀동의 집이었다. 한성부는 백이가 귀동의 집에서 시신으로 발견되기까지의 과정을 조사했다. 내은금에 따르면 어떤 여종 하나가 자신을 찾아와 제 주인이 비단을 사려 한다고 했다. 내은금이 여종을 따라가니 그곳이 승문원 조변안의 집이었다. 그래서 내은금은 비단 여섯 필을 들고 그 집에 찾아갔고 주인이 다른 비단을 보고 싶다고 하여 일단 조변안의 집에 비단을 맡기고 돌아갔다. 그날 저녁 비단값을 받기 위해 찾아갔더니 조변안의 여종 백이만 집을 지키고 있을 뿐 자신을 찾아왔던 여종은 물론이고 비단을 사고자 했던 주인과 비단까지 사라지고 없었다. 내은금은 백이가 비단을 훔쳐서 숨긴 것이라 생각하고 백이를 묶어서 자신의 조카인 귀동의 집에다 가둬뒀다. 그러고 나서 밤에 귀동의 집으로 갔더니 백이가 칼에 목을 찔린 채 죽어 있었다.

이렇듯 한성 한가운데서 살인사건이 발생하자 한성부는 사건의 중대성을 감안하여 의금부로 이첩했다. 의금부에서는 일단 내은금을 의심하고 신문했다. 여러 차례 신문을 했지만 내은금이 범인이라는 확실한 증거가 없었다.

이후 의금부는 사라진 비단을 찾는 데 주력했다. 비단을 찾아내면 도둑을 잡을 것이고, 도둑을 잡으면 살인자를 찾아낼 수 있을 것이란 판단이었다. 하지만 도둑은 오리무중이었고 사건은 미궁에 빠졌다.

### 현상금을 내건 의금부

사건이 발생한 지 두 달이 다 되도록 도둑을 색출하지 못하자 의금부는 공개수배를 결정했다. 현상금을 내건 것이다. 의금부는 한성부를 시켜 3월 25일까지 비단을 훔쳐 간 여자를 잡아서 보고하는 자가 있으면 포상하겠다는 공문을 붙이도록 했다. 그래서 잡거나 신고한 사람이 양반이면 관직을 주고, 상인이면 면포 50필을 주며, 범인 스스로 나타나면 자수로 처리해주겠다고 했다. 또한 범인을 알고도 고하지 않는 이웃이나 관리는 모두 공범으로 처리할 것이라고 엄포도 놓았다. 하지만 5월까지도 도둑을 신고하는 사람이 없었다. 의금부는 문종에게 어쩔 수 없이 이렇게 보고했다.

"이제까지 잡지 못했으니 참으로 송구합니다. 또 내은금이 다른 사람과 함께 공모하여 훔쳤거나, 혹 다른 사람이 양가의 여자라고 사칭하고서 훔쳤는지도 알 수 없습니다."

이후 의금부는 다시 공개수배하는 방을 붙였다. 이번에는 신고자가 양반이면 관직을 두 급 올려주고, 상인에게는 면포 1백 필을 내린다고 하여 포상을 두 배로 높였다. 이게 효과가 있었던지 마침내 도둑에 대한 신고가 접수되었다. 놀랍게도 도둑은 양반집 부인이었다.

## 마침내 내막이 밝혀지다

도둑으로 신고된 인물은 최금이였다. 최금이는 권지 승문원 부정자 김관의 아내였다. 이 사실에 조정이 발칵 뒤집혔다. 김관은 대과에 합격하여 출셋길이 보장된 승문원의 관원이 될 인물이었고, 최금이 역시 고위관료를 지낸 집안의 딸이었다. 그런 여인이 대담하게도 벌건 대낮에 사기 행각을 벌이고 살인까지 의심되는 상황이니 장안이 떠들썩한 것도 무리는 아니었다.

최금이를 신문한 의금부는 곧 사건의 전모와 내막을 상세히 적어 보고서를 올렸다. 사건 당일인 1451년 1월 27일은 조변안 부모의 발인이었다. 그래서 조변안은 가족과 종들을 데리고 묘소로 가고 없었고, 여종 백이가 혼자 남아 집을 지키고 있었다. 이 사실을 알게 된 최금이는 한 가지 묘략을 꾸몄다. 그녀는 여종 선비와 삼월을 데리고 조변안의 빈집에 갔다. 그리고 집을 지키고 있던 백이에게 이렇게 말했다.

"나는 네 주인의 친족이다. 네가 율이 어미냐? 내가 네 집에서 용변을 좀 봐도 되겠느냐?"

최금이가 자신의 여종에게 백이의 딸 이름을 전해 듣고 아는 체를 한 것이다. 백이는 자신의 딸 율이의 이름까지 아는 그녀가 조변안의 친족임을 전혀 의심하지 않았고 집안으로 맞아들였다.

최금이가 백이를 속여 그 집으로 들어온 데는 이유가 있었다. 조변안 집 가까이에 내은금이 살았는데, 내은금이 물건 거래를 성사해주는 거간꾼이었으므로 그녀를 속여 물건을 탈취하고자 했던 것이다.

조변안의 집으로 들어간 최금이는 측간에 오랫동안 앉아 있으면서 여종 선비를 내은금에게 보냈다. 선비는 내은금에게 가서 이런 거짓말을 했다.

"우리 주인께서 비단을 사려고 하는데 보여줄 수 있습니까?"

그러자 내은금이 비단 여섯 필을 가지고 온 것이다. 그때 최금이는 측간에서 나와 조변안 부인의 방에 들어가 그 집의 여주인인 것처럼 행세했다. 그녀는 얼굴을 드러내지 않은 채 여종 선비를 드나들게 하면서 흥정하는 척을 했다. 이때 선비가 백이를 불러내 값을 흥정하는 데 참여하게 했다. 이는 내실에 앉은 최금이가 안주인인 것처럼 속이기 위해서였다. 백이는 아무것도 모른 채 순진하게 선비의 말에 호응했다. 그래서 내은금은 최금이가 그 집의 안주인이라고 철석같이 믿었다. 그런 상황에서 최금이는 선비와 백이를 함께 불러들이고 선비에게 이렇게 말했다.

"너는 나가서 전에 본 그 필단이 어디 있는지 내은금에게 물어보아라. 지금 온 필단은 모두가 전일에 본 그것이 아니다."

최금이가 선비에게 이런 말을 한 것은 백이로 하여금 자신이 예전부터 내은금과 잘 아는 사이인 것처럼 생각하도록 만들기 위해서였다. 그러니 선비는 내은금에게 가긴 했지만 그런 말을 전하지는 않았다. 자신의 주인이 백이를 속이기 위해 한 말임을 잘 알고 있었기 때문이다. 그런 상황에서 백이는 이웃집에 볼일이 있어 그들에게 집을 맡겨둔 채 잠시 외출했다. 최금이는 선비와 함께 내은금을 이렇게 속였다.

"오늘은 바깥주인이 계시지 않아 내 마음대로 비단을 결정할 수 없으니, 너의 비단을 여기에 두면 주인이 오는 대로 물어보겠다. 그러니 비단은 두고 오늘 저녁이나 내일 아침 중에 다시 오면 좋겠구나."

내은금은 이 말을 믿고 비단을 그들에게 맡긴 채 돌아갔다. 최금이는 내은금이 사라지는 것을 확인하자마자 먼저 비단을 밖으로 빼돌렸다. 그리고 집에서 막 나오는데 이웃집에 갔던 백이가 돌아오면서 물었다.

"비단 건은 어찌 처리하고 돌아갑니까?"

이에 최금이가 대답했다.

"다음에 다시 의논해서 바꾸기로 했다."

최금이가 비단을 빼돌렸을 것이라고는 꿈에도 생각하지 못한 백이는 그녀를 보낸 뒤에 별 생각 없이 앉아 있었는데, 날이 저문 뒤에 내은금이 와서 물었다.

"내 비단은 어디 있느냐?"

"비단이라뇨? 저는 모르는 일입니다."

"내가 네 주인에게 맡기고 갔는데 너는 모르느냐?"

"주인이라뇨? 그 부인은 저의 주인이 아닙니다. 그분 말로는 우리 마님의 일가친척이라고 하는데, 저는 처음 뵌 분입니다."

그러자 내은금은 조카 귀동과 함께 백이를 묶어서 조카 집에 데려갔다. 그리고 비단을 가져간 여인의 정체를 캐물었으나 백이는 모른다고만 했다. 일단 백이를 가둬뒀는데 그날 밤에 백이가 칼에 찔린 채 죽어버린 것이다.

## 최금이는 누가 신고했을까

한편 최금이는 훔쳐 간 비단을 집 안에 숨겨놓았는데, 얼마 뒤에 비단을 찾는 방이 붙자 겁이 나서 남편에게 말했다. 남편 김관은 그 비단을 보자기에 싸서 매부 유간생에게 맡겼다. 유간생은 보자기 속의 비단을 굳이 살펴보지는 않았지만 몇 달이 넘도록 김관이 찾아가지 않자, 혹 김관이 맡긴 비단이 의금부에서 찾고 있는 것이 아닌지 의심했다. 그래서 김관에게 이렇게 물었다.

"처남, 도대체 이 비단은 어디서 난 것인가?"

"경주에 계신 장모께서 보내주신 것입니다."

"이 필단의 빛깔과 수량이 바로 국가에서 찾고 있는 필단과 같다. 숨기지 말고 바른대로 말하라."

그러자 김관이 고개를 떨구며 말했다.

"사실 내 아내의 소행인데 차마 고소할 수가 없습니다."

"그렇다면 내가 고소하겠다."

"그건 안 됩니다. 그러면 제가 죄인이 됩니다."

"그러면 빨리 필단을 가져가라."

그래서 김관은 별수 없이 비단을 옮겨야 했는데, 이번에는 다른 매부인 김활의 집에 맡겼다. 김활은 그 내용물이 무엇인지도 모르고 장물을 보관했다.

그런 상황에서 최금이가 비단을 훔쳤다는 말이 암암리에 새어나갔다. 그 얘기를 듣고 최금이의 일갓집 여종이자 무당 일을 하고 있던 여인의 고발로 최금이가 체포되었다. 최금이를 신고한 인물은 바로 최금이의 친척 집안 여종 출신 무당이었던 것이다.

## 비단 절도 관련자를 신문하다

최금이가 비단을 훔쳐 간 범인으로 밝혀지자, 의금부는 최금이를 비롯한 보전, 삼월, 선비 등 세 여종과 김관, 유간생, 김활 등을 함께 구금하여 신문했다. 우선 김관의 부탁으로 내은금의 비단을 맡아뒀던 김활부터였다.

"너는 왜 그 비단을 간직하고 있었느냐?"

"처남인 김관이 잠시 보관해달라기에 보관해뒀을 뿐입니다."

그러자 의금부 관원들은 세 차례에 걸쳐 형신을 가한 후, 다시 물었다.

"의금부에서 찾고 있는 물건이라는 것을 정말 몰랐느냐?"

"몰랐습니다. 제가 그 사실을 알았다면 왜 맡아뒀겠습니까?"

"그 비단의 색과 수량을 파악하지도 않았단 말이냐?"

"내용물을 봉한 채로 보관해달라고만 했기 때문에 그 속에 들어 있는 필단의 수량과 빛깔이 어떤 것인지는 전혀 몰랐습니다."

이후 김활에게 수차례 형신이 가해졌지만 대답은 한결같았다. 결국 의금부는 19세에 불과한 김활이 형신을 견디지 못하고 죽을까 봐 염려하여 그쯤에서 신문을 멈췄다. 다음은 김활 이전에 비단을 맡아뒀던 유간생이었다.

"너는 김관과는 어떤 사이냐?"

"매부와 처남 사이입니다."

"너는 왜 비단을 맡아뒀느냐?"

"처남이 와서 그저 맡아달라고 부탁하여 거절할 수 없었습니다."

"그렇다면 의금부에서 이 비단을 찾고 있을 때는 왜 신고하지 않았느냐?"

"처음엔 그것이 의금부에서 찾고 있는 비단인 줄 몰랐습니다. 그런데 몇 달이나 처남이 비단을 찾아가지 않자, 그때서야 의심하고 물어봤습니다."

"네가 묻자 김관이 뭐라고 답했느냐?"

"처음엔 경주에 계신 장모님이 준 선물이라고 했습니다."

"그 말을 믿었느냐?"

"제가 그 말을 믿지 않고 추궁하자 그때서야 아내 최씨가 훔친 물건인데, 차마 고소할 수가 없어 숨겨두고 있다고 했습니다."

"그렇다면 왜 그때 사실을 파악하고도 고발하지 않았느냐?"

"제가 고발하려고 하자, 그것은 처남인 자신을 죄인으로 만드는 것이라며 애걸하는 바람에 빨리 다른 곳으로 옮겨 갈 것을 요구했습니다."

의금부는 또 최금이 집의 여종들도 신문했다. 그 첫 번째 상대는 삼월이었다.

"이 필단은 누구의 것이냐?"

의금부 관원이 그렇게 묻자 한 차례 형신을 당한 삼월이 대답했다.

"이 필단은 우리 상전이 내은금에게서 산 것입니다."

그러자 곁에 있던 보전이 삼월이를 꾸짖었다.

"삼월이 너는 왜 사실대로 고하지 않느냐?"

삼월은 보전의 꾸짖음을 듣고 난 뒤에야 그 비단이 내은금을 속여 훔친 것이라고 실토했다. 보전과 선비 또한 삼월과 동일하게 진술했다. 이렇게 해서 최금이가 내은금을 속여 비단을 훔친 사실은 확인되었다.

### 최금이와 김관에 대한 처벌

이후 남은 것은 최금이와 김관에 대한 처벌 수위를 결정하는 일이었다. 의금부는 일단 유간생과 김활의 말을 사실로 인정하고 그들을 석방했다.

최금이와 김관, 두 사람의 처벌과 관련하여 문종은 의정부와 육조, 사헌부와 사간원의 관료들로 하여금 의논하도록 지시했다. 관료들 사이에서는 사기죄를 적용해야 한다, 혹은 절도죄를 적용해야 한다며 논란이 일었다. 그러자 문종은 절도죄를 적용해야 한다며 이런 의견을 냈다.

"가령 납을 가지고 은이라고 했다면 사기의 율을 적용하는 것이 맞다. 하지만 금이는 비단을 훔쳐 왔고 김관은 그것을 알고도 옮겨 감추었으니, 이는 절도가 아니겠는가?"

그런데 의정부에서는 사기죄를 적용해야 한다고 주장했다. 문종은 좌찬성 김종서를 불러 물었다.

"의정부에서는 어찌하여 사기의 율로 논단하였는가?"

그러자 의정부에서 이런 답을 올렸다.

"금이의 죄는 관을 속이고 은밀히 재물을 취득하였다는 것으로 논단하는 것이 정률일 것 같습니다. 그러나 성상께서 마땅히 절도로 논단해야 할 것이라고 하셨습니다. 신 등도 또한 절도로 논한다 하여도 큰 차이는 없을 것이라고 생각했습니다. 다만 김관을 와주窩主(도둑의 우두머리)로만 논해서는 타당치 않다는 것입니다. 김관이 즉일로 그 정실情實을 알고 전전하며 물품을 은닉한 바 있어 진범이나 다를 것이 없으나 처음부터 더불어 공모하지는 않았으니 그 죄는 가벼울 것 같습니다. 절도의 종범이 된 것에 준해 논단하여 장 1백, 도 3년을 내리고 자자刺字(몸에 글자를 새기는 형벌)는 면하게 하는 것이 어떠하겠습니까?"

의정부는 최금이의 행각이 사기에 해당하지만 절도죄를 적용한다고 해도 형량은 거의 같은 것이기에 문종의 의견을 따르겠다는 의견을 제시한 것이다. 최종적으로 두 사람을 절도죄로 처벌하고 최금이를 주범으로, 김관을 종범으로 삼았다. 그리고 최금이에게 장 1백 대에 3천 리 유배형을 내리고, 김관에게는 장 1백 대에 3년 징역형을 내렸다. 다만 신분이 양반인 점을 감안하여 자자형은 면제했다.

이런 판결이 내려진 것은 1451년 9월 13일이었다. 여종 백이가 시신으로 발견된 것이 1월 28일이니 사건 발생 7개월여 만에 비단 절도 건은 종결된 것이다. 이 사건이 다른 사건에 비해 빠르고 신속하게 처리되어 판결에 이른 것은 한성 한가운데서 벌어진 일이기 때문일 것이다.

## 백이는 도대체 누가 죽였나

그렇다면 백이를 죽인 범인은 누구인가? 의금부는 백이의 시체를 검시하고 살해와 자살이라는 두 가지 가능성을 모두 열어뒀다. 백이는 칼에 목을 찔려 죽었는데 검시 결과 살해된 것인지 자살인지 명확히 규명할 수 없었던 것이다. 그래서 의금부는 일단 살해에 무게를 두고, 내은금과 그녀의 조카 귀동을 용의자로 지목했다. 의금부는 내은금의 부탁을 받고 백이를 문초하던 귀동이 살해했을 가능성이 가장 높다고 보았다. 그래서 내은금과 귀동에게 심한 고문을 가하면서 문초했지만 그들은 끝까지 자신들의 소행이 아니라고 주장했다. 그런 가운데 의금부는 최금이의 여종 보전이 귀동과 연인 관계라는 말을 들었다. 그래서 보전을 잡아다 심한 고문을 가하며 문초했다.

"귀동이 너의 간부가 아니냐? 네가 귀동이라는 이름을 쓰는 남자와 만나고 있다는 소문이 있다. 바른대로 대답하라."

신문관들의 위협적인 질문에 잔뜩 겁을 먹은 보전은 고개를 끄덕였다.

"맞습니다. 귀동이 저의 간부입니다."

그러자 의금부는 귀동과 보전이 서로 공모하여 비단을 훔치고 그 사실이 발각될 것을 두려워하여 백이를 죽인 것이라고 판단했다. 그래서 귀동에게 형신을 가하며 보전의 간부임을 확인하고자 했다. 하지만 귀동은 결단코 부정했다.

"저는 보전이라는 여자를 전혀 모릅니다."

이후에도 여러 차례 형신을 가했지만 귀동은 여전히 보전을 모른다고 했다. 이에 의금부 관원들이 보전에게 더 많은 형신을 가하며 캐묻자 보전은 말을 바꿨다.

"제가 위협에 겁을 먹고 귀동과 사귄다고 말했는데, 실상 내가 사귀는 사람은 따로 있습니다. 내가 사귀는 사람의 이름이 귀동인 것은 맞지만 내은금의 조카 귀동은 알지도 못하는 사람입니다."

이렇게 해서 보전과 귀동이 공모하여 백이를 죽였을 것이라는 의금부의 추측은 빗나가고 말았다. 그래서 다시 내은금과 귀동이 백이를 죽였다는 가정에 초점을 맞추고 다시 그들에게 심한 고문을 가했다. 하지만 무려 아홉 차례나 장을 치며 문초했는데도 귀동은 범행을 끝까지 부인하며 말했다.

"제가 백이를 죽였다면 왜 하필 저의 집에서 그런 행동을 했겠습니까? 저는 결단코 백이를 죽인 사실이 없습니다."

마침내 신문관들도 귀동의 말에 일리가 있다고 판단하고 문종에게 이렇게 보고를 올렸다.

"귀동은 태장으로 치는 형신을 아홉 차례나 가하였는데도 오히려 불복하고 있어 백이의 죽음은 마침내 그 진상을 얻지 못하고 말았습니다. 신 등이 생각하기를, 백이가 칼로 턱 아래를 찔려서 귀동의 집에서 죽었는데, 만약 귀동이 범인이라면 왜 하필 자기 집에서 그를 죽였겠습니까? 또 귀동의 집은 사면에 이웃이 서로 다 붙어 가옥이 접해 있고 지붕 기와가 연한데, 혹시 겁살劫殺(힘으로 협박하여 죽이는 것)을 하였다면, 그 사람이 응당 묵묵히 말도 없이 죽지는 않았을 것이니 어찌 그 비명 소리가 이웃집에 들리지 않았겠습니까? 그래서 백이가 혹독한 힐문에 박절한 나머지 자문自刎(스스로 목을 찔러 죽는 것)하여 죽었을 수도 있을 것 같습니다. 더욱이 귀동에게는 장신이 아홉 차례에 이르렀으니, 형으로는 극에 달하였다고 보며 이에 더 신문하는 것은 부당한 줄로 압니다."

그러자 문종도 이렇게 답했다.

"보전과 귀동 사이에 의심할 만한 데가 없지 않으나, 경들이 더 적발해 구명하기가 쉽지 않다고 하니 우선 현재까지 밝혀낸 것을 토대로 결말을 짓도록 하라."

이렇게 해서 결국 백이 살인사건은 범인 규명에 실패했다. 승정원에서 이에 대해 심하게 반대했지만, 문종은 더 이상 형신을 가하는 것은 너무 지나치다는 의금부의 의견을 받아들였다. 따라서 백이는 스스로 목을 찔러 자살한 것으로 결론이 난 셈이다.

# 임해군의 죄를 밝히라

## 고관대작 유희서 살해사건

유성군 유희서가 소분掃墳(경사스러운 일이 있을 때 조상의 산소를 찾아가 무덤을 깨끗이 하고 제사 지내는 것)하려고 말미를 얻어 포천 땅에 있었는데, 21일 밤에 화적 30여 인이 모두 말을 타고 돌입하여 가슴을 찔러 죽였습니다. 그런데 잡물은 훔쳐 가지 않고 말과 옷만 가져갔습니다. 재신宰臣이 도적의 피해를 당한 것은 근고에 없던 변고이니 매우 놀랍습니다.

선조 36년(1603년) 8월 22일에 경기도 관찰사 강신이 올린 급한 장계였다. 살해된 유희서는 영의정을 지낸 유전의 아들이며 도승지를 거쳐 개성 유수를 지낸 고위관료였다. 또한 당시 영의정 이덕형의 외사촌이기도 했기에 장안에 모르는 사람이 없는 인물이었다. 그런 명문가 출신이 화적 떼에 살해되었는데, 이상하게도 화적 떼가 귀중품은 훔쳐 가지 않고 말과 옷만 훔쳤으니 누군가 사주한 암살을 의심할 수밖에 없었다.

조정에선 우선 형조가 중심이 되어 유희서를 해친 화적 떼 색출에 나섰다. 이 일에는 형조 소속의 포도청뿐 아니라 경기도와 충청도의 병력까지 동원되었다. 이후 한 달 만에 화적 떼에 가담한 자를 잡았는데, 설수라는 이름을 쓰는 자였다.

그런데 설수를 체포하여 감옥에 가둔 뒤에 이상한 일이 발생했다. 감옥에 갇혀 있던 설수가 갑자기 죽은 것이다. 또 설수를 화적 떼의 우두머리라고 지목한 김덕윤을 체포했는데, 그 역시 국문을 앞두고 전옥서에서 시신으로 발견되었다. 김덕윤의 종 춘세도 국문을 앞두고 역시 전옥서에서 죽었으며, 설수가 도적질에 가담한 자로 지목한 황복이라는 자도 전옥서에 갇혀 있던 중에 죽었다. 이렇듯 용의자 네 명이 연달아 사망하자 혹 배후가 있는 것이 아닌지하는 의문은 더욱 커졌고, 어느덧 유희서를 죽인 주범이 따로 있다는 소문이 나돌기 시작했다. 용의자들이 연달아 전옥서에서 죽자 형조에서는 전옥서 관원들을 잡아다 문초했지만 사건의 진상은 밝혀지지 않았다. 이후 사건은 더욱 미궁 속으로 빠져들었다.

## 유희서의 집에서 행패를 부린 자들

어느덧 해를 넘겨 1604년 1월이 되었다. 장안에는 이상한 소문이 돌고 있었다. 유희서의 죽음에 임해군 이진이 관련되었을 것이라는 이야기였다. 사실 유희서를 살해한 화적 떼의 우두머리로 지목된 김덕윤은 임해군이 부리는 수하였다. 그런 까닭에 임해군을 의심하는 것은 당연했다. 소문을 전해 들은 선조는 매우 민감하게 반응했다. 선조는 즉시 승정원에 이런 교지를 내렸다.

"설수, 김덕윤 등이 유희서를 살해한 일에 관한 초사招辭(죄인의 범죄 사실을 조사한 공초문)를 형조로 하여금 베껴서 들이게 하라."

하지만 선조는 임해군을 의심하지는 않았다. 선조는 초사를 읽고 사건을 빨리 마무리하고자 했을 뿐이다.

그런 가운데 죽은 유희서의 집에 난동이 일어났다. 임해군의 종 30여 명과 여인 세 명이 김덕윤의 시신을 메고 유희서의 집으로 쳐들어와 한바탕 야단법석을 떨었던 것이다. 그들은 유희서의 가족을 모두 끌어내 무릎 꿇리고 이렇게 소리쳤다.

"유희서의 어미와 아내 그리고 자녀들은 이 시신을 먹으라!"

이후 그들은 유희서의 어머니 김씨의 머리채를 잡고 끌고 다니기도 했다. 다행히 동네 사람들이 유희서의 집으로 몰려들어 사태는 일단락되었다. 하지만 며칠 뒤 밤에 다시 40여 명의 사내들이 유희서의 집으로 들이닥쳐 유희서의 시신을 빼앗고는 행패를 부렸다. 그들은 활과 칼로 무장한 상태였다.

유희서의 어머니 정경부인 김씨는 이런 사실을 형조에 알리고 자신의 집에서 행패를 부린 자들을 잡아달라고 하소연했다. 이후 형조는 유희서의 가택에 침입한 자들 중 일부를 색출하여 감옥에 가뒀는데, 그들 모두 임해군의 수하로 있던 종들이었다. 그리고 그들은 얼마 뒤에 모두 석방되었다.

### 공범이 말을 바꾼 이유

한편 유희서를 죽인 화적 떼 색출 작업을 지속하던 포도청은 살인에 가담한 박삼석을 체포하여 추국했다. 그러자 의금부에서 이런 말을 했다.

"도둑 박삼석의 포도청 공초에서 유희서의 첩 애생이 김덕윤과 합심하여 지아비를 살해하였다는 말이 나왔습니다. 의금부로 이첩하여 다시 신문하도록 해주십시오."

이에 박삼석은 의금부로 이첩되어 다시 심문을 받았는데, 박삼석이 갑자기 말을 바꿨다.

"제가 유희서를 살해한 것은 분명합니다. 하지만 김덕윤과 애생이 공모했다는 말은 죽은 설수에게서 들은 말일 뿐입니다."

이에 대해 의금부는 선조에게 이렇게 보고했다.

"박삼석이 포도청에서는 김덕윤이 포천에 같이 갔으며 말에 신고 간 물건과 같은 무리의 이름 및 가져간 병기에 대해서 낱낱이 공초했습니다. 그러나 지금은 도리어 김덕윤이 왕래한 사정을 숨기고 설수가 데려간 도둑들의 이름을 모두 모른다고 하니, 그때와 이번의 공초가 뚜렷이 다른데 그 사이에는 반드시 숨기는 사정이 있을 것입니다."

그 무렵 애생은 자기는 이번 사건과 아무 관련이 없다고 항변하면서 누군가가 자신을 모함하고 있다고 주장했다. 이에 대해 의금부는 이런 보고를 올렸다.

"애생이 설사 실지로 범한 사실이 있더라도 증좌가 갖추어지지 않았고 단서가 뚜렷하지 못하므로 먼저 스스로 승복할 리가 없을 듯합니다. 김덕윤과 설수 등이 죽지 않았다면 증거를 댈 여지가 있겠으나 이미 다 죽어서 다시 물을 길이 없으니, 박삼석의 공초만을 증거 삼아서 갑자기 큰 옥사를 결단할 수는 없습니다."

의금부는 증거가 부족하다며 애생을 잡아들이지 않았다. 이후 김원산이라는 자가 화적 떼의 하나로 지목되어 포도청에 체포되었다. 그는 포도청에서 이렇게 말했다.

"설수와 함께 유희서를 모살한 것은 사실입니다."

그러나 김원산은 죽은 설수 핑계만 대고 나머지 사실은 모른다고 잡아뗐다. 의금부에서는 다시 애생과 김덕윤이 공모했는지 여부를 밝히고자 했지만 이 또한 허사였다. 그런 상황에서 박삼석이 뜻밖의 말을 했다. 왜 포도청에서 한 말과 의금부에서 하는 말이 다르냐고 추궁하자 이렇게 대답한 것이다.

"유희서의 아들 유일이 추국장에 와서 강압했기 때문입니다."

그러자 의금부 위관이 다시 물었다.

"그러면 포도청에서 진술한 내용이 모두 거짓이라는 말이냐?"

"그렇습니다. 모진 형장을 견딜 수 없어 시키는 대로 진술하고 거짓으로 승복했을 뿐입니다."

이후 박삼석에 대한 잔혹한 고문이 계속되었고 그 바람에 박삼석은 신문 중에 죽고 말았다. 이렇게 되자 박삼석의 모든 진술은 유일이 공초를 조작한 결과로 결론이 나고 말았다. 선조는 그 진상을 조사하기 위해 포도대장을 국문하도록 하고, 유일을 잡아들이라고 명했다.

## 억울하게 처벌된 피해자의 아들

의금부는 곧장 포도대장 변양걸을 잡아다 신문했다.

"박삼석을 신문할 당시 유일이 추국장에 있었던 것이 사실인가?"

변양걸이 대답했다.

"포도청에서 도둑을 신문할 때는 군사들이 추국장 바깥을 에워 싼 가운데 추국장 안은 군관이 둘러싸고, 또한 도둑을 고발한 원 고들이 한곳에서 지켜봅니다. 따라서 박삼석을 신문할 때 유일이 추국장에 있는 것은 당연한 일입니다."

"그렇다면 박삼석을 신문할 때 유일이 끼어들었다는 것도 사실 인가?"

"유일이 아래쪽에서 보고 있기는 했으나 추국에 끼어들 수는 없었습니다. 이는 당시 그곳에 있던 여러 사람들이 모두 본 것입 니다. 유일이 포도대장인 저와 함께 앉아서 지휘까지 하며 신문했 다는 말은 전혀 사실무근입니다."

사실 변양걸은 유희서를 죽인 주범이 유희서의 첩 애생과 임해 군이라고 짐작했다. 임해군이 애생을 좋아하여 유희서로부터 뺏고 자 했는데, 이것이 여의치 않자 애생과 공모하여 유희서 살해를 교 사한 것으로 판단해 신문을 진행했다. 상황이 이렇게 흘러가자 임 해군은 선조에게 달려가 자신은 이 사건과 무관하다고 변명했고,

선조는 임해군의 말을 믿었다. 그리고 노기를 드러내며 곧 이런 교지를 내렸다.

"포도대장 변양걸은 대장으로서 도둑을 추국할 때 주변을 엄하게 단속하지 않았다. 또한 감히 유일을 같은 뜰 안에 함께 들어오게 하여 공초와 관계되는 일을 유일이 일일이 지시하게 했다는 사실이 도둑 박삼석의 공초에서 드러났다. 그리고 불측한 말을 날조하여 왕자를 모해한 정상도 분명히 드러나 의심할 여지가 없으니, 잡아다가 엄하게 국문하여 죄를 정하라. 또한 변양걸을 파직하고 새로운 포도대장을 정하라."

선조는 또 유일에 대해서도 이런 교지를 내렸다.

"국가가 포도대장을 두고 모든 도둑을 추국하는 일은 지극히 엄한 것이다. 그런데 유일은 감히 그 추국장에 함께 들어가 망측한 말을 꾸며서 일개 도둑에게 지시하여 기필코 임금의 큰아들을 제거하고 아비의 애첩을 죽이려고 했다. 그 흉측한 모략과 비밀스러운 계획은 하루아침에 갑자기 이루어진 것이 아닐 것이다. 지극히 참혹하고도 교묘하여 뼈가 저리고 기가 막힌다. 박삼석의 공초내용은 유일이 조작한 정상이 분명하여 의심의 여지가 없다. 또한 그 밖의 도둑의 공초도 그렇게 하도록 시킨 것임을 유추할 수 있다. 유일을 잡아다 엄히 국문하여 죄를 정하는 것으로 만세의 간흉들을 경계시키라."

이렇듯 모든 것이 유일의 흉계에 의한 것으로 결론이 났고, 선조는 분을 이기지 못해 유일을 죽이려고 했다. 하지만 유일은 유희서의 대를 이을 하나뿐인 아들이었다. 유희서의 어머니 김씨는 자신의 손자를 살려달라고 호소했고 덕분에 유일은 사형을 면해 유배형에 처해졌다.

이후 유일은 장 1백를 맞고 3천 리 밖으로 유배되었으며, 변양걸은 장 90대를 맞고 징역 2년 6개월 형에 처해졌다. 선조는 유희서 살해사건의 진범을 잡기보다 임해군의 죄를 덮기 위해 엉뚱한 이들에게 벌을 내린 것이다.

## 선조의 사건 은폐

선조가 포도대장 변양걸과 유일을 유배 보내자 영의정 이덕형이 이런 글을 올려 대간을 비판했다.

"유희서는 신의 외가 형제입니다. 그 아들이 아비의 원수를 갚으려고 하다가 끝내는 죄망罪網에 빠졌으니 이에 대해서는 신이 감히 말할 수 없습니다. 그러나 대장 변양걸은 도적 잡는 책임을 맡았는데 도리어 장을 맞고 유배되었습니다. 또한 임해군 이진이 하원 부인(유희서의 어머니 김씨)을 꾸짖고 욕보인 것은 인간의 도리 면에서 큰 변고인데, 대간은 상의 비답이 준엄하다고 하여 서로 미루고 있으니 또한 매우 놀라운 일입니다."

대간을 비판하고 있지만 사실상 선조를 비판하는 글이었다. 발끈한 선조는 교지를 내렸다.

"영상은 변양걸이 적을 잡은 것으로 죄받았다고 하니, 이는 임해군이 도적이라는 말이다. 또 양걸이 임해군을 모해하려고 하지 않았다니, 그렇다면 양걸이 임해군을 추존하려고 했단 말인가. 이미 모해하지 않았다면 마땅히 상을 주어야 하겠는가. 나는 대신들이 반드시 변양걸을 베라는 요청을 할 것이라고 여겼다. 그런데 이제 도리어 이런 말이 있으니, 또한 괴이하지 않은가. 대간이 무슨 죄가 있는가?"

그러자 이덕형은 영의정에서 물러나겠다는 뜻을 올리고 낙향해버렸다. 이에 대해 당시 사관은 이런 기록을 남겼다.

살펴건대, 임해군 진은 교만하고 음란한 짓을 멋대로 하여 불의한 일을 많이 저질렀다. 희서는 재신인데도 도적을 시켜 살해했고 하원부인은 정경부인인데도 모욕을 가했으니, 왕법이 시행되었다면 당연히 형장을 받았을 것이다. 그러나 선조는 총명을 잃고 오히려 개인의 사랑에 빠져 그의 악을 모르고 죄주지 않았을 뿐 아니라, 고문과 신문의 형벌이 도리어 도적을 잡는 책임을 맡은 중신에게 미치게 했다. 그리하여 임해군 진으로 하여금 횡포를 부려도 아무도 막을 사람이 없고 악을 행해도 징계받는 일이 없게 만들었으니, 이는 실로 성조聖朝의 실덕이다.

덕형이 이 일에 대해 아뢴 것은 자신이 수상이기 때문에 대신으로서 임금의 잘못을 바로잡아야 한다는 체통을 세운 것이라고 하겠다.

그런데 상의 도량이 넓지 못해 갑자기 노여워하는 빛을 보여 엄한 비답을 내리고 잇따라 영상을 체직했으니, 자식을 바른 방법으로 가르치는 도리에 어긋났고 대신을 공경하는 예의에서도 끝맺음을 잘하지 못했으니 애석함을 금할 수 없다.

이후 정승이 된 심희수도 선조에게 임해군이 유희서를 살해했다는 의견을 올렸다. 이에 선조는 심희수도 물러나게 했다. 이렇듯 선조가 임해군을 감싸고도는 바람에 유희서 살인사건은 진상을 제대로 밝히지도 못하고 유야무야 덮이고 말았다.

## 의문으로 남은 진실

선조가 임해군을 두둔하는 바람에 선조 재위 시기에는 유희서 사건의 진상이 밝혀지지 못했다. 그러다 광해군 대에 이르러 이에 대한 재조사가 실시되었다. 광해군 즉위년(1608년) 8월 6일에 사헌부에서 이렇게 고했다.

"의주의 여종 출신 애생은 유희서가 여러 해 동안 거느리고 있던 첩으로서, 몰래 역적 이진(임해군)과 통정을 하고는 적당賊黨을 불러다 희서를 살해하여 그 행위가 매우 흉참한데도, 여태 처형을 모면하고 있기 때문에 본 부에서 불러다 감옥에 가두었습니다. 강상을 범한 죄인인 만큼, 의금부로 하여금 엄히 국문하여 형벌을 분명히 시행하도록 하소서."

그러자 광해군은 이 사건을 정승들로 하여금 다시 논의하여 의견을 내도록 했다. 먼저 윤승훈이 이런 말을 올렸다.

"계묘년(1603년)에 신이 좌의정으로 있을 적에 마침 애생의 옥사가 있어 신이 위관으로 명을 받고서 국문에 참여했습니다. 그런데 당초에 유희서를 살해했다는 설수 및 역적 이진의 가노 김덕윤 등이 그전에 다 물고가 났기 때문에 신이 국문한 자는 뒤에 잡은 박삼석 등 두 사람뿐이었습니다.

이 두 도적은 누차 형신을 받았으나 사실을 솔직하게 고하지 않아 형장에서 죽었습니다. 이 밖에는 신문할 만한 간증이 없기 때문에 옥사가 형성되지 않아 애생 또한 석방되었으니, 비단 유희서의 집에서 신을 원망할 뿐만 아니라 사람들도 더러 신을 비난합니다. 전에 이미 몸소 그 옥사를 다스릴 때에도 단서를 캐내지 못하여 사람들의 말이 있었는데 어찌 감히 다시 의견을 올리겠습니까?"

사실 윤승훈은 임해군의 살인을 감추기 위해 유희서의 아들 유일에게 왕자를 해치려고 했다는 죄목을 씌우는 데 앞장선 인물이었다. 그런데 광해군 즉위 직후 임해군이 역적 혐의로 유배된 상태였기 때문에 이 사건을 다시 거론하지 않으려고 했던 것이다. 당시 사헌부는 애생의 두 남자 형제를 문초할 생각이었으나 그들이 잠적하여 잡지 못한 상황이었다. 윤승훈 또한 그 사실을 알고 발뺌했던 것이다. 이에 대해 당시 사관은 이런 의견을 남겼다.

"윤승훈은 당시 위관이었음에도 역적 진의 위세에 겁을 먹고 그 옥사를 자세히 살피지 않아 놓고서 지금의 논의에서는 마치 그 옥사가 형성되지 않은 듯이 말하였으니, 잘못을 적당히 꾸며 정당화하는 것이라고 이를 수 있다."

윤승훈뿐 아니라 다른 대신들도 이 사건을 다시 들춰내는 것이 마땅치 않다는 의견을 올렸다. 대신들은 이 사건을 파헤치는 것이 자칫 선조에 대한 비난으로 이어질 수 있다는 사실을 매우 부담스러워했던 것이다. 다만 중추부 영사 이덕형은 사건을 다시 상세하게 규명해서 그 판결을 형관에게 처리하게 하는 것이 좋겠다는 의견을 올렸다.

이후 애생은 의금부에 넘겨져 다시 신문을 받았으나 끝까지 범행을 부인했다. 이후로 5년의 세월을 끌며 애생에 대한 신문이 이어졌으나 자백을 받아내지 못했고 결국 애생은 석방되었다.

이렇듯 유희서 살해사건은 진상을 완전히 규명하지 못한 채 종결됨으로써 미제사건으로 남게 되었다. 이 사건이 미제로 남은 것은 무엇보다도 선조가 사건을 은폐하려고 했기 때문일 것이다. 앞뒤 상황과 정황을 면밀히 살펴보면 임해군이 수하들을 사주하여 유희서를 살해한 것이 분명한데, 왕자라는 그의 신분과 선조의 의도 때문에 제대로 밝혀지지 못했다.

# 영조의 첫사랑
## 정빈 이씨 독살사건
—

### 배를 움켜쥐고 죽은 동궁의 후궁

경종 1년(1721년) 11월, 아침밥을 먹은 세제 이금(훗날 영조)의 후궁인 소훈 이씨(영조 즉위 후 정빈으로 추증)가 갑자기 배를 움켜쥐고 쓰러졌다. 이어 눈을 까뒤집고 정신 줄을 놓았다. 어의들이 동원되어 그녀를 살리기 위해 안간힘을 썼지만 며칠 만에 그녀는 죽고 말았다.

소훈 이씨는 연잉군 이금이 세제에 책봉되기도 전에 만난 여인이었다. 그녀는 이금의 첫사랑이었다. 비록 이금에겐 아내 서씨가 있었지만 그는 정략으로 맺어진 서씨를 사랑하지 않았다. 이금이 이씨를 첩으로 들인 것은 23세 무렵인 1716년이었다. 그녀는 1717년에 이금의 첫딸(화억옹주)을 낳았고, 1719년에는 장남 행(효장세자)을 낳았다. 그리고 1720년에는 둘째 딸(화순옹주)을 낳았으니, 비록 첩이었지만 이금에겐 본처나 다름없는 여인이었다.

이금은 1721년 8월에 경종의 대통을 이을 세제로 책봉되어 동궁에 머물렀고, 이씨는 세제의 후궁이 되어 소훈의 첩지를 받았다. 시간이 흘러 이금이 왕위에 오른다면 아들 행은 세자가 될 것이고, 그녀는 최소한 빈의 첩지를 받아 세자의 어머니로서 극진한 대접을 받게 될 터였다. 그런데 불행하게도 그녀가 소훈이 된 지

3개월도 채 못 되어 원인을 알 수 없는 복통으로 죽고 말았으니, 세제 이금은 주체할 수 없는 슬픔에 빠졌다.

설상가상으로 소훈 이씨의 사인이 무엇인지 분명하지 않았다. 정황상 독살이 의심되었지만 독을 쓴 흔적이 쉽게 발견되지 않아 철저한 조사도 하지 못하고 장례를 치러야 했다. 만약 독살의 흔적이 명백했다면 범인 색출에 나섰을 것이다. 하지만 독살이라고 단정할 수 있는 증거가 없었기 때문에 병사로 여기고 장례를 치렀다.

## 만약 독살이었다면

소훈 이씨가 독을 먹고 죽었다면 그녀의 시신엔 어떤 흔적이 남을까? 조선시대 법의학서인 《신주무원록》에는 이와 관련하여 다음과 같은 내용이 나온다.

본 시체는 입술이 찢어지고 혀가 문드러지며, 입안이 검붉거나 검고, 손톱이 푸르다. 은비녀를 인후에 깊이 넣었다가 조금 후에 꺼내보면 비녀가 검게 변한다. 이와 같으면 생전에 중독으로 치명한 것이다.

이처럼 독살의 흔적은 쉽게 확인되기 때문에 소훈 이씨의 시신에 이와 같은 현상이 일어났다면 당연히 독살로 단정하고 범인 색출에 나섰을 것이다. 그런데 독살로 단정하지 않았다는 것은 그녀의 시신에서 이런 현상을 발견하지 못했기 때문일 것이다.

《신주무원록》엔 벌레의 독에 의해 죽은 경우나 과실을 먹거나 금석약(돌이나 쇠 등 광물이 들어간 약재)에 중독되어 죽은 경우에도 다음과 같은 현상이 나타난다고 밝힌다.

벌레의 독에 죽은 경우는 전신 상하, 머리, 가슴이 모두 짙은 푸른 색이거나 검은색이고, 간혹 배가 부풀어오르며, 혹 입안에서 피를 토하거나 항문에서 피를 쏟아낸다.

과실을 먹거나 금석약에 중독되어 죽은 경우는 시체의 위아래에 혹 한두 군데 푸르게 부어오른 데가 있으니 주먹으로 때려서 상한 흔적과 유사하고, 혹 청흑색의 큼직한 멍처럼 된다. 아울러 손톱이 검고, 신체의 육봉에 약간의 피가 있으며, 배가 부어오르거나 혹 피를 쏟기도 한다.

비상이나 독초에 의해 죽은 것이라면 어떻게 알아낼 수 있을까? 이 역시 손톱과 발톱, 입술이 청흑색을 띠기 때문에 쉽게 간파할 수 있다. 하지만 독살이라고 해서 모두 시신이 청색이나 흑색으로 변하는 것은 아니다. 때론 누런빛을 띠는 경우도 있다. 금잠(중국 남방에 사는 금빛 누에)의 독에 중독된 경우가 그렇다. 금잠의 독에 의해 죽은 경우엔 시체가 황백색으로 변하기 때문에 독살이라고 쉽게 단정하기 어렵다. 은비녀를 입에 넣어 한동안 두었다가 빼면 은비녀 색깔이 누런색으로 바뀌는 것을 확인할 수 있다. 이때 은비녀는 소독을 한 뒤에 죽은 사람의 입안과 목구멍에 집어넣고 종이로 밀봉해야 한다. 한참이 지난 후 꺼냈을 때 은비녀를 다시 물로 씻어도 누런 빛깔이 그대로 남아야만 금잠에 의한 독살임을 확정할 수 있다.

독살을 확인하는 방법엔 꼭 은비녀만 있는 것은 아니다. 밥 한 덩이를 죽은 사람의 목구멍 속에 집어넣고 종이로 덮었다가 한두 시간이 지난 후에 밥을 꺼내 닭에게 먹이는 방법도 있다. 닭이 죽으면 독살이라고 확정한다.

독을 먹어도 외형상으로는 아무 흔적이 남지 않은 경우도 있다. 독을 음식 속에 넣었는데 그 음식이 완전히 소화가 된 뒤에 내장 안에서 독이 발현되면 검시를 해도 증거가 나타나지 않는다. 이럴 경우엔 항문 속에 은비녀를 넣고 시험해봐야 한다.

만약 소훈 이씨가 독살되었다면 이 경우에 해당할 것이다. 겉으로는 아무런 흔적도 남지 않았기 때문에 독살을 의심할 근거가 없는 것이다. 그러나 여자인 데다 후궁인 몸이라 옷을 벗기고 검시하는 과정을 거칠 수 없었다. 따라서 이 경우라면 소훈 이씨는 제대로 검시를 받지 못한 채 장례를 치른 셈이다.

### 독살을 주장하는 목호룡

그런데 소훈 이씨가 죽은 지 3개월쯤 지났을 때 그녀가 독살되었다는 주장이 대두되었다. 1722년 3월 27일에 목호룡이라는 인물이 나타나 노론 측에서 경종을 독살할 것을 모의했으며 그 이전에 약을 시험할 용도로 소훈 이씨를 먼저 독살했다고 주장했다. 목호룡은 남인 서얼로서 풍수를 공부하여 지관이 된 인물이다. 정치적 야심을 품고 있던 그는 풍수설을 이용하여 노론에 접근하여 처음에는 왕세제(영조) 편에 섰으나, 정국이 소론의 우세로 돌아서자 배반하여 이 같은 음모 사실을 고변했다.

목호룡의 고변에 따르면 경종을 시해하려고 했던 인물은 정인중, 김용택, 이기지, 이희지, 심상길, 홍의인, 김민택, 백망, 김성행 등이었는데, 이들은 모두 노론 4대신의 아들 또는 조카이거나 추종자들이었다.

목호룡의 고변 당시 정국은 소론이 노론을 공격한 후 노론 핵심 세력이 모두 유배된 상황이었다. 그 내막을 요약하면 이렇다.

숙종이 죽고 경종이 즉위한 해에는 여전히 노론이 정권을 잡고 있었다. 그들은 경종의 건강이 점차 악화되는 데다 후사마저 없다는 이유를 내세워 건저(세자를 세우는 일)할 것을 주장했다. 즉, 경종이 너무 병약하여 언제 죽을지 모르니 연잉군을 세제로 삼아 왕위가 흔들리지 않게 해야 한다는 것이었다.

경종은 소론의 반대에도 불구하고 1721년에 노론 측의 주장에 따라 연잉군을 세제에 책봉했다. 그런데 노론은 두 달 뒤인 그해 10월에 경종이 병약하여 정사를 주관할 수 없다며 이번에는 연잉군이 대리청정을 해야 한다고 주장했다. 이는 곧 경종에게 정사에서 손을 떼라는 말이었다. 이에 소론은 왕을 보호해야 한다는 명분을 내세우며 거세게 반발했다. 때마침 경종은 와병 중이었기 때문에 세제의 대리청정을 받아들였는데, 소론 측의 반대로 다시 거둬들였다. 이후 경종은 세제 청정을 명했다가 다시 거둬들이기를 반복했다.

이 바람에 노소론 간 당쟁만 더욱 격화되었다. 1721년 12월에는 경종의 지지를 얻은 소론이 과격파인 사직 김일경을 우두머리로 한 7인을 앞세워 세제 대리청정을 요구한 집의 조성복과 청정 명령을 받들어 행하고자 한 노론 4대신인 영의정 김창집, 좌의정 이건명, 영중추부사 이이명, 판중추부사 조태채 등을 '왕권 교체를 기도한 역모자'라고 공격하는 소를 올렸다. 이 상소로 1716년 병신처분 이래 지속되던 노론 정권이 무너지고 소론 정권으로 교체되는 환국이 단행되었다. 결국 노론 4대신은 파직되어 김창집은 거제부, 이이명은 남해현, 조태채는 진도군, 이건명은 나로도에 각각 안치되었고, 그 밖의 노론 대신들도 삭직, 문외출송 또는 정배되었다. 그리고 소론파에서 영의정에 조태구, 좌의정에 최규서, 우의정에 최석항 등이 임명됨으로써 소론 정권의 기반을 군혔다. 이 사건을 일러 신축옥사라고 한다.

이렇듯 신축옥사를 통해 조정을 장악한 소론은 이참에 아예 노론을 완전히 무너뜨릴 계획을 세웠는데, 그것이 바로 목호룡의 역모 고변이었다.

목호룡은 고변을 통해 노론 세력이 은을 모아 그것으로 궁녀들을 매수하여 경종을 독살하려 했다고 주장했다. 하지만 목호룡 자신이 나서서 이를 저지하는 바람에 실행되지 못했다는 것이다. 목호룡은 또 자신의 저지로 경종 독살에 실패한 노론 세력이 소론을 궁지에 몰기 위해 세제(영조)의 후궁인 소훈 이씨를 살해했다고 주장했다. 말하자면 노론 무리들이 이씨를 독살하고 소론의 소행이라고 뒤집어씌워 소론을 몰아내려고 했다는 뜻이었다. 또한 그 이후에 소훈 이씨를 독살한 것은 약을 시험한 것에 지나지 않는다고 했다.

## 그렇다면 범인은

목호룡은 노론의 사주를 받고 소훈 이씨가 먹던 음식에 독을 탄 인물은 환관 장세상이라고 했다. 목호룡의 말에 따르면 소훈 이씨 독살을 주도한 인물은 서덕수인데, 그가 1721년 6월에 은자 3백 냥을 환관 장세상에게 보내 독약을 구하도록 했고, 이후 그해 11월 장세상이 동궁의 주방 나인 이씨를 시켜 음식에 타서 소훈 이씨를 독살했다는 것이다.

목호룡이 소훈 이씨를 죽인 주범으로 지목한 환관 장세상은 세제 이금의 최측근이었다. 그런데 그가 이금의 연인을 정치적 희생양으로 삼아 독살했다는 것을 이금은 도저히 받아들일 수 없었다. 이금은 사랑하는 여인이자 자식들의 어미를 잃고 동시에 가장 신뢰하고 믿던 최측근마저 내쳐야 할 상황이었다.

설상가상으로 현실은 더욱 참혹했다. 목호룡의 고변이 있자 국청이 설치되어 역모 관련자들을 잡아 와 처단했고, 유배되어 있던 노론 4대신도 다시 한성으로 압송되어 사사되었다. 국청에서 처단된 사람 중에 법에 의해 사형된 사람이 20여 인, 맞아서 죽은 이가 30여 인, 그 밖에 그들의 가족이라는 이유로 체포되어 교살된 자가 13인, 유배된 자가 114인, 스스로 목숨을 끊은 부녀자가 9인, 연좌된 사람이 173인에 달했다. 이 대대적인 옥사를 신축년과 임인년에 연이어 일어났다고 해서 신임사화라고 한다.

반면에 권력을 잡은 소론은 승승장구했는데, 윤선거와 윤증을 복관시키고, 소론 대신들을 숙종묘에 배향했으며, 목호룡은 동지중추부사의 직을 제수받고 동성군의 훈작을 수여받았다.

신임사화 후 세제 이금의 처지는 한 치 앞을 바라볼 수 없는 안갯속이었다. 목호룡의 고변에 따르면 노론이 추대하려던 임금은 세제 이금이었고, 전례로 봐서 모역에 가담한 왕자가 살아남은 경우는 없었기 때문이다. 다행히도 연잉군 외에는 왕통을 이을 왕자가 전혀 없었기 때문에 그는 목숨을 부지할 수 있었다.

그러나 목숨을 부지했을 뿐 세제가 겪은 고통은 대단했다. 자신이 수족처럼 부리던 장세상이 소론 측의 사주를 받은 내관 박상검, 문유도 등의 모함으로 유배되었고, 소론 대신들에 의해 경종을 문안하러 가는 것도 금지당했다. 동궁에 유폐되는 지경에 이른 것이다. 거기다 신변의 위협마저 느끼게 되자 대비 인원왕후 김씨를 찾아가 왕세제 자리를 내놓는 것도 불사하겠다며 자신의 결백을 호소했다.

인원왕후는 평소 노론 측의 입장에 서서 세제를 감싸왔던 터라 세제의 간절한 호소를 담은 언교를 몇 차례 내려 소론의 전횡을 누그러뜨렸다. 그 덕택으로 이금은 가까스로 목숨을 부지할 수 있었다. 하지만 연인의 죽음에 관한 진실은 밝혀낼 엄두도 내지 못했다. 목호룡은 장세상이 범인이라고 말했지만, 이금은 믿지 않았다.

## 장세상은 정말 범인일까

목호룡의 고변에 따르면 장세상이 이씨 성을 쓰는 궁녀에게 독을 줬고, 그 궁녀가 음식에 독을 타서 소훈 이씨를 죽였다. 이와 관련하여 장세상과 그의 측근들이 문초를 당했다. 그 과정에서 장세상은 범행을 극구 부인하면서 이렇게 말했다.

"나는 역모와 관련하여 아는 바가 전혀 없고, 소훈 이씨의 일에 대해서도 아는 바가 없다. 모든 것은 목호룡이 꾸며서 지어낸 말이다."

장세상과 잘 알고 지내던 이정식은 소훈 이씨의 죽음에 대해 신문 중에 이렇게 진술했다.

"제가 지난해 11월 무렵 김창도와 함께 장세상의 집에 갔더니 장세상이 말하기를 '이 소훈이 독약을 마시고 바야흐로 목숨이 끊어지려고 하는데, 이 여자가 죽는다면 어찌 좋지 않겠는가?'라고 하였습니다. 그 뒤 이 소훈의 상喪이 나자 장세상이 저와 김창도에게 말하기를 '이 약을 더 얻는다면 또 쓸 곳이 있는데, 반드시 1천 냥의 은자가 있은 뒤에야 바야흐로 쓸 수 있을 것이다'라고 하였습니다."

물론 이때 이정식은 엄청난 고문을 받고 초주검이 된 상태였다. 진술 이후 이정식은 고문의 후유증으로 죽고 말았다. 그 때문에 고문에 의한 거짓 진술일 가능성이 농후했다. 이에 대해 김창도는 다음과 같이 진술했다. 물론 그도 신문 중에 죽었다.

"제가 장세상과 같이 모의하여 소훈을 독살하고 바야흐로 다른 곳에 시험하려고 은자를 구한 일은 이정식이 이미 상세하게 공초하였으니 다시 아뢸 말이 없습니다. 대저 독약을 쓰는 일은 서덕수가 정우관과 한마음으로 결정하였으며, 서덕수가 독약을 쓰는 일을 위해 은자를 구하고자 하였으므로, 제가 과연 조흡에게서 구해다 서덕수에게 전해주었습니다. 그리고 독약을 쓰는 음밀陰密한 길과 독약의 출처는 서덕수에게 물어보면 상세히 알 수 있을 것입니다."

서덕수는 세제 연잉군의 빈 서씨의 친척이었다. 그 역시 신문 중에 죽었다.

"지난해 5월 제가 장세상과 소훈을 독살하는 일을 상의하고,

6월 무렵에 은 3냥을 이정식으로 하여금 장세상에게 보내 행하게 하였으니, 백망이라는 자가 2백 금을 주고 장씨 성을 지닌 역관에게 독약을 사서 동궁의 주방 나인 이씨로 하여금 음식에 섞어 쓰게 하였습니다. 역관과 나인에 대해서는 다만 장세상의 말만 들었으므로 상세히 알 수 없으나, 소훈을 독살한 뒤 이정식이 와서 장세상의 말을 전하기를 '계획대로 일이 이루어졌으니 과연 좋다. 그 독약은 효과가 있으므로 다른 곳에 시험해보려고 하는데, 은자 1천 냥이 있고 난 뒤에야 쓸 수 있으니 반드시 꼭 얻어내도록 도모하라'고 하였으므로 제가 조흡의 집에 가서 이 뜻을 언급하고 은자 2백 냥을 구하였습니다."

이렇게 하여 소훈 이씨에 대한 독살의 구체적인 정황이 드러난 셈이다. 노론 측 인사인 서덕수 등이 경종을 독살하기 위해 모의했고, 그 과정에서 시험 삼아 세제 연잉군의 후궁인 소훈 이씨를 독살했다. 그녀를 독살한 이유는 소론 측에 뒤집어씌우기 위해서였다. 소훈에 대한 독살 모의는 장세상과 서덕수가 했으며, 독약은 백망이라는 인물이 장씨 성을 쓰는 역관에게 구입했다. 그리고 장세상이 독약을 받아와 동궁의 주방 나인 이씨에게 주어 음식에 섞어 쓰게 하고 소훈 이씨를 죽인 것이다.

비록 공초를 통하여 이런 정황이 밝혀지긴 했지만, 공초한 사람들이 모두 신문 중에 고문을 이기지 못하고 죽었으니 조작의 냄새가 물씬 풍긴다. 따라서 장세상이 소훈 이씨를 독살한 범인이라

주리는 가혹한 형벌로
영조 대에 금지령을 내렸으나
그 후에도 계속 사용되었다.

주리 트는 모습. 김준근. | 한국데이터산업진흥원

고 단정하는 것도 무리가 있다.

## 공범의 정체

어쨌든 소훈 이씨 독살사건의 정황은 밝혀졌고, 이제 남은 일은 소훈 이씨의 음식에 독약을 탄 주방 나인 이씨를 색출하는 것이었다. 그런데 이 일은 순조롭지 않았다.

장세상의 공초에 따르면 주방 나인 이씨는 '상궁 이열'이라고 되어 있었다. 그런데 상궁 중에는 이열이라는 이름을 쓰는 사람이 없었다. 소론은 이열이 곧 지열이라고 주장했다. 하지만 지열이라는 상궁은 이미 오래전에 죽은 사람이었다. 그러자 소론 측에서는 이 사건과 관련하여 신문한 김성절이라는 인물의 말을 거론하며 이렇게 말했다.

"김성절이 말하기를 장세상이 수라간의 김상궁과 공모하여 약을 썼다고 하였습니다."

말하자면 이씨 성을 쓰는 주방 나인이 이제 김씨 성을 쓰는 수라간 상궁으로 바뀐 셈이다. 이와 관련하여 소론은 경종에게 이런 말을 올렸다.

"독약을 쓴 곡절에 대하여 아직 그 근거를 다 캐내지 못하였고, 김씨 성을 쓰는 궁인은 아직도 목숨을 부지하고 있습니다. 이 소훈을 독살한 일은 국안鞫案에 분명히 기록되어 있는데, 한 차례 시험하였은즉 어찌 다만 이 소훈에게만 그치겠습니까? 흉역들과 서로 내통하면서 성상을 모해하려는 정상은 진실로 김씨 성을 지닌 궁인과 더불어 하나이면서 둘이요 둘이면서도 하나이니, 이런 역적을 제거하기 전에는 신은 아마도 성상께서 하루도 편히 주무실 수 없고 신하들의 우려도 그칠 때가 없을 것으로 생각합니다. 특히 그 성과 이름이 역적들의 초사에 나타나지 않았지만, 이 소훈이 중독된 것은 날짜가 있으니 반드시 그에 해당되는 상선尙膳도 있을 것입니다. 청컨대 찾아내어 국청에 붙여서 사건의 진상을 안핵하게 하고 왕법을 명쾌히 바로잡게 하소서."

하지만 끝내 수라간에서 김씨 성을 쓰는 상궁을 찾을 수 없었고, 그 때문에 소훈 이씨의 음식에 직접 독을 탄 인물 역시 밝혀내지 못했다.

이에 대해 훗날 노론 측은 소훈 이씨가 독살된 바도 없는데, 소론 측에서 노론을 몰락시키기 위해 목호룡을 앞세워 독살로 몰고 간 것이라고 주장했다. 영조 또한 이 견해를 받아들여 소훈 이씨의 독살 건은 조작이라고 결론지었다.

### 정빈의 아들 효장세자 독살 의혹

소훈 이씨가 죽은 뒤 1724년에 그녀의 아들 행은 경의군에 책봉되었고, 영조가 왕위에 오르자 1725년에 세자로 책봉되었다. 행의 아명은 만복이었는데, 그의 삶은 이름처럼 복이 많지는 않았다.

행은 8세가 되던 1726년에 조문명의 딸(효순왕후)과 혼인을 했고 이듬해엔 성균관 입학례와 관례를 올렸다. 이제 막 9세가 된 아이에게 서둘러 성인식을 해준 셈이었는데, 그 무렵 세자빈 조씨가 홍역을 앓았다. 그래서 행은 급히 경춘전으로 거처를 옮겼다. 하지만 이듬해에 이르러 세자가 시름시름 앓기 시작했다. 처음에는 머리에 미열이 있는 정도였는데 연이어 안질이 동반되고 고열 증세를 보이더니, 결국 일어나지 못하고 10세의 어린 나이에 죽고 말았다. 당시 영조는 35세였다. 영조는 죽어가는 장남을 안타까워하면서 수일을 눈물로 지새웠는데, 그 때문에 건강이 악화되기도 했다.

효장세자가 죽은 뒤에 그가 누군가에게 독살되었다는 말이 돌기 시작했다. 이미 효장세자의 생모 정빈 이씨에게 독살 의혹이 있었던 만큼 영조는 이 소문에 매우 민감하게 반응했다. 그리고 1729년 3월에 범인으로 의심되는 자들이 체포되었다. 효장세자를 살해한 범인으로 체포된 자는 상궁 순정이었다. 다음은 영조 6년(1730년) 3월 9일 자 실록 내용이다.

임금이 시임대신과 원임대신 및 금오의 당상, 포도대장을 명초하여 3경에 매흉(특정인이 사망하거나 질병에 걸리도록 저주하기 위해 흉한 물건을 만들어 일정한 곳에 파묻는 것)한 궁인 순정과 세정 등을 인정문에서 친국하였다. 그 이튿날 임금이 장전에 나아가자 홍치중, 이태좌, 이집이 나아가 부복하였다. 임금이 흐느끼며 눈물을 흘리다가 말했다.

"말을 하고 싶으나 마음속이 먼저 나빠지니 마땅히 진정시키고 말하겠다. 이는 외간外間의 일과 다른 것이니, 사관은 상세히 듣고서 상세히 기록하도록 하라. 잠저(임금이 되기 전에 살던 집)에 있을 때부터 순정이란 이름의 궁인이 있었는데, 성미가 불량하여 늘 세자 및 세자의 사친(정빈 이씨)에게 불순한 짓을 하는 일이 많았기 때문에 쫓아버렸다.

신축년(1721년)에 세제가 된 뒤 궁인이 갖추어지지 않기 때문에 다시 도로 들어오도록 했는데, 마음을 고쳤으리라고 생각했다. 갑진년(1724년)에 왕위를 이은 뒤에는 세자 및 두 옹주를 보육하게 하다가 세자 책봉 뒤에 그를 옹주방에 소속시켰다. 그러자 동궁의 나인이 되지 못한 것 때문에 항시 마음속으로 앙앙불락하였으니, 이른바 시기심이 있는 자였던 것이다.

대개 신축년 겨울의 일이 한밤중에 일어났는데, 궐녀에게 의심스러운 단서가 없지는 않았지만 나는 의심스러운 것을 가지고 남을 죄주고자 하지 않았으므로 그냥 두고 묻지 않았다. 그 뒤 약을 쓴 한 가지 일이 나온 뒤로 궐녀가 매번 이 일에 관해 들을 적마다 안색이 바뀌는 일이 없지 않았으니, 마치 춘치자명春稚自鳴(봄철의 꿩이 스스로 운다는 뜻으로, 시키거나 요구하지 않아도 제 스스로 허물을 말하는 것)과 같은 격이었다.

재작년 원량元良(세자)의 병이 증세가 자못 이상하게 되었을 적에 도승지 또한 '의원도 증세를 잡을 수가 없다고 합니다'라고 하지 않았던가? 내가 진실로 의심했지만 일찍이 입에 꺼내지 않았고, 지난번 화순옹주가 홍진을 겪은 뒤에 하혈하는 증세가 있었기 때문에 매우 괴이하게 여기며 의아해하다가, 이제 와서야 비로소 독약을 넣어 그렇게 된 것임을 알게 되었다. 그가 이미 세자의 생모에게 독기를 부렸기 때문에 세자가 점점 장성하는 것을 좋게 여기지 아니하여 또다시 흉악한 짓을 하였고, 강보에 있는 아이인 4왕녀에게도 또한 모두 독약을 썼다. 나의 혈속을 반드시 남김없이 모두 제거하려고 했으니, 어찌 흉악하고 참혹하지 아니한가?"

이런 영조의 말을 듣고 조신들이 순정을 국문했더니 자신이 독살했다고 자백했다. 영조는 그녀를 무기고 앞에서 참형에 처했다. 그리고 순정의 심부름을 한 세정에게도 고문을 가하여 자백을 받고 역시 참형에 처했다.

하지만 궁녀 순정이 정말 정빈 이씨와 효장세자를 독살했는지는 의문이다. 순정이 효장세자를 독살한 증거도 없고 이유도 불분명하기 때문이다. 영조의 말로는 순정이 영조를 미워하고 정빈 이씨를 시기하여 저지른 일이라고 하는데, 이것은 모두 영조의 일방적 주장이며 고문에 의해 억지로 실토한 결과였을 뿐이다.

朝鮮
CRIMINAL

**4장**

성범죄사건 파일

## 성범죄와
## 남녀 차별
—

조선의 성범죄는 대개 간음죄에 한정되었다. 간음죄란 부부가 아닌 남녀가 성관계를 맺는 것을 말하며 조선시대엔 대개 강간죄와 간통죄를 통칭했다. 하지만 강간죄와 간통죄는 처벌 수위가 현격히 달랐다. 강간죄는 사형으로 처벌된 것에 비해 간통죄는 대개 매질형인 장형에 처하고 풍속에 지대한 영향을 끼치는 경우더라도 최고 유배형에 처하는 것이 일반적이었다.

강간과 간통에 대해 《대명률》의 법규는 '무릇 화간은 장 80대이고, 남편이 있으면 장 90대이고, 조간(여자를 꾀어서 간통하는 것)은 장 1백 대이고, 강간한 자는 교형에 처한다'고 규정하고 있다. 화간이란 남녀 쌍방이 동의하여 간음한 것을 의미하는데, 이 경우 남편이 있는 경우와 없는 경우를 구분하여 처벌했다. 남편이 있는 경우란 당연히 유부녀와 간통한 경우이고, 남편이 없는 경우란 과부 또는 이혼녀이거나 처녀인 경우다. 그런데 이 규정엔 '아내가 있는 경우'라는 문구는 없다. 이는 아내가 있는 남자가 남편이 없는 여인과 화간을 벌일 경우 처벌되지 않을 수도 있다는 의미다. 즉, 조선의 남자들은 남편 없는 기생이나 여종과 상간을 해도 위법이 아니었다. 하지만 조선의 여자들은 혼인 관계가 아닌 어떤 남자와도 간통을 저지르면 죄로 처벌되었다. 이를테면 처녀나 과부, 이혼녀가 혼인 관계가 아닌 남자와 간음하면 무조건 처벌된다는 뜻이다. 이렇듯 간음죄에 대한 조선의 법은 철저히 남녀에게 차별적으로 적용됐다.

그렇다면 간통에 대한 구체적인 사례를 한번 살펴보자. 다음은 세조 7년(1461년) 5월 20일 자 실록 기사이다.

사헌부에서 아뢰었다.

"한승찬, 유효례, 함제동 등이 모두 환관 김덕련의 아내 종비를 간음해서 풍속을 더럽혔습니다. 또한 이영생은 모친상을 당하였는데도 종비와 간음해서 잉태한 것을 알고 농장에 유치하였으니, 어버이를 잊어버리고 의리를 배반해서 행실이 금수와 같습니다. 최집은 종비가 남편을 배반하여 도망한 것을 알고 또 불러들여서 간통해 아내로 삼고, 그 일이 발각될까 두려워서 종비를 데리고 도망하여 이리저리 다니고 있습니다. 종비는 환관의 아내로서 음란한 짓을 자행하고 모친상을 당한 지 백 일 안에 간부와 더불어 남편의 재산을 훔쳐서 도망하였으니, 청컨대 율에 비추어서 과죄하게 하소서."

이에 명하여 종비는 장 80대를 때려 강원도의 관비에 속하게 하고, 이영생은 평안도의 숙천부에 옮겨두고, 나머지는 모두 사유敕宥 전이니 논하지 말라고 하였다.

이 사건은 남편이 있는 여인이 여러 남자와 간음하여 처벌된 사례다. 그 여인은 환관 김덕련의 아내인 종비였다. 조선에서는 환관도 모두 결혼을 했는데 환관의 부인들이 간통사건에 휘말리는 일이 많았다. 남성을 잃은 환관은 아내와 성관계를 하지 못하는 것이 당연했고 그 때문에 환관의 아내들이 바람이 나는 경우가 더러 있었기 때문이다. 또한 환관의 아내와 관계를 한 선비는 대과에 합격한다는 속설이 있을 정도로 환관의 아내는 남성들의 표적이 되곤 했다. 종비도 그런 여인 중의 하나였던 것이다.

이 사건을 면밀히 살펴보면 종비는 이영생이라는 자와 관계하여 아이까지 가졌고, 이영생은 그녀를 자신의 농장에 몰래 숨어 있게 했다. 그렇다면 이미 이때 종비는 김덕련의 집을 나왔다는 것을 의미한다. 그런데 종비는 이영생과 관계하기 전에 벌써 여러 남자를 만났다. 한승찬, 유효례, 함제동 등과 이미 관계했고 최집과는 아예 부부로 살기까지 했다. 그런데도 처벌된 사람은 종비와 이영생뿐이었다. 이들 두 사람을 제외한 나머지 남자들이 종비와 관계한 시점은 대사면령을 내리기 이전의 일이었기 때문이다.

이영생은 간음 시기가 모친상을 당한 때였기 때문에 가중 처벌을 받아 유배되었다. 그런데 이는 처벌 당시 이미 유배 보내져 있었다는 이유로 좀 더 열악한 지역으로 유배지를 옮긴 것에 불과했다.

반면 종비는 이 간통사건으로 장 80대를 맞고 신분이 격하되어 강원도의 관비가 되었다. 원래 간통을 저지르면 남편이 없는 경우엔 장 80대에 처하고, 남편이 있는 경우엔 장 90대에 처하도록 되어 있다. 종비에게 장 80대를 내린 것으로 미루어 그녀는 남편이 없는 경우에 해당된 것이다. 그런데 왜 종비는 가중 처벌되어 관비가 되었을까? 이는 그녀가 여러 남자와 간음하여 풍속을 해쳤기 때문이다. 종비가 가혹한 처벌을 받은 것에 비해 남자들 중 처벌된 사람은 이영생뿐이었으며 그조차 종비에게처럼 혹독하지는 않았다. 이렇듯 간음에 대한 조선의 법은 여자에게 아주 불평등하게 적용됐다.

또 다른 사건을 살펴보자. 다음은 세종 12년(1430년) 10월 25일자 실록 내용이다.

의정부에서 형조가 올린 보고서에 의거하여 아뢰었다.

"작목 감역관 호군 신통례가 관비 고음덕을 강간하였사오니 율에 의하여 교형에 처하시고, 고음덕은 처음에는 거절하여 소리를 내어 울었으니 죄에 저촉되지 않을 듯하오나, 그 뒤에는 제 스스로 와서 서로 간음하였으니, 화간으로서 논하여 장 90대를 처하는 것이 마땅하옵니다. 다만 동일한 사건에 대하여 남자는 강간으로, 여자에게는 화간으로 다루어 죄를 다르게 처결한다면 법을 집행함에 있어서 의문스럽습니다. 성상께서 결정을 내려주시옵소서."

이에 임금이 말하였다.

"통례가 처음에는 사람을 시켜서 고음덕을 잡아 왔는데, 소리를 치고 울면서 말을 듣지 아니하다가 강요하여 마침내 간통하였으니, 통례는 강간으로 처결함이 당연하다. 그러나 고음덕도 남편이 있으면서 뒤에는 제 스스로 와서 간통하였으니, 어찌 죄가 없다고 할 수 있겠는가. 통례에게는 1등을 감하고, 다른 것은 아뢴 대로 하라."

그러자 형조에서 다시 아뢰었다.

"통례의 어머니가 지금 77세나 되었으며 또한 와사증이 있습니다. 그러나 강간은 보통 유사를 내릴 때에도 용서하지 않는 것이오니, 머물러 두어 부모를 봉양할 수 있는 예는 해당되지 않사온즉 장형을 실시하고 유형에 처하게 하옵소서."

이에 장형을 실시하고 유형에 대해서는 속贖을 바치게 하였다.


이 사건에서는 강간과 간통이 동시에 나타난다. 처음엔 신통례가 관비 고음덕을 강간했는데 그다음엔 고음덕이 스스로 찾아와 신통례와 관계를 맺었다는 것이다. 형조에서는 신통례에겐 강간죄를, 고음덕에겐 간통죄를 적용했다. 그런데 의정부에서는 신통례의 죄를 감해줄 요소가 있다고 판단했다. 처음엔 강간으로 맺어진 관계였지만 뒤에는 화간이 되었으므로 강간죄를 적용하는 것이 불합리하다는 의견이었다. 의정부가 이런 의견을 낸 것은 아마도 신통례 측의 로비에 의한 것으로 보인다. 남자와 여자가 관계를 했는데 한쪽은 간통이고 다른 한쪽은 강간으로 처리됐으니, 잘만 하면 강간죄를 간통죄로 낮출 수도 있다고 본 것이다.

하지만 세종은 단호하게 신통례를 강간죄로 처벌해야 한다고 판단했다. 신통례의 강간으로 인해 모든 사건이 벌어졌다는 것이다. 그리고 이후에 고음덕이 신통례와 화간을 저질렀으니 그녀에게는 간통죄를 적용하는 것이 맞다면서 형조의 판단을 옳게 여겼다. 그런데 세종은 최종적으로 신통례의 죄를 1등 감하여 교형에서 유배형으로 형벌 수위를 낮췄다. 결국 신통례의 로비는 성공한 셈이었다. 그런데 거기에서 끝나지 않았다. 신통례는 의정부를 통해 자신의 어머니가 늙고 병중에 있어 봉양해야 한다고 주장했다. 이에 대해 형조에서는 강간죄인은 부모 봉양을 명분으로 감형되지 않는다고 반박했다. 하지만 세종은 신통례에게 장형만 내리고 유배형은 벌금으로 대체하라고 명했다.

결과적으로 보면 신통례는 강간을 저지르고도 교수형은 고사하고 유배형도 면한 셈이다. 그래서 결국 간통죄에 준하는 장형으로 처벌받았다. 그리고 강간당한 고음덕도 장형 90대를 선고받았다. 이렇게 볼 때 가장 억울한 사람은 고음덕이었다. 강간을 당하고도 간통죄로 장형을 받았고, 그것도 남편이 있다는 이유로 90대나 맞았으니 말이다.

사실 형조나 세종이나 모두 고음덕의 처지를 전혀 고려하지 못했다. 고음덕은 처음엔 분명히 강간을 당했다. 그런데 왜 그녀는 이후에 신통례와 관계를 가졌을까? 이는 그녀의 처지에서 보면 충분히 이해될 수 있는 일이었다. 다른 남자에게 강간당한 사실을 고음덕의 남편이 알게 되면 고음덕은 어떻게 될까? 고음덕은 더 이상 남편과 결혼생활을 지속할 수 없었을 것이다. 비록 강간을 당한 것이라고 해도 남편이 그녀에게 폭력을 가하고 내쫓을 것이 자명했기 때문이다. 따라서 고음덕이 스스로 신통례를 찾아와 화간을 벌인 것은 남편의 폭력으로부터 자신을 보호하고 동시에 살길을 찾기 위해서였을 것이다. 그럼에도 조선의 법관들과 세종은 그녀의 처지를 전혀 고려하지 않고 화간을 했다고 하여 간통죄로 처벌했으니, 가혹한 일이 아닐 수 없다.

두 사건을 통해 살펴보았듯이 조선의 법은 간음죄에 대해 매우 엄격했으며, 남성보다는 여성에게 훨씬 불리한 법이었음을 알 수 있다. 근본적으로 남녀 차별이 심한 사회였으니 법 적용에서도 그런 현실이 여실히 반영된 것이다.

# 낯 두꺼운 권력층의
## 성범죄
—

성범죄에 대해 실록은 간통, 강간 등으로 일괄하여 표현하고 있지만, 그 내막과 파장은 결코 간단하지 않다. 간통에도, 강간에도 다양한 원인과 결과가 있다. 이를테면 강간 중에는 성인이 성인을 상대로 한 사건이 있을 수 있고, 성인이 아동을 상대로 한 아동 성범죄가 있을 수 있다. 또 아동 성범죄 중에서도 양반이 천민 아동을 대상으로 한 것과 양반가 아동을 대상으로 한 것, 천민이 천민 아동을 대상으로 한 것이나 천민이 양인 아동을 대상으로 한 것 등 신분에 따라 여러 형태의 범죄가 있을 수 있다. 간통 역시 마찬가지다. 친족 간의 간통이 있을 수 있고, 친족 내부에서도 그 관계에 따라 얼마든지 다양한 양상의 사건이 벌어질 수 있다. 이권과 관련된 간통이 있을 수 있고, 간통이 살인으로 이어지는 경우도 있으며, 강간이었다가 간통으로 바뀌는 경우도 있고, 간통으로 위장된 강간이 있을 수 있다. 이렇듯 성범죄의 원인과 결과는 다양하다.

**양반이라면 감형되는 시대**

태종 6년(1406년) 5월 3일 자 실록에 기록된 한을생 사건을 예로 살펴보자.

이에 명하여 전 장군 한을생의 직첩을 거두고 먼 지방으로 유배했다. 한을생은 개국공신 한충의 아들인데, 본디 광망하고 삼가지 못하더니, 사노私奴 김철의 아내 보패라고 하는 여자와 간통하여 아이를 가지게 했다. 김철이 잡아서 형조에 고소하니 한을생이 본 고향 이천현으로 도망했는데, 임금이 외방의 군역에 정하도록 명했다. 얼마 아니 되어 한을생이 몰래 서울로 돌아와 또 보패와 대낮에 간통하니, 김철이 또 잡아서 고소했다. 형조에서 한을생에 대해 군역을 마음대로 이탈하여 음욕을 자행한 죄로 논하여, 이에 이러한 명이 있었다.

개국공신의 아들이자 장군 벼슬에 있던 한을생이 개인 노비 김철의 아내 보패와 간통한 사건이다. 그런데 김철의 아내가 처벌되지 않은 것을 볼 때, 이는 간통이 아니라 강간으로 보인다. 말하자면 지체 높은 양반이 노비의 아내를 위력으로 제압한 뒤, 강간하여 아이를 잉태시킨 것이다. 이 사실을 알게 된 사노 김철은 한을생을 형조에 고소했고 한을생은 도주했다. 김철이 한을생을 고소한 것을 볼 때 김철은 한을생 집안의 노비는 아니다. 노비가 자기 주인을 고소하는 것을 금지하는 법이 있었으므로 김철이 한을생의 노비라면 주인을 고소할 수 없었을 것이기 때문이다. 따라서 한을생은 자신의 노비가 아닌 여자를 겁탈한 것이고 이 때문에 죄받아 군역을 살게 되었다.

그런데 이후에 한을생은 또 몰래 한양으로 와서 보패와 다시 간통을 하게 된다. 이에 한을생은 다시 고소를 당해 직첩을 회수 당하고 유배되는 신세가 된 것이다. 이때도 역시 김철의 아내가 벌을 받지 않은 것으로 미루어 간통이 아니라 강간이 분명하다. 그럼에도 간통으로 처리된 것은 한을생의 죄를 가볍게 해주기 위한 목적이 있었음을 알 수 있다. 즉, 개국공신의 아들임을 감안하여 가볍게 처벌하기 위해 강간을 간통으로 바꾼 것이다.

이 사건이 처결된 때로부터 3개월쯤 뒤에 비슷한 사건이 하나 더 발생한다. 다음은 같은 해 윤7월 8일 자 박희무 사건에 대한 기록이다.

전 청주부사 박희무의 관직을 삭탈하고 외방에 부처하게 하였다. 희무는 내침장고 제거의 관직을 받았을 때, 몰래 고비(창고의 여종)로 있는 성덕과 숙직소에서 간통하였는데, 그 남편 모지란 자가 잡아서 구타하고 그의 잠옷을 빼앗아 갔었다. 동료가 사헌부에 고발하니 헌부에서 추핵하여 귀양 보낸 것이다.

박희무는 한을생과 달리 바로 유배 조치되었다. 같은 죄를 저지르고도 두 사람이 다르게 처결된 이유는 한을생이 공신의 아들이었기 때문이다. 공신의 자녀는 죄를 지어도 처벌할 때 한 등급 낮춰주는 법이 적용된 것이다. 한을생의 경우 같은 죄를 두 번 저질렀기 때문에 박희무와 같이 신분을 잃고 유배 조치되었다. 그럼에도 두 사건 모두 강간이 간통으로 처리된 것은 마찬가지다. 이는 양반 신분이 천인 신분을 강간했기 때문이다. 이렇듯 조선의 법은 권력층에겐 아주 관대했다.

## 관대함의 극치를 보여준 곽충보 사건

다음에 소개하는 곽충보 사건은 권력층에 대한 관대함의 극치라고 할 수 있다. 1399년 6월 15일에 형조는 곽충보, 곽승우 부자를 단죄할 것을 청했지만 정종은 곽승우의 직첩만 회수하는 선에서 사건을 덮으려고 했다. 도대체 곽충보 부자가 무슨 일을 벌였기에 형조에서 그들을 벌해야 한다고 주장했던 것일까?

형조가 곽충보 부자를 단죄해야 한다고 주장한 근거는 형조의 옥에 갇혀 있던 어느 여인의 자백 때문이었다. 그 여인은 죽은 참찬문하부사 김인찬의 부인 이씨였다. 그녀는 곽충보와 간통한 사실이 들통나서 형조에 체포된 상태였고, 심문 끝에 그녀는 결국 곽충보와 간통한 사실을 시인했다.

곽충보는 이씨 부인을 자신의 족친이라고 하면서 김인찬의 집에 들락거렸는데, 결국 둘이 눈이 맞아 사단이 났던 것이다. 그런데 이씨 부인은 심문 중에 더 놀라운 사실을 폭로했다.

"곽충보와 관계한 것은 비단 저뿐만 아닙니다. 검교 중추원부사 이원경의 처 권씨도 관계한 것으로 압니다."

이씨는 혼자 죽을 수 없다는 의도로 권씨를 끌어들였다. 이른바 물귀신 작전이었는데 그 때문에 권씨도 체포되어 전옥서에 갇혔다. 이쯤 되자 사헌부에서 본격적으로 곽충보를 탄핵하기 시작했다.

"곽충보는 개인적인 원한으로 분을 품고 감히 관직이 있는 사람과 그 아내를 결박하고 때려서 거의 죽게 한 자입니다. 그럼에도 벌을 받지 않았는데, 이번에는 김인찬의 처를 족친이라고 거짓으로 일컫고 임의로 간통하였습니다. 곽충보의 죄는 이것뿐만이 아닙니다. 양가良家 여자를 강간하고 죄 없는 사람을 때려죽여 죄악을 쌓은 것이 몹시 심합니다. 이 때문에 본 부와 법관들이 죄주기를 청하였으나 윤허하지 않으셨습니다. 신 등은 생각하건대, 전하께서 전에 장사정이란 자도 용서하셨고 그 때문에 백성이 실망하고 있사온데, 또 곽충보를 용서하니 이렇게 하신다면 악을 징계할 길이 없습니다. 원하건대 곽충보의 직첩을 회수하고 국문하여 죄를 과하소서."

그러나 정종은 사헌부의 이 요구도 물리쳤다. 그러자 이번에는 문하부(훗날의 의정부) 대신들이 나섰다.

"곽충보는 본래 시정잡배에 불과한 자였습니다. 그런데 국은을 입어 벼슬이 중추부에 이르렀으니, 진실로 마땅히 근신하고 두려워하여 나라의 은혜에 보답하기를 도모해야 할 것입니다. 그러나 지난번에 곽충보가 교주도(강원도 영서 지역)에서 군사를 맡았을 때에 양가 여자를 협박하여 모두 첩으로 삼고, 그 가축과 재산을 빼앗으며, 지나는 곳마다 군사를 놓아 노략질하니, 백성이 모두 통한을 품고 말하기를 '차라리 왜구를 만나면 만났지, 곽충보는 만나지 않겠다'고 하였습니다. 그럼에도 죽음을 면하여 오늘에 이른 것입니다.

또 동렬인 김인찬의 처를 간통하고, 전 소감 황문과 그 아내 등 세 사람을 곤장으로 때려 거의 죽게 만들고, 또 사람의 변을 그 입과 볼에 칠하였으니, 풍속을 훼손한 것이 이보다 더할 수 없습니다. 그래서 헌사와 형조에서 소장을 번갈아 올려 죄주기를 청하여 두세 번에 이르렀으나, 전하께서 다만 직첩만 거두고 본고향에 부처하게 하였습니다.

지금 만일 곽충보를 용서하면 이것은 곽충보 같은 자가 계속하여 잇달아 나오게 하는 계제를 만드는 것입니다. 엎드려 바라건대 헌사와 형조의 청을 굽어 좇으소서."

조정의 보고대로라면 곽충보는 함부로 폭력을 일삼고 심지어 사람까지 죽였으며, 양갓집 여인을 강간하고 관료의 부인들과 간통을 일삼은 중죄인이다. 죄목만 하더라도 폭행, 갈취, 살인, 강간, 간통 등 한두 가지가 아니다. 그런데도 정종은 곽충보에게 더 이상 벌주는 것을 허락하지 않았다.

그런 상황에서 감옥에 갇혀 있던 김인찬의 처 이씨의 입에서 또 다른 범죄 사실들이 드러났다. 이씨는 곽충보와 간통한 여인이 더 있다며, 죽은 찬성사 정희계의 아내 신씨와 중추원 관료 조화의 아내 김씨를 비롯한 여러 부인의 이름을 거론했다. 그때 정희계의 아내 신씨는 이씨가 자신의 이름을 폭로할 것을 염려하여 달아난 상태였다. 하지만 이내 붙잡혀 와 전옥서에 갇혔다. 문하부는 또다시 곽충보에게 형률을 적용할 것을 요청했지만, 정종은 정희계의 아내 신씨와 조화의 아내 김씨를 귀양 보내는 것으로 일을 종결지어 버렸다. 도대체 정종은 왜 이런 중죄인을 계속 감싸고 돈 것일까?

곽충보는 원래 이성계 아래에 있던 자로서 위화도 회군 당시 최영을 체포한 장본인이었다. 그리고 김저 등이 이성계를 제거할 음모를 꾸몄을 때 이 음모를 알고 김저를 밀고하여 이성계의 목숨을 구하기도 했다. 그 외에도 장사정과 함께 왜구를 퇴치하는 데 많은 공을 세웠다. 곽충보가 조선 개국에 참여하여 공신의 반열에 올랐으니, 그 공을 감안하여 정종은 계속해서 그를 두둔했다. 말하자면 정종은 곽충보가 자신의 아버지인 태조 이성계의 목숨을 구한 은인이기 때문에 웬만한 죄를 저질러도 눈감아 줬던 것이다.

곽충보 사건 외에도 권력층의 성범죄는 대충 넘어가거나 은폐, 축소되는 일이 부지기수였다. 그만큼 조선의 법은 권력층에겐 지나치게 관대했다. 특히 성범죄가 극심했다.

# 억울한 여인들

---

## 정절을 지키지 못한 죄

조선의 법이 권력층에 관대했다고 하더라도 그것은 남성에게 한 정된 것이었다. 여성이 성범죄에 연루되었을 경우엔 신분에 관계 없이 가혹하게 처벌했다. 실록은 성종 2년(1471년) 3월 24일 자 기사에 이런 기록을 전한다.

> 의금부에서 아뢰었다.
> "이중원이 국상이 있던 초에 고 윤광비의 아내 정비를 강간하였으 니, 비단 풍속만을 허물어뜨린 것이 아니라 죄가 불충에도 관계됩니 다. 또 정자주의 아내 효복은 정비를 꾀어내어서 그 아우 이중원으로 하여금 음행을 저지르도록 하였으며, 정비는 바야흐로 지아비의 상 중에 있었는데, 처음에는 비록 강포한 자에게 윽박질당하였다고 하 나 이미 강간당한 뒤에는 밤새도록 동침하였고 심지어 이중원의 종 을 자기 집에서 일을 시키기에 이르렀으니, 강상을 더럽히고 어지럽 힌 것이 이보다 심할 수가 없습니다. 청컨대 이중원은 고신을 거두어 길이 서용하지 아니하고 먼 변방에 충군시키며, 효복과 정비는 외방 에 부처시키도록 하소서."
> 이에 임금이 그대로 따르고 명하여 효복의 남편 정자주도 아울러 외방에 부처시키게 하였다.

윤광비의 아내 정비는 남편을 잃은 과부 처지였다. 그런데 이중원과 그의 누나 이효복에게 속아 강간을 당했고, 이후에는 이중원과 내연 관계를 맺게 되었다. 이 사실이 발각되자 이중원은 변방에서 군인으로 복무하게 되었고, 효복과 정비는 먼 지방으로 유배당해 관비가 되었다. 이러한 처결은 누가 봐도 정비가 억울한 상황이다. 남편을 잃은 처지에 강간을 당했고 이후에는 어쩔 수 없이 이중원과 관계를 지속하게 되었는데, 이것이 문제가 되어 신분을 잃고 변방으로 쫓겨나 노비 신세로 전락하게 되었으니 말이다. 죄목은 정절을 지키지 않았다는 것인데 남편 없는 여인이, 그것도 강간으로 인해 다른 남자와 관계를 맺고 이후 내연 관계를 지속했다는 이유로 죄인 취급받는 것이 어디 말이 되는가?

## 간통죄로 사형을 당하다

그런데 정비보다도 더 억울한 사건이 있다. 임복비는 세종 18년(1436년)에 간통죄로 사형을 당한 여인인데, 그 사연을 살펴보면 그녀의 죽음은 억울함 그 자체라고 할 수 있다. 복비는 현감 임수산의 딸이었는데 일찍 부모를 잃고 아버지의 첩 소근에 의해 양육되었다. 그런데 소근의 아들이자 복비의 이복동생인 어연이 복비와 간통하려고 했다. 또한 소근도 이 일에 동조하여 복비와 어연이 한 방에서 지내게 했다. 그러자 복비는 숙부 임덕산을 찾아가 자신의 처지를 알리고 도와달라고 부탁했다. 그런데 임덕산은 도와주기는커녕 이런 말을 했다.

"이것은 너의 아버지가 어연을 가르치지 못한 과실인데, 낸들 어떻게 하겠느냐."

이렇듯 복비가 누구의 도움도 받지 못할 처지가 되자, 어연은 자신의 어미 소근과 공모하여 복비에게 술을 잔뜩 마시게 한 뒤 복비를 겁탈했다. 이후 복비는 아이를 임신했는데, 근친상간 문제 가 될 것을 염려한 소근은 그녀의 숙부 임덕산과 짜고 복비를 박 아생이란 인물에게 시집보내려고 했다. 복비는 아이를 잉태한 몸 으로 시집갈 수 없다고 판단하고 임덕산에게 부모의 제사를 마친 뒤에 혼례를 올리겠다고 했다. 하지만 임덕산은 무섭게 화를 내며 굳이 복비를 박아생과 결혼시켜버렸다.

결혼식을 올린 복비는 박아생을 따라가다가 어느 마을에 이르 러 박아생에게 몸이 몹시 아프다고 거짓말을 하면서 다시 집으로 돌아가야겠다고 했다. 박아생은 이 말을 믿고 숙부 임덕산에게 복 비를 데리고 가서 치료한 뒤에 자신에게 보내달라고 했다. 하지만 임덕산은 이를 거절했다.

결국 복비는 고민 끝에 어연과 함께 도주해버렸다. 그 사실을 알게 된 박아생이 관아에 고발했고 결국 복비는 붙잡혀서 국문을 당했다. 그리고 자초지종을 모두 털어놓으며 관대한 처분을 내려 줄 것을 호소했으나 재판부는 교수형을 내렸다. 그러자 복비의 종 이 글을 올려 어연이 복비를 강간한 사실을 밝히고 사형을 감해주기를 애걸했다. 복비의 종이 올린 글을 읽고 세종이 말했다.

"복비의 옥사는 나도 또한 의심하였는데 지금 그 종이 글을 올려 죽음을 면하여 달라고 청하니, 경들은 어떻다고 생각하는가?"

그러자 신하들이 아뢰었다.

"신 등도 역시 의심하였습니다. 후에는 비록 서로 화합한 듯하오나 처음에는 굳이 거절하였으니, 사형할 수는 없을 듯합니다."

그러자 세종은 의정부에서 이 문제를 의논하게 했다. 이후 세종이 이런 의견을 냈다.

"복비에게 죽음을 면하게 하고, 아주 먼 변방의 관비로 정하여 보내고자 하는데 어떻겠는가?"

이에 영의정 황희가 말했다.

"후에는 비록 서로 화합하게 지냈으나 그 처음에는 굳이 거절하였으니, 사형에 처할 수는 없는 일입니다."

그러나 참찬 하연은 반대했다.

"처음에는 비록 좋지 않았으나 후에는 서로 좋게 지냈으니, 마땅히 사형으로 처단할 수밖에 없습니다."

두 의견을 듣고 세종은 황희의 의견을 받아들이고 명령했다.

"사형을 감하고 거두어 관비를 삼으라."

그런데 형조 판서 정연이 다시 완강히 반대했다.

"복비는 절개를 지키지 아니하였으니 마땅히 사형을 면할 수 없습니다. 청컨대 형률에 의거하여 사형에 처하게 하소서."

그 말을 듣고 결국 세종도 복비를 교수형에 처하라고 명했다. 물론 소근도 교수형에 처하고 어연은 참형에 처하도록 했다. 그리고 달아난 복비의 숙부 임덕산도 끝까지 추적하여 잡아들이라고 명했다.

그런데 따지고 보면 복비는 아무런 잘못도 없는 사람이었다. 그저 힘이 없어 강간을 당하고 원하지 않는 결혼을 했기 때문에 하는 수 없이 도주했던 것인데, 조선의 법은 그녀를 죄인으로 몰아 처형까지 했다. 그것도 그녀의 가련한 처지는 전혀 고려하지 않고 오직 정절을 지키지 못했다는 이유로 교수형에 처했으니, 당시의 법이 여인들에게 얼마나 가혹했는지 쉽게 짐작할 수 있다.

## 색녀의 대명사가 된
## 유감동
—

정비나 임복비처럼 정절을 지키지 못했다는 죄목으로 억울하게 처벌된 여인들도 있었지만, 스스로 정절의 굴레를 벗어던지고 성적 자유를 맘껏 누리다가 처벌된 여인들도 있었다. 대표적인 인물이 세종 대의 유감동과 성종 대의 어을우동이다.

## 온 나라를 뒤흔든 여인

1427년 8월, 세종은 한 여인의 간통사건에 대한 보고를 받고 아연실색했다. 한양에서 알만 한 사람은 다 아는 양반 집안 출신의 여인이 관계한 사내만 하더라도 수십 명이라는 보고를 받았기 때문이다. 세종은 이 사건을 아주 심각하게 보고 승정원 승지들에게 이렇게 물었다.

"사헌부에서 음부 유감동을 가뒀다는데, 도대체 그와 간통한 자가 몇이나 되고 본 남편은 누구인가?"

세종의 물음에 좌승지 김자가 황망한 얼굴로 대답했다.

"간부는 이승, 황치신, 전수생, 김여달, 이돈 등과 같은 이들이 있고, 그 외에 몰래 간통한 사람은 이루 다 기록할 수조차 없습니다."

김자가 언급한 자들은 모두 관리였고, 심지어 황치신은 정승 황희의 아들이었다. 거기다 재상급의 인물도 줄줄이 간부 명단에 이름을 올렸다. 세종이 그 말에 기가 차서 말문이 막힌 사이 김자가 말을 이었다.

"유감동이라는 여인의 본 남편은 현재 평강 현감으로 있는 최중기입니다. 최중기가 무안 군수가 되었을 때 유감동을 거느리고 부임했는데, 이 여자가 병이 들었다는 핑계를 대고 서울로 올라왔다고 합니다. 이후로 음란한 행동을 일삼다가 최중기가 이 사실을 알고 버렸다고 합니다."

"그 여인의 아비가 누구냐?"

"유감동의 아비는 검한성 유귀수로서 모두 사족士族(문벌이 높은 집안)입니다."

이 사건과 관련하여 다음 날 사헌부에서 장계를 올려 정식으로 추국을 신청했다.

"평강 현감 최중기의 아내 유감동이 남편을 배반하고 스스로 창기라고 일컬으면서 서울과 외방에서 멋대로 행동하므로 간부 김여달, 이승, 황치신, 전수생, 이돈과 여러 달 동안 간통했는데, 그들의 직첩을 회수하고 감동과 함께 모두 형문에 처하여 추국하기를 청합니다."

세종은 곧 사헌부의 요청을 받아들이고 추국 명령을 내렸다. 그런데 유감동을 추국하자 여타의 간부 명단이 굴비 줄기처럼 줄줄이 엮여 나왔다. 사헌부에서 이와 관련하여 새롭게 추가된 간부 명단을 올리며 보고했다.

"유감동의 간부로 총제 정효문, 상호군 이효량, 해주 판관 오안로, 전 도사 이곡, 수정장 장지, 안자장 최문수, 은장 이성, 전 호군 전유성, 행수 변상동 등이 더 나타났으니, 청하건대 직첩을 회수하고 잡아 와서 국문하고, 또 후에도 더 나타나는 사람이 있으면 또한 뒤따라 곧 직첩을 회수하고 잡아 와서 국문하게 하소서."

총제라고 함은 삼군부의 요직으로 재상급의 관료이고, 상호군은 정3품 상장군을 일컫는다. 거기다 판관, 도사 등의 지방관리와 수정장, 안자장, 은장 등의 장인들까지 신분도 다양했다. 이 말을 들고 세종은 이렇게 말했다.

"이 여자를 더 추국할 필요가 없다. 이미 간부 10여 명이 나타났고 또 재상도 끼여 있으므로 사건의 형태는 벌써 다 밝혀졌으니 이것을 가지고 죄를 결단해도 될 것이다. 다시 더 추국한다고 하더라도 이 여자가 어떻게 능히 다 기억하겠는가."

## 끊임없이 이어지는 간부 행렬

세종은 유감동을 더 추국하면 의외의 인물들이 무더기로 나올 것을 염려하여 유감동에 대한 더 이상의 추국을 금지했다. 혹 그들 중에 왕족이나 고관대작이라도 섞여 있을까 봐 염려한 탓이었다. 하지만 사헌부에서는 세종의 의견에 반대했다.

"유감동의 간부들에 대해 현재 나타난 사람만 추문하도록 명하였으므로 신 등이 다시 추문하지 않았지마는, 다시 생각해보니 같은 간음 범죄자인데 하나는 죄주고 하나는 죄주지 않는 것은 미편한 것 같습니다. 청컨대 다 추핵하여 뒷사람을 경계하게 하소서."

세종도 사헌부의 건의를 받아들일 수밖에 없었다. 법이 공평하게 집행되지 않으면 이에 대한 불만이 확대될 것이기 때문이었다. 그대로 나머지 간부들을 모두 색출하라고 명했다. 그리하여 새로 추가된 간부 명단이 공개되었다. 그 명단을 받고 세종을 혀를 내둘렀다.

"장연의 첨절제사 박종지, 행 사직 주진자, 전 판관 유승유, 내자 판관 김유진, 찰방 최심, 길주 판관 안위, 부령 이수동, 진해 현감 김이정, 사정 김약회, 부사직 설석과 여경, 행수 이견수, 전직 권격, 별시위 송복리, 급제 이효례. 이들이 모두 새롭게 밝혀진 간부란 말이더냐?"

세종은 기가 찼다. 경기도는 물론이고 경상도에서 함경도까지 지역을 가리지 않고 유감동의 간부가 있었으니 그럴 만도 했다. 하지만 여기서 끝이 아니었다. 사헌부는 추가 명단을 또 올렸다. 성달생, 박근, 박호문, 이치, 이구상, 홍치, 남궁계, 유강, 정중수 등 한양의 내로라하는 집안의 인물들이 줄줄이 나열되었다.

이에 유감동 사건은 조정에서 거론되기에 이르렀고, 정3품 당상관 이상의 고관들이 의정부에 모여 그녀의 처벌에 대해 논의했다. 의정부 정승은 물론이고 육조와 삼군부, 한성부의 당상관이 총집합했다. 법을 직접 다루는 언론기관인 삼사만 빠지고 고관대작이 다 모인 셈이었다. 곧이어 갑론을박이 시작되었다. 그중에 하나가 이런 말을 했다.

"음부 유감동은 사족의 딸로서 남편을 배반하고 음란한 행동을 하여 스스로 관기라고 일컬으면서 사욕을 제멋대로 하여 거리낌이 없었으며, 인륜을 문란시킴이 이보다 심한 것이 없으니 마땅히 비상한 형벌에 처하여 뒷사람에게 경계해야 할 것입니다."

다른 이는 이렇게도 말했다.

"형률에 의거하여 죄를 논단하고 형률 외에 변방 먼 곳의 관비로 영속시켜 종신토록 해야 할 것입니다."

이런 논란 끝에 유감동의 형벌이 확정되었다. 유감동을 관비로 삼고 지방에 내쫓기로 한 것이다. 참형에 처해야 한다는 주장도 많았으나 그녀의 출신이 사족인 까닭에 형률대로 시행했다. 하지만 세종은 이듬해 유감동을 관비에서 풀어주고 다만 지방에 유배 조치했다.

이렇듯 유감동에게 다소 가벼운 처벌이 내려진 것은 그녀와 관계한 자들의 처벌 문제 때문이었다. 유감동과 관계한 31인의 간부 중 상당수가 사대부였고, 심지어 재상급이나 공신의 자제까지 포함되어 있었기 때문에 강하게 처벌할 수 없었던 것이다. 사헌부와 조정에서는 더욱 중한 형벌을 요구했으나 세종은 대부분 장형으로 끝내게 했고, 그중 공신이나 그 자제, 또는 사대부에 대해서는 감형을 해주었다.

사실 유감동이 사헌부의 심문을 받는 동안 벌벌 떨고 있는 사람들이 더 있었다. 그녀의 입에서 이름이 거론되기만 하면 간통죄로 끌려갈 수밖에 없었기 때문이다. 그래서 대부분의 관리는 한시라도 빨리 심문이 끝나기를 바랐다. 물론 세종도 마찬가지였다. 특히 세종은 양녕대군의 이름이 언급될까 봐 노심초사였다. 양녕은 천하가 다 아는 파락호에다 전국 각지를 떠돌며 간통을 일삼았기 때문에 그가 유감동과 연결되지 말라도 법도 없었다. 그래서 세종은 가급적 빨리 사건을 매듭짓고 그녀를 서둘러 지방으로 쫓아버렸던 것이다.

　도대체 유감동이 무슨 마음으로 그런 간통 행각을 일삼았는지 알 수 없는 노릇이다. 남편이 지방관에 올랐으니 앞날이 어두운 것도 아니었고 가세가 기운 것도 아니었다. 그렇다고 남편에게 소박을 당했거나 집안에서 내쳐진 것도 아니었다. 그런데 왜 그녀는 스스로 창기라고 거짓말까지 하며 수많은 남성들과 몸을 섞었을까? 참으로 알다가도 모를 일이다.

　어쨌든 이후로 유감동 사건은 음행을 일삼는 부인을 처벌하는 기준이 되었고 유감동은 색녀, 즉 음란한 여자의 대명사가 되었다.


## 자유연애를 꿈꾼
## 어을우동
—

### 바람에는 바람으로

유감동과 함께 조선 색녀의 대명사로 불린 여인이 한 명 더 있었으니, 바로 박어을우동이다. 그녀는 한양의 명문가에서 태어났으며, 아버지는 외교문서를 담당하는 승문원 지사 박윤창이었다. 왕족인 태강수 이동과 혼인했다.

　어을우동이 뭇 남성과 바람을 피우기 시작한 것은 남편인 태강수 이동과의 관계가 악화되면서부터였다. 이동은 그녀와 결혼한 뒤에도 기생에게 마음을 빼앗겨 아내를 등한시했는데, 이 때문에 어을우동도 맞바람을 피웠던 것이다. 성종 7년(1476년) 9월 5일 자 기사에 따르면 이와 관련해 종친들의 규율을 담당하던 종부시가 이런 요청을 했다.

"태강수 이동이 기생 연경비를 매우 사랑하여 그 아내 박씨를 버렸습니다. 대저 종친이 첩을 사랑하다가 아내의 허물을 들추어 제멋대로 버려서 이별하는데, 한편 그 단서가 열리면 폐단의 근원을 막기 어렵습니다. 청컨대 박씨와 다시 결합하게 하고 이동의 죄는 성상께서 재결하소서."

성종은 종부시의 건의를 받아들여 태강수 이동의 고신告身(품계와 관직을 내리는 임명장)을 거두게 했다. 하지만 성종은 두 달 뒤에 이동의 고신을 돌려주며 품계와 관직을 회복시켰다. 그러나 이동은 여전히 어을우동과 재결합하지 않았다. 오히려 어을우동의 행실을 비난했다. 이때 어을우동 역시 맞바람을 피우고 있었던 것이다.

어을우동의 상대는 놀랍게도 왕족의 일원인 수산수 이기와 방산수 이난이었다. 이들은 모두 태강수의 친족들이었다. 즉, 왕실의 종친들과 간통하고 있었던 것이다. 어을우동이 그들과 간통 행각을 벌인 것은 태강수에게 버림받기 이전부터였다. 태강수가 기생 연경비에게 빠져 지내자 이에 대한 대응으로 바람을 피웠던 셈이다.

어을우동의 간통 행각은 그 이후로 수년간 지속되었고 간통 상대는 점점 늘어났다. 그 바람에 그녀의 간통 행각에 대한 소문이 장안에 퍼지기 시작했고 급기야 조정에도 알려졌다. 그러자 어을우동은 일단 몸을 숨겼다.

어을우동의 간통 행각에 대해 처음으로 문제를 제기한 인물은 좌승지 김계창이었다. 성종은 그의 말을 듣고 이렇게 말했다.

"들으니 태강수의 버려진 아내 박씨가 죄가 중한 것을 스스로 알고 도망하였다고 하니, 끝까지 추포하라."

성종의 그 말에 김계창이 이런 말을 보탰다.

"박씨가 처음에 은장이와 간통하여 남편에게 버림을 받았고, 또 방산수와 간통하여 추한 소문이 일국에 들리었으며, 또 그 어미는 노복과 간통하여 남편에게 버림을 받았었습니다. 한 집안의 음풍淫風이 이와 같으니, 마땅히 끝까지 추포하여 법에 처치하여야 합니다."

김계창의 말에 따르면 어을우동이 먼저 은 도금 장인과 간통했기 때문에 태강수가 그녀를 버렸다고 하는데, 이는 아마도 태강수의 말만 들은 것으로 보인다. 하지만 어을우동의 어머니가 집안의 종과 간통하여 내쫓겼다는 것은 사실이었다. 그래서 어을우동에 대한 체포령이 떨어졌을 때 의금부 관원들은 그녀의 아버지 박윤창을 찾아간 일을 이렇게 보고했다.

"어을우동의 어미도 추행이 있어서 그 아비 박윤창이 어을우동에게 '내 딸이 아니다'라고 하였다고 하니, 그 음행은 어미로부터 물려받은 것입니다."

어을우동의 아버지 박윤창은 쫓겨난 자신의 아내 정씨가 바람을 피워서 잉태한 아이가 어을우동이라고 말한 것이다. 이것이 사실이든 아니든 어을우동은 어린 시절부터 아버지 박윤창에게 제대로 딸로 취급받지 못하고 자랐음을 알 수 있다.

어을우동의 간통사건은 조정의 큰 논란거리가 되었다. 왕실의 며느리가 종친들과 바람을 피웠으니 그 파장이 얼마나 컸을지는 짐작하고 남을 일이다. 성종은 대로하여 우선 어을우동과 간통한 사실이 알려진 방산수 이난을 잡아들여 문초하라고 지시했다.

### 사건을 덮으려는 성종

의금부에 끌려간 이난은 어을우동과 간통한 사실을 인정하며, 자기 외에도 그녀와 간통한 간부들이 수두룩하다며 이름을 나열했다. 첫 번째 인물은 같은 종친인 수산수 이기였고 이어서 어유소, 노공필, 김세적 등 관료들의 이름을 언급했다. 어유소는 장수 출신으로 의정부 우찬성을 지낸 재상 중의 한 사람이었고, 노공필은 승정원의 승지를 지내고 병조 참의 벼슬에 있었으며, 김세적은 무장 출신으로 선전관을 지낸 후 절충장군에 올라 있었다. 그들과 함께 김칭, 김휘, 정숙지 등이 지목되었는데 이들 모두 이름 있는 가문 출신이었다.

이러한 사실이 밝혀지자 조정에는 난리가 났다. 모두 성종이 총애하는 무관에다 장래가 촉망되는 젊은 문관까지 포함되어 있었기 때문이다. 성종은 방산수 이난이 자신의 죄를 가볍게 하기 위해 그들을 끌어들인 것으로 판단하고 어유소와 노공필, 김세적에게는 죄를 묻지 않으려고 했다. 성종은 이난이 일종의 물타기를 하고 있다고 본 것이다. 하지만 조정 언관들은 이를 그냥 지나치지 않았다. 언관들은 세 사람을 신문하여 사실 관계를 확인해야 한다고 주장했다.

이런 상황에서 방산수 이난의 입에서 몇 사람의 이름이 더 튀어나왔다. 내금위 관원 구전, 학유 홍찬, 생원 이승언 등의 양반과 서리 오종련과 감의형, 의학 생도 박강창 같은 중인, 거기다 평민 이근지와 사노 지거비 등이었다. 어을우동이 왕족과 고관대작, 양반과 중인, 평민과 천인을 가리지 않고 간통했다는 뜻이었다.

이쯤 되자 성종은 이 사건을 가급적 가볍게 처리하고 마무리하려고 했다. 왕족은 물론이고 중신들까지 관련된 데다 앞으로 또 어떤 이름이 거론될지 알 수 없었기 때문이다. 그래서 되도록 적당히 넘어가려고 했는데 사헌부에서 강력하게 반발했다. 대사헌 정괄이 직접 나서서 말했다.

"신 등은 생각건대, 어을우동이 사족의 부녀로서 귀천을 분별하지 않고 친소親疏를 따지지 않으며 음란함을 자행하였으니, 명예와 가르침을 훼손하고 더럽힌 것이 막심합니다. 마땅히 사통한 자를 끝까지 추문하여 엄하게 다스려야 합니다. 의금부에서 방산수 이난을 문초한 공초문에 의거하여 어유소, 노공필, 김세적, 김칭, 김휘, 정숙지를 국문하도록 청하였는데, 어유소, 노공필, 김세적은 완전히 석방하여 신문하지 않으시고, 김칭, 김휘, 정숙지 등은 한 차례 형신한 후 석방하였으니, 김칭 등이 스스로 죄가 중한 것을 아는데 어찌 한 차례 형신하여 갑자기 그 실정을 말하겠습니까?

신 등이 의심하는 것은 한 가지가 아닙니다. 이난이 조정에 가득한 대소 조관 중에 반드시 이 여섯 사람을 말한 것이 첫 번째 의심스럽고, 어유소, 김휘 등의 통간한 상황을 매우 분명하게 말하니 두 번째 의심스럽고, 난이 이 두 사람에게 본래 혐의가 없고 또 교분도 없는데 반드시 지적하여 말하니 세 번째 의심스럽고, 김칭, 김휘, 정숙지 등은 본래 음란하다는 이름이 있다는 것이 네 번째 의심스럽습니다. 지금 만일 그들을 가볍게 용서하면 추후 죄 있는 자를 어떻게 징계하겠습니까? 청컨대 끝까지 추문하여 그 죄를 바르게 하소서.”

사헌부에 이어 사간원도 어유소와 노공필, 김세적의 죄를 신문해야 한다고 했으나 성종은 거부했다. 종친인 방산수와 수산수에 대해서는 태장을 벌금으로 대신하고 유배 조치하는 것으로 종결하려고 했다. 사실 이 사건을 오래 끌면 끌수록 성종의 입장이 곤란해지는 상황이었다. 왕실의 종친과 종친에 시집온 며느리가 연관된 일이었기 때문이다.

유감동, 어을우동 사건에 연루된 남성들은
대부분 죄를 면하거나 감형을 받았다.
이는 조선시대 특유의 신분 구조와
여성에 대한 차별 정책에서 기인한다.

형정도. 줄지어 잡혀가는 죄인의 모습을 그렸다. | 국립민속박물관

## 교수형에 처해지다

그렇듯 조정이 시끄러울 때 달아났던 어을우동이 체포되어 의금부에 하옥되었다. 그러자 어을우동에 대한 처벌을 놓고 조정 신료들 사이에 한바탕 논쟁이 벌어졌다. 쟁점은 법대로 할 것이냐 아니면 특별히 강력하게 처벌할 것이냐 하는 것이었다. 이에 대해 성종이 우선 법의 규정을 묻자 의금부에서 이렇게 답했다.

"율에 따르면 장 1백 대, 유 2천 리에 해당합니다."

태장 1백 대를 맞고, 2천 리 밖으로 유배된다는 것이었다. 이 말을 듣고 정창손이 먼저 말했다.

"어을우동은 종친의 처이며 사족의 딸로서 음욕을 자행한 것이 창기와 같으니 마땅히 극형에 처해야 합니다. 그러나 태종과 세종 때에 사족의 부녀로서 음행이 매우 심한 자는 간혹 극형에 처했다고 하더라도 그 뒤에는 모두 율에 의하여 단죄하였으니, 지금 어을우동 또한 율에 의하여 단죄하소서."

정창손은 형률을 그대로 적용해야 한다고 말했다. 하지만 심회는 의견이 달랐다.

"어을우동의 죄는 율을 상고하면 사형에는 이르지 않으나 사족의 부녀로서 음행이 이와 같은 것은 강상에 관계되니, 청컨대 극형에 처하여 뒷사람의 본이 되게 하소서."

이처럼 의견은 둘로 팽팽하게 갈라졌다. 김국광과 강희맹, 홍응, 한계희, 이극배 등은 정창손의 주장에 따라 형률대로 처벌할 것을 주장했고, 윤필상과 현석규는 심회의 주장대로 극형에 처해야 한다고 했다. 이렇게 되자 성종은 승지들의 의견을 물었다. 이에 도승지 김계창이 대답했다.

"어을우동은 귀천과 친척을 가리지 않고 모두 간통을 하였으니 마땅히 극형에 처하여 나머지 사람을 경계해야 합니다."

그러나 좌승지 채수와 좌부승지 성현은 그에 반대했다.

"어을우동의 죄는 비록 중하지만 율을 헤아려보면 사형에는 이르지 않습니다. 옛사람들이 이르기를 '법을 지키기를 금석과 같이 굳게 하고 사시四時와 같이 믿음이 있게 하라'고 하였으니, 지금 만약 극형에 처한다면 법이 무너질까 두렵습니다."

그러자 결국 성종이 결론을 내렸다.

"어을우동은 음탕하게 방종하기를 꺼림이 없게 하였는데 이런데도 죽이지 않는다면 뒷사람이 어떻게 징계되겠느냐? 의금부에 명하여 사형의 형률을 적용하여 아뢰게 하라."

세 번에 걸쳐 재판을 진행한 끝에 어을우동은 결국 교수형을 당하고 말았다.

### 어을우동 간통사건의 전말

어을우동 사건과 관련하여 실록은 그 전말을 다음과 같이 기록한다.

어을우동을 교형에 처하였다. 어을우동은 바로 승문원 지사 박윤
창의 딸인데, 처음에 태강수 동에게 시집가서 행실을 자못 삼가지 못
하였다. 태강수 동이 일찍이 은장이를 집에다 맞이하여 은기를 만들
었는데, 어을우동이 은장이를 보고 좋아하여 거짓으로 계집종처럼
하고 나가서 서로 이야기하며 마음속으로 가까이 하려고 하였다. 태
강수 동이 그것을 알고 곧 쫓아내어, 어을우동은 어미의 집으로 돌아
가서 홀로 앉아 슬퍼하며 탄식하였는데 한 계집종이 위로하며 이런
말을 하였다.

"사람이 얼마나 살기에 상심하고 탄식하기를 그처럼 하십니까? 오
종년이란 사람은 일찍이 사헌부의 도리都吏(우두머리 아전)가 되었고
용모도 아름답기가 태강수보다 월등히 나으며 혈통도 천하지 않으니
배필을 삼을 만합니다. 주인께서 만약 생각이 있으시면 제가 마땅히
주인을 위해서 불러오겠습니다."

그 말에 어을우동이 고개를 끄덕였다.

계집종이 오종년을 맞이하여 오니, 어을우동이 오종년을 맞아들여
간통을 하였다. 또 일찍이 변장을 하고 방산수 난의 집 앞을 지나다가
난이 맞아들여 간통을 하였는데, 애정이 매우 두터워서 난이 자기의
팔뚝에 이름을 새기기를 청하여 먹물로 이름을 새기었다. 또 그녀가
단옷날에 화장을 하고 나가 놀다가 도성 서쪽에서 그네 뛰는 놀이를
구경하는데 수산수 기가 보고 좋아하여 그 계집종에게 물었다.

"뉘 집의 여자냐?"

계집종이 거짓으로 대답했다.

"내금위의 첩입니다."

이후 수산수 기가 어을우동을 남양 경저京邸(한양 아전의 사무실)로 맞아들여 정을 통했다. 전의감 생도 박강창이 종奴을 파는 일로 인해 어을우동의 집에서 직접 값을 의논하기를 청하니 어을우동이 박강창을 나와서 보고 꼬리를 쳐서 맞아들여 간통을 하였는데, 어을우동이 가장 사랑하여 또 팔뚝에다 이름을 새기었다.

또 이근지란 자가 있었는데 어을우동이 음행을 좋아한다는 소문을 듣고 간통하려고 하여 직접 그 집의 문에 가서 거짓으로 방산수의 심부름 온 사람이라고 칭하니, 어을우동이 나와서 이근지를 보고 문득 붙잡고서 간통을 하였다.

내금위 구전이 어을우동과 담장을 사이에 두고 살았는데, 하루는 어을우동이 그의 집 정원에 있는 것을 보고 담을 뛰어넘어 서로 붙들고 방으로 들어가서 간통을 하였다.

생원 이승언이 일찍이 집 앞에 서 있다가 어을우동이 걸어서 지나가는 것을 보고 그 계집종에게 물었다.

"지방에서 뽑아 올린 새 기생이 아니냐?"

계집종이 거짓으로 대답했다.

"그렇습니다."

그러자 이승언이 뒤를 따라가며 희롱도 하고 말도 붙이며 그 집에 이르러서, 침방에 들어가 비파를 보고 가져다가 탔다. 어을우동이 이름을 묻자 이승언이 대답했다.

"이 생원이다."

어을우동이 말했다.

"장안에 이 생원이 얼마나 많은데, 어떻게 성명을 알겠는가?"

그때서야 이승언이 대답했다.

"춘양군의 사위 이 생원을 누가 모르는가?"

그리고 마침내 함께 동숙하였다.

학록 홍찬이 처음 과거에 올라 유가遊街(과거 급제자가 광대를 앞세우고 풍악을 울리면서 거리를 돌며 지인들을 찾아보는 일)를 하다가 방산수의 집을 지날 적에 어을우동이 그를 살펴시 엿보아 간통하고 싶은 마음이 있었는데, 그 뒤에 길에서 만나자 소매로 그의 얼굴을 슬쩍 건드리어 홍찬이 마침내 그의 집에 이르러서 간통하였다.

서리 감의향이 길에서 어을우동을 만나자 희롱하며 따라가서 그의 집에 이르러 간통하였는데, 어을우동이 사랑하여 또 등에다 이름을 새기었다.

밀성군의 종 지거비가 이웃에서 살았는데 틈을 타서 간통하려고 하여, 어느 날 새벽에 어을우동이 일찌감치 나가는 것을 보고 위협하여 말했다.

"부인께선 어찌하여 밤을 틈타 나가시오? 내가 장차 크게 떠들어서 이웃 마을에 모두 알게 하면 큰 옥사가 일어날 것이오."

어을우동이 두려워서 마침내 안으로 불러들여 간통을 하였다. 이

때 방산수 난이 옥중에 있었는데 어을우동에게 말했다.

"예전에 유감동이 많은 간부로 인하여 중죄를 받지 아니하였으니, 너도 사통한 바를 숨김없이 많이 끌어대면 중죄를 면할 수 있을 것이다."

이 말에 어을우동이 간부를 많이 열거하고, 방산수 난과 더불어 어유소, 노공필, 김세적, 김칭, 김휘, 정숙지 등을 끌어대었으나 모두 증거가 없어 죄를 면하게 되었다. 이와 관련하여 방산수 난이 공술하여 말했다.

"어유소는 일찍이 어을우동의 이웃집에 접하여 살았는데, 은밀히 사람을 보내어 그 집에 맞아들여 사당에서 간통하고, 뒤에 만날 것을 기약하여 옥가락지를 주어 신표로 삼았습니다. 김휘는 어을우동을 사직동에서 만나 길가의 인가를 빌려서 정을 통하였습니다."

사람들이 자못 어을우동의 어미 정씨도 음행이 있을 것으로 의심하였는데 그 어미가 일찍이 이런 말을 하였다.

"사람이 누군들 정욕이 없겠는가? 내 딸이 남자에 혹하는 것이 다만 너무 심할 뿐이다."


이 기록에서 알 수 있듯이 어유소, 노공필, 김세적, 김칭, 김휘, 정숙지 등 힘 있는 양반들은 대부분은 죄를 면했다. 모두 증거가 없었다는 것인데 이는 핑계에 불과할 것이다. 또 어을우동 사건으로 유배되거나 갇혔던 자들은 얼마 지나지 않아 모두 풀려났다.

하지만 어을우동은 이 간통사건으로 억울하게 교수형을 당했다. 이는 형률에 비춰 과중한 선고였다. 아마도 그의 입에서 더 많은 이름이 거론될 것을 염려하여 입을 막기 위한 의도였을 것이다. 간부의 수로 보자면 세종 대의 유감동이 훨씬 많은데도 유배형에 그쳤음을 감안할 때 이런 추론이 가능하다.

사실 어을우동이 간통을 한 것은 대부분 태강수와 헤어진 이후였다. 그럼에도 한때 종실의 며느리였다는 이유만으로 그녀를 죄인 취급한 것은 조선시대 특유의 신분 구조와 여성에 대한 차별 정책 때문이었다. 그런 점에서 본다면 어을우동은 시대의 희생자라고 할 수 있을 것이다.


## 아동을 향한 잘못된 욕망

—

동서양을 막론하고 아동 성범죄의 역사는 매우 오래되었다. 하지만 아동 성범죄를 사회적으로 올바르게 인식하기 시작한 것은 20세기 이후다.

아동 성범죄자의 상당수는 성도착증 환자라는 분석이 있다. 이러한 성도착증의 의학적인 진단명 중에 페도필리아pedophilia라는 것이 있다. 페도필리아에서 페도pedo는 '아이'라는 뜻이고 필리아philia는 '갈망하다'라는 뜻이다. 합쳐서 '어린아이를 갈망하다'라는 의미가 되는데, 이를 우리말로 번역하면 '소아성애증'이다.

페도필리아는 만 16세 이상의 사람이 사춘기 이전의 아이들에게 성적 관심을 나타내는 것을 지칭한다. 심리학에서는 아동기호증 또는 소아기호증이라고 번역한다. 이런 증세를 가진 사람이 아동을 대상으로 성욕을 드러내면 곧장 범죄로 이어진다.

물론 아동을 대상으로 성범죄를 저질렀다고 해서 페도필리아에 의한 것이라고 볼 수는 없다. 또한 모든 소아성애자가 아동을 대상으로 범죄를 저지르는 것도 아니다. 따라서 아동 성범죄자의 처벌에서 페도필리아 진단 유무는 처벌 수위를 결정하는 데 아무런 영향을 끼치지 않는다.

비록 몇 건 되지 않지만 조선시대에도 아동 성범죄에 대한 기록은 있다. 하지만 범죄자들에게 페도필리아 증세가 있었는지는 확언할 수 없다.

실록에 기록된 아동 성범죄사건은 모두 7건으로 다음과 같다.

- 태조 7년(1398년) 윤5월 16일, 개인 노비인 잉읍금을 11세 여아를 강간한 죄로 교수형에 처했다.
- 세종 8년(1426년) 11월 17일, 여아를 강간한 평해의 죄수 김잉읍화를 교수형에 처했다.
- 세종 9년(1427년) 12월 24일, 사노 김봉을 11세 소녀를 강간한

죄로 교수형에 처했다.

- 세종 17년(1435년) 12월 22일, 강원도 철원에 거주하는 사노 문수생을 11세 여아를 강간한 죄로 교수형에 처했다.
- 세종 25년(1443년) 8월 29일, 전옥서의 죄수 불정을 11세 여아를 강간한 죄로 교수형에 처했다.
- 연산 7년(1501년) 11월 12일, 정주의 죄수인 사노 손명호를 10세 된 양가의 딸 내은이를 강간한 죄로 참대시(참형)에 처했다.
- 중종 18년(1523년) 윤4월 9일, 해주의 죄수 이천산이 9세 여아 검주리를 강간한 사건을 율대로 처리했다.


아동 성폭행사건의 범인들이 하나같이 사노거나 죄수라는 사실은 다소 의외다. 사노나 죄수는 당시 사회에서 가장 천대받는 하층민이었다. 그런데 힘없는 하층민만 아동 성범죄를 저질렀다는 것은 납득하기 힘들다.

사실 조선시대의 성범죄사건을 조사해보면 그 범인이 양반이나 중인, 즉 힘을 가진 자인 경우가 훨씬 많다. 게다가 소아성애자가 되는 데 신분을 가릴 리는 없으니 아동 성범죄자도 계층을 불문하고 고루 분포했을 것이다. 따라서 아동 성범죄자들이 모두 노비나 죄수 같은 천인인 것은 전혀 현실이 반영되지 않는 결과로서, 성범죄 중 유독 아동 성폭행 범죄자만 천인이라는 것은 어딘가 왜곡된 부분이 있을 것으로 보인다.

위 7건의 사건 중 6건은 천인이 천인 아이를 성폭행한 경우고, 나머지 한 건은 천인이 양인 아이를 성폭행한 경우다. 그래서 6건에 대해서는 교수형에 처하고, 나머지 한 건은 참형에 처한 것이다. 여기서 조선시대의 형률은 범죄자와 피해자의 신분에 따라 처벌 수위가 달랐음을 알 수 있다. 이를 역으로 해석하면 성폭행범의 신분이 높고 피해자의 신분이 낮을 경우 아예 고소나 고발 자체가 성립되지 않았을 가능성을 추론할 수 있다. 더구나 피해자가 천인 신분의 어린아이이고 가해자가 지체 높고 힘 있는 신분의 성인이라면 범죄 사실이 알려질 가능성은 더욱 희박해진다.

조선시대의 법 중에 '존장고발금지법'이라는 것이 있다. 《경국대전》에 명시된 존장고발금지법의 내용은 이렇다.

아들과 손자, 아내와 첩 또는 노비로서 부모나 가장을 고발하는 것은 반역 음모와 역적의 경우를 제외하고는 교형에 처한다.

상전이 자신의 종이나 종의 자녀에게 범법 행위를 하더라도 하인은 고발하지 못하게 되어 있는 것이다. 심지어 고발 그 자체가 죄가 되어 교수형을 당한다. 따라서 설사 상전이 노비의 여아를 성폭행했다손 치더라도 법으로 고발할 수 없도록 금지하고 있었던 셈이다.

실상 조선시대 양반 남성들은 집안의 여종을 겁탈해도 하등의 법적인 문제가 되지 않았다. 그 여종이 비록 어린 소녀더라도 마찬가지였다. 심지어 주인이 노비를 죽여도 법적으로 문제 삼지 않는 경우가 많았다. 그런 까닭에 양반이나 힘 있는 자에 의한 아동 성폭행은 고발 자체가 아예 불가능했다고 보아야 한다.

조선시대 부유층은 아동 성범죄를 아예 드러내놓고 저지르기도 했다. 늙은 남자들은 회춘 방법이라며 어린 여자아이와 함께 생활하며 성애를 즐겼는데, 이런 아이를 이른바 '동녀童女'라고 했다. 그래서 가난한 하층민 중에는 딸을 부잣집에 동녀로 팔아넘기는 경우도 있었다. 또한 늙은 주인이 어린 여종을 동녀로 취하는 일도 많았다. 이런 동녀 문화는 공공연히 이뤄져 마치 풍습의 일환처럼 여겨지기도 했다. 그래서 아들이 늙은 아버지를 위해 동녀를 들이는 것을 효도로 간주하는 사람도 있었다. 그만큼 조선시대엔 부유층에 의한 아동 성폭행이 만연해 있었던 셈이다. 따라서 실록에 기록된 아동 성폭행사건 7건은 힘없고 신분이 낮은 천인 범죄자 몇몇에 관한 기록일 뿐이다.

## 근친상간이라는
## 추문에 휩싸인 가문
—

조선시대에도 근친상간이 종종 일어났는데 세종 18년(1436년)

3월 13일 자 실록에 기록된 다음 사건이 대표적이다.

> 사헌부에서 아뢰었다.
>
> "별시위 이석철의 아내 유씨가 그의 조카인 유중인과 간통하였습니다."
>
> 이에 임금이 의금부에 명하여 이를 추국하게 하니 사람들이 이런 말을 하였다.
>
> "중인이 지난번에 아버지의 기생 첩과 간통하였는데, 지금 또 이와 같으니 풍속을 손상함이 심한 편이다. 죽여도 남은 죄가 있을 것이다."
>
> 유씨는 지중추원사 유은지의 딸이요, 중인은 유은지의 손자였다.

중추원 지사라는 고위층 집안에서 고모와 조카가 간통을 했다는 내용이다. 이 때문에 의금부에서는 간부로 지목된 유중인을 잡아들여야 한다고 주장했다.

"유중인이 고모 소앙과 간통한 것은 강상에 관계되는 바가 가볍지 않으니, 마땅히 대간과 형조로 하여금 심문하게 하소서."

이렇게 해서 유중인을 체포하여 조사했는데 그 결과는 사뭇 놀라웠다. 단순히 유중인과 그의 고모 유소앙의 간통만 있었던 것이 아니었다. 그 내용을 사헌부는 이렇게 보고한다.

"신하로서 기망하면 신하 노릇을 잘못한 죄로 다스리고, 사람으로서 추행을 하면 몸이 조정에 용납할 수 없습니다. 지금 유은지의 딸이 손자와 서로 간통한 사건을 의금부에 내려 추문할 때에 제각기 거짓 증거를 대어 천총(정3품 당상관 벼슬의 무관)을 속이고, 또 여종 연가이는 농장에 숨겨놓고 감히 도망하여 숨었다고 성상께 주달하오니, 하늘을 속이고 임금을 속이는 죄는 이보다 심할 수 없고, 법으로도 용서할 수 없습니다. 유은지는 언제나 음탕하고 풍류를 좋아해서 날마다 제 욕심을 마음껏 채웠고, 또 그 누이가 지난 무인년에 음탕한 것을 마음대로 하다가 참형을 당했으며, 이제 또 소앙과 중인이 서로 간통했고, 차녀인 종비는 형부 이석철과 간통하여 더러운 소문이 일국에 가득 찼으니, 전고에 듣지 못하던 일입니다. 만약에 익히 본 일이 아니면 어찌 이렇게까지 되겠습니까. 이러한 금수와 같은 행동들은 실상 은지가 황음한 데에서 연유한 것이오니, 비옵건대 그 아내와 자손들을 모두 먼 변방으로 축출하여 죽을 때까지 벼슬을 못하게 해서 풍속을 장려하옵시면 심히 다행한 일이옵니다."

사헌부의 보고가 사실이라면 유소앙의 아버지이자 유중인의 할아버지 유은지의 집안은 근친상간의 전통을 가진 콩가루 가문이었던 셈이다. 유은지는 음탕하여 집에서 정사를 즐겼는데, 그 전통을 이어 아들은 집안에 기생을 들여 첩으로 삼았고, 그 첩을 손자 유중인이 덮쳐 간통했으니, 유중인과 그 아비는 속되게 말해 '구멍동서'가 아니겠는가? 거기다 이 유중인이라는 인물은 고모와도 간통을 했으니, 근친상간의 역사를 새로 쓰는 지경에 이르렀

194

다. 그런데 이 집안의 역사는 이것으로 끝이 아니었다. 유은지의 여동생은 간통을 즐기다가 발각되어 참형을 당했고, 유은지의 둘째 딸, 즉 유소앙의 여동생 유종비는 언니의 남편인 이석철과 간통했으니, 이석철 또한 아내 유소앙을 탓할 것도 없었던 것이다.

이처럼 놀라운 패륜의 근친상간 사건은 전부 사실이었을까? 그에 대한 내용이 그해 5월 11일 자 기사에 실려 있다.

유중인과 소앙의 옥사가 이루어져 참형을 당하게 되었다. 중인이 옥중에서 쪽지를 써서 종에게 보내 말했다.

"네 차례나 형벌로 문초하고 세 차례나 압슬壓膝을 가하므로, 그 고통을 참지 못하여 거짓 자복하여 죽기에 이른 것이니, 이 뜻을 북을 쳐서 호소하라."

그러자 그 종이 쪽지를 가지고 북을 쳤으므로 임금이 정부로 하여금 다시 추문할 것인지의 여부를 의논하게 했다. 황희 등이 아뢰었다.

"다시 추문하는 것이 의당하겠습니다."

이에 즉시 부관과 위관을 바꾸고, 우의정 노한과 형조 판서 하연, 동지중추원사 정연, 이조 참판 봉여, 병조 판서 최사강, 예조 판서 허성, 우부승지 김돈을 명하여 의금부에 가서 다시 추문하게 했다. 그리고 임금이 김돈에게 이런 명을 내렸다.

"중인과 소앙의 일은 내가 처음 듣고 자못 믿지 않았더니, 유은지가 옥사에 관계되는 여종을 숨겨서 나를 속였고, 또 딸자식이 손자와 서로 간통했다는 것은 인정人情으로서 놀라운 일이며, 은지가 친히 이석철이 소앙과 중인을 결박하는 것을 보고도 일찍이 한마디 말로써 슬퍼하는 정이 없었으며, 석철의 아내를 버리는 글월 속에 아내의 음행이 빠짐없이 실려 있었으나 은지가 이를 보고도 가만히 있으면서 변명을 하지 않으니, 이 세 가지로 말하면 의심할 만한 것이 많이 있다. 이제 다시 물어서 실정을 아는 것이 옳으니 의금부 제조에게 이 뜻을 알리라."

세종은 이 사건에 미심쩍은 부분이 많다고 보고 다시 조사하게 했던 것이다. 그러면서 그들을 심문할 추관들을 모두 교체했다. 그러자 새로운 사실이 드러났다. 그 내용을 듣고 세종은 영의정 황희와 좌의정 최윤덕, 우의정 노한 등 삼정승을 불러 이렇게 말했다.

"유중인이 소앙과 서로 간통한 일을 이제 다시 추문하게 하였더니, 바로 이석철이 여종 쌀이의 말을 듣고 무고한 것이었다. 전일에 의금부에서 결정지은 옥사를 정부에 보고하매 경 등은 모두 그 문안을 보고 조금도 허망하다고 의심하지 않고 모두 '법대로 처치함이 옳다'고 하였다. 하지만 두 번째 공초를 하면서 다행히 중인이 옥중에서 보낸 쪽지에 의하여 다시 추문하자 비로소 이석철의 무고임을 알았다."

그런데 비록 유중인이 고모 유소앙과 간음한 것은 이석철의 무

고라고 하더라도 유씨 가문에 관련된 추잡한 소문은 모두 사실에
가까웠다. 그래서 결국 첫 선고대로 유은지 집안을 외방으로 내쫓
았다. 하지만 유중인과 유소앙은 참형을 면하고 아버지 유은지와
함께 머무를 수 있도록 했다. 또한 유중인과 유소앙을 무고한 이
석철은 3천 리 밖에서 3년 동안 노역을 하게 했고, 유중인과 유소
앙이 간음했다고 거짓을 고한 여종 쌀이는 참형에 처했다. 이로써
음탕하게 놀던 유은지 집안은 풍비박산이 난 셈이다. 콩가루 집안
의 비참한 말로가 아닐까 싶다.

## 특이한 간음사건

### 삼각관계에 놓인 아버지와 아들

선조 6년(1573년) 9월 16일, 사헌부에서 왕에게 이런 보고를 했다.
 "해남에 살던 고故 군수 윤홍중의 아들이 아비의 첩을 간음하
고 칼을 뽑아 아비를 쫓아냈습니다. 그 죄악은 하루도 천지 사이
에 살려둘 수 없는 것이니 잡아 와서 추국하소서."
 실록은 이 사실에 대해 설명을 덧붙였다.

 윤홍중의 아들이 아비의 첩을 간음하였다는 것은 이러하다. 윤홍
 중의 집에 윤홍중과 간통한 계집종이 있었는데 그 아들이 간음하였

으나 윤홍중은 알지 못하였다. 윤홍중이 해남의 살던 곳에서 영광으로 옮겨갈 때에 처자도 따라갔는데, 나주에 이르러 그 아들이 계집종을 데리고 달아났으므로 윤홍중이 비로소 제 아들이 짐승 같은 짓을 한 것을 알았다. 이때부터 아비와 아들이 서로 의절하였고, 윤홍중은 늘 남에게 '내가 이미 아들과 의절하였으니 우리 부모의 사당을 섬기는 일은 아우의 아들에게 맡기겠다'고 하였다. 그 아들이 칼을 갈면서 공공연히 '적사嫡嗣를 빼앗아 남에게 준 자와 남의 종사를 받은 자는 다 이 칼로 보복하겠다'고 하였으므로, 윤홍중이 두려워서 10년 동안 피하고 서로 만나지 않았다. 그 뒤 기사년에 윤홍중이 사람을 죽였기 때문에 의금부에 갇혀 거의 대벽大辟(사형)을 당할 상황에 처했어도 그 아들이 끝내 보러 오지 않았으니, 대륜의 변이 고금에 이보다 큰 것이 없다. 그래서 추국할 즈음에 이런 사연을 철저히 추문하여 사건의 전말과 증험을 갖추고 찾아 잡아서 다시 추핵하기를 기다릴 것을 청하였다.

자식이 아비가 취한 여종을 데리고 도망을 갔고, 이후로 아비와 자식은 의절하여 보지 않았으며, 심지어 아비가 사형을 당하게 되었는데도 자식이 아비를 찾지 않았다는 것이다. 그런데 사건을 다시 생각해보면 여종과 먼저 정분을 쌓은 쪽은 아비가 아니라 아들이 아닐까 하는 생각이 든다. 그렇지 않다면 군이 아비가 취한 여종을 데리고 도주까지 할 까닭이 없는 것이다.

실상을 들여다보면 아비인 윤홍중은 결코 좋은 인간은 아니었다. 명종 17년(1562년) 4월 12일 자 실록에 윤홍중을 강진에 유배한 내용이 있는데, 사관은 이 일에 대한 자초지종을 다음과 같이 달았다.

> 윤홍중이 숙의 신씨 본가 옆에 있는 집을 샀다가 담장 문제로 싸움이 벌어져 숙의의 집 여종을 붙잡아다 매질을 하였다. 숙의의 집에서 숙의에게 호소를 함에 상이 가만히 숙의의 집으로 하여금 형조에 고소를 하게 했다. 이렇게 해서 사헌부가 윤홍중을 논박하여 금부에 가두었고 마침내는 유배를 보내고 만 것이다. 윤홍중은 원래 광망하고 술을 많이 마시는 인간이니 애석할 것이 없다. 그러나 숙의의 집의 사사로운 혐의 때문에 조정의 선비를 유배 보내었으니, 이는 여알女謁(여자가 대궐 안에서 정사를 어지럽게 하는 것)의 성행을 돕는 것이다.

이 기사는 윤홍중을 유배 보낸 것의 문제점을 지적하는 것이지만, 그 내용 중에 윤홍중이 '광망하고 술을 많이 마시는 인간'이라는 평가가 나온다. 말하자면 윤홍중의 됨됨이가 썩 좋지 못하다는 뜻이다. 그런 까닭에 윤홍중이 아들이 눈독을 들이고 있던 여종을 취했을 가능성이 있다는 것이다. 그 여종 또한 아들과 함께 달아난 것을 봐도 여종이 마음이 두고 있었던 사람은 아비가 아니라 아들이었음을 알 수 있다. 어쨌든 이 사건은 한 여자를 두고 아비

와 아들이 삼각관계를 형성하고 그 둘이 한 여자를 취한 경우인
셈이다.

## 같은 여인을 취한 장인과 사위

앞의 사건이 아비와 아들이 한 여자를 두고 싸운 경우라면 이 사
건은 장인과 사위가 한 여자를 취한 사건이다. 《광해군일기》 광해
5년(1613년) 1월 7일 자 기사에 이런 내용이 있다.

> 사헌부가 아뢰었다.
> "연릉 부원군 이호민의 비첩 인옥이 호민의 사위 송민고와 몰래 간
> 통하여 소문이 들끓듯이 퍼졌습니다. 인옥을 잡아다 추문을 하니 몰
> 래 간통한 정상을 사실대로 자백하였습니다. 민고를 잡아다 국문하
> 시고 정죄하소서."

이는 강상죄에 해당하니 송민고와 인옥은 죽음을 면하기 어려
웠을 것이다. 그런데 어찌 된 일인지 이 사건의 결과에 대해서는
더 이상 기록이 없다. 아마도 이호민의 체면 때문에 사건을 파고
들지 않은 듯하다. 이호민은 동인 출신으로 서애 유성룡과 인척지
간이었으며 의금부 판사를 지낸 거물급 인사였다. 그 때문에 사건
을 덮어버린 것이 아닌가 한다.

## 장모와 사위의 섹스 스캔들

선조 6년(1573년)에 있었던 일이다.

> 윤경응이 처모와 간통한 일 때문에 삼성교좌三省交坐하였다.

처모란 처의 어머니, 곧 장모를 의미한다. 또 삼성교좌는 의정부, 의금부, 사헌부 등의 세 기관이 합좌하여 옥사를 다스리는 일을 뜻한다. 그만큼 중대한 사건이었다는 의미다. 이 사건과 관련하여 그해 8월 24일 지평 박숭원은 선조에게 이런 요구를 했다.

"윤경응은 금부에 옮겨 끝까지 추국하도록 아뢰어야 할 것인데, 다만 풍문에 따라 정범을 곧바로 추국하는 사례를 들어 형신할 것을 주장하여 보고했으므로 제대로 살피지 않은 잘못을 면할 수 없습니다. 대사헌 이하를 모두 갈아 차출하도록 명하소서."

박숭원은 사헌부 정5품 관원이었다. 사헌부 스스로 잘못을 인정하고 사헌부에서 물러나도록 조치해달라고 한 셈이다. 선조는 박숭원의 말을 수용해 사헌부의 관원을 모두 갈아치우고 절차를 갖춰 윤경응 사건을 다시 조사하도록 했다.

이후 한 달여 동안 조사와 추문이 진행됐는데, 그 과정에서 윤경응은 형장을 받다가 의금부 감옥에서 죽고 말았다. 그런데 윤경응과 간통한 장모에 대해서는 일절 언급이 없는 것으로 미루어 이 사건은 화간, 즉 서로 좋아해서 벌인 일은 아닌 듯하다. 윤경응이 장모를 강간했을 것으로 추정할 수 있다. 윤경응의 장모로서는 윤경응이 형장을 받다가 죽은 덕에 죽음을 모면한 셈이다.

그렇다면 윤경응은 왜 형장까지 당한 것일까? 순순히 간통을 인정했으면 형장을 심하게 당하지도 않았을 것이다. 그것은 곧 윤경응이 끝까지 간통을 인정하지 않았다는 방증이기도 하다. 어쩌면 윤경응이 누군가에게 무고를 당해 강간범으로 몰린 것일까? 알 수 없는 일이다.

## 계모와 간통한 승려

성종 1년(1470년) 4월 3일에 의금부에서 아뢰었다.

"중僧 종혜가 계모 미치를 간음하였으니, 그 죄가 율에 따르면 종혜, 미치 모두 시간을 기다리지 않고 참형에 처하는 형벌에 해당합니다."

이에 그대로 따랐다.

세조 13년(1467년)에 수원부에서 발생한 이 사건은 계모와 승려 신분인 의붓아들이 성관계를 하다 들켜서 시작되었다. 사건이 고발된 뒤 종혜와 미치가 옥에 갇혔는데 세 차례 재판을 거쳐 참형을 당했다. 강상의 죄, 즉 삼강오륜을 해친 죄로서 둘 모두 극형을 받은 것이다.

그런데 이들의 관계를 고발한 인물은 누구였을까? 상황으로 미루어 승려가 된 종혜의 아버지는 이미 죽고 없었던 것 같은데, 그렇다면 친인척 중에 누군가가 고발한 것일까? 아니면 집안 내부의 누군가가 한 것일까? 그것은 정확히 알 수 없지만 이들의 은밀한 행각은 만천하에 드러나 죽음에 이르게 되었다. 계모와 의붓아들의 섹스 스캔들은 결코 흔한 일이 아니었다. 조선시대를 통틀어 한 건 일어날까 말까 한 일이다. 거기다 의붓아들의 신분이 승려였으니 더욱 희귀한 사건이었다.

朝鮮
CRIMINAL

5장

무고사건 파일

무고죄와
처벌 수위
——

무고죄란 죄가 없는 사람을 형벌을 받게 할 목적으로 모함하여
고발하는 것을 말한다. 조선은 무고죄에 대해서는 거의 살인죄에
준하는 법률을 적용했다. 그만큼 무고가 끼치는 영향이 지대했기
때문이다. 이와 관련하여 다음 사건을 한번 보자.

> 이중실이 그의 종 송산의 처를 통간했더니 송산이 중실이 역적을
> 도모한다고 무고하였는데, 실상을 조사하고서 송산을 참형하였다.

종이 주인을 역모죄로 고발한 이 사건은 태조 4년(1395년) 10월
25일 자 실록에 등장한다. 이 사건에서 알 수 있듯이 무고죄는 참
형으로 다뤄졌다. 노비가 주인을 역모죄로 무고했기 때문이다. 그
런데 노비 송산은 왜 주인을 간음죄로 고발하지 않고 반역죄로

고발했을까? 이는 존장고발금지법 때문이었다. 존장고발금지법이란 한 가정의 구성원이 집안의 가장을, 마을 주민이 수령을 고발하는 것을 금지하는 법이다. 종이 주인을 고발하는 것 또한 금지된다. 따라서 노비 신분이었던 송산이 자신의 주인을 간음죄로 고발할 경우 존장고발금지법에 의해 오히려 벌을 받게 된다. 간음죄 역시 성립되지 않는다. 그런데 존장고발금지법엔 예외조항이 있었다. 역모죄에는 존장고발금지법이 적용되지 않았던 것이다. 그 때문에 송산은 자신의 주인 이중실을 역모죄로 무고했고, 결국 진실이 밝혀져 본인이 참형을 당했다.

이처럼 무고사건은 역모 관련 고변이 많았다. 다음 사례도 마찬가지다.

> 순군부에서 기생 국화를 한강에 침장沈葬하였다. 처음에 국화가 조준의 첩이 되었었는데 버림을 당하고 원망을 품어 다른 사람에게 이렇게 말했다.
>
> "조준이 반역할 뜻이 있습니다."
>
> 이에 조준이 그녀를 국문하기를 청하니, 명하여 순군부에 국화를 가둬 공초를 받고 마침내 한강에 침장하게 하였다.

사건이 일어난 것은 태조 7년(1398년) 10월이었다. 당시 조선은 이방원이 일으킨 제1차 왕자의 난을 겪은 직후라 반역에 매우 예민하게 반응했다. 왕자의 난이 일어났을 때 조준은 이방원 편에 선 덕에 목숨을 구하고 정승 자리에 앉게 되었는데, 조준의 첩이었던 국화가 버림받은 것에 원한을 품고 민감한 시기를 이용하여 조준을 반역죄로 고발했던 것이다. 하지만 무고임이 밝혀져 국화는 사형을 당하게 되었는데, 사형 방법으로 택한 것이 침장이었다. 침장이란 몸에 돌을 매달아 강에 빠트려 죽이는 것이다. 이는 거열형 못지않은 잔혹한 형벌이었다.

이렇듯 누군가를 무고할 때 역모죄를 고발하는 일이 많았지만, 서로 송사를 벌여 다투다가 무고죄로 처벌되는 경우도 많았다. 태종 2년(1402년) 5월 29일 자 기록인 다음 사건이 그 대표적인 사례다.

대호군 주옥룡의 직첩을 거두고 수군에 붙였다. 처음에 주옥룡이 전 장군 송사민과 더불어 노비를 다투다가 얻지 못하여 사헌부에 호소하였으나 또 이기지 못하매, 신문고를 쳐서 아뢰었으므로 승정원에 내려보내 따지게 하였다. 송사민의 행위가 바르자 사헌부에서 주옥룡의 무고죄를 청하여, 직첩을 거두고 먼 외방으로 귀양 보내도록 명했다.

대사헌 이지 등이 또 청하여 말했다.

"신 등이 그르면 신 등을 죄주시고 신 등이 옳다면 주옥룡에게 죄주십시오."

이에 임금이 말했다.

"주옥룡이 실로 죄가 있으나 일찍이 군공軍功이 있으니, 차마 법대로 다하지 못하겠다."

그러면서 수군水軍에 붙이라고 명하였다.

이 사건은 노비 송사 때문에 싸우다 패한 쪽이 무고죄가 되어 형벌을 당한 경우다. 조선시대엔 노비의 소유권 분쟁으로 송사를 벌이는 경우가 잦았는데, 때로는 송사가 격해져 상대방을 반역죄로 몰다 본인이 무고죄로 참형에 처해지는 일도 있었다. 그만큼 노비 송사는 한 집안의 명운을 걸고 벌이는 싸움이었던 것이다. 그런데 노비 송사에서 패한다고 해서 반드시 무고죄가 성립되는 것은 아니었다. 주옥룡에게 무고죄가 성립된 직접적인 이유는 송사에서 패했기 때문이 아니라 판결에 불복하고 신문고를 쳐서 다시 송사를 벌였기 때문이다. 태종 1년(1401년) 신문고를 설치할 때 재판 과정을 모두 거친 뒤에도 신문고를 쳐서 재판을 다시 벌일 경우 신문고를 친 사람의 무고죄 성립 여부를 밝혀 죄로 다스린다는 엄격한 규정을 마련했다. 주옥룡은 이 규정에 따라 처벌된 것이다.

무고죄의 처벌 수위는 어떻게 결정하는 것일까?《대명률》에 따르면 무고죄는 '반드시 반좌反坐하여 처벌한다'는 규정이 있다. 반좌는 타인을 거짓으로 고발한 사람에게 피해자가 받은 벌과 같은

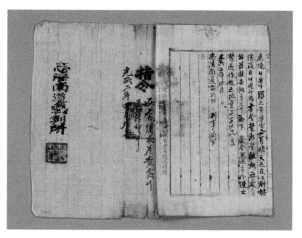

1898년 소송을 제기하기 위해 제출한 문서(소장). 충청남도 재판소 직인이 찍혀 있다.
| 국립민속박물관

벌을 주는 것을 의미한다. 타인을 역모죄로 무고하면 역모죄에 준하는 벌을 받게 되고, 절도죄로 무고하면 절도죄에 준하는 벌을 받게 되는 것이다. 그리고 《대명률》에는 '무릇 도형, 유형, 장형에 해당하는 죄에 대해 무고한 자는 3등을 더하여 처벌한다'라고 되어 있다. 즉, 무고당한 사람이 징역형, 유배형, 매질형 등에 처했을 경우 무고한 사람은 무고한 내용에 해당하는 형벌보다 더 가중하여 처벌하도록 명시하고 있다. 그만큼 조선은 무고죄를 엄하게 다뤘다.

# 기생 다툼에
# 목숨을 걸다

—

태종 3년(1403년) 11월 27일에 송개석이라는 자가 장 1백 대를 맞고 합포(마산)로 귀양을 갔다. 그 연유를 실록에서는 이렇게 기록한다.

처음에 송개석이 기생 양대를 사랑하였는데 대호군 송거신이 그 기생을 빼앗았다. 개석이 분함을 이기지 못하여 조영무의 집에다 익명서를 던져 이렇게 말했다.

"거신이 영무를 죽이려고 난을 일으키려 한다."

조영무가 임금께 아뢰었더니 임금이 송거신을 불러 물었다.

"너를 원수로 여기는 자가 누구냐?"

거신이 대답했다.

"기생 때문에 개석이 나를 원수로 여깁니다."

순금사에 명하여 송개석을 가두고 신문하게 하였더니 과연 항복하였다. 송개석이 늙은 어미가 있어 임금께 아뢰었다.

"큰아들인 송개신은 일찍 죽고 오직 개석만이 남아 있사오니, 비옵건대 그 죄를 면해주시어 제사를 잇게 하소서."

이에 임금이 불쌍히 여기어 죽음을 면해주고 순금사에 명령하였다.

"개석의 죄는 마땅히 죽을 것이나 그 어미를 위하여 용서한다. 장을 쳐서 죽게 하지 마라."

송개석이 송거신과 원수지간이 된 것은 사랑하던 기생 양대를 빼앗겼기 때문이다. 송개석은 이에 대한 분풀이로 송거신을 정승을 죽이려는 살인자로 몰려고 했다. 그러나 그 계획이 너무 조잡하여 바로 탄로가 났고, 이내 의금부에 끌려가 자신이 송거신을 무고한 사실을 토설하게 되었다.

사건을 일으킨 송개신은 송문중의 아들인데, 송문중은 태조 이성계가 고려의 장수로 있을 때부터 수하였던 인물이다. 태조는 왕위에 오른 뒤 그간의 충성심을 높이 평가하여 송문중에게 원종공신에 준하는 대우를 해줬다. 또한 승정원 승지로 삼았으며 풍해도 관찰사로 임명하기도 했다. 이런 상황으로 미루어 태종 이방원은 왕위에 오르기 전부터 송문중과 그 집안을 잘 알고 있었을 것이다.

송문중 집안은 한양에서 제법 방귀깨나 뀌는 급이었고 그 아들 송개석도 괄시받는 인물은 아니었다. 그런 자가 자신이 좋아하던 기생을 빼앗겼으니 분풀이를 하고 싶었을 것이다. 그런데 송개석의 기생을 빼앗은 송거신은 함부로 덤빌 만한 인물이 아니었다.

무장 출신인 송거신은 낭장으로 있을 때 태종의 목숨을 구한 적이 있는 인물이다. 1395년 이방원은 숙부 이화의 요청으로 사냥을 나갔다가 표범의 공격을 받게 되었다. 이방원이 표범에 물려 거의 죽을 상황에서 송거신이 달려들어 표범의 공격 방향을 바꾼 덕에 이방원은 가까스로 위기를 모면했다. 대신 송거신이 표범의 공격을 받았으나 다른 낭장의 도움으로 목숨을 구했다. 태종은 왕위에 오른 뒤 자신의 목숨을 구한 공로를 높이 평가하여 송거신을 좌명공신 4등에 올려 토지와 재산을 내렸다. 이와 관련하여 실록은 그의 공을 이렇게 기록한다.

임금이 잠저에 있을 때 한산 서쪽에서 사냥하다가 성난 표범을 만나 말에서 떨어졌다. 송거신이 말을 달려 지나가니 표범이 이를 쫓아갔으므로 임금이 위태한 지경을 모면하였는데, 이때에 이르러 좌명의 열에 참예시켰다.

말하자면 송거신은 좌명공신에 태종이 총애하는 무관으로 군기소감을 지낸 자였다. 이에 비해 송개석은 벼슬은 고사하고 이름석 자도 내밀 만한 구석이 별로 없었다. 그저 아버지 송문중의 음덕에 기댈 뿐이었는데, 태종이 왕위에 오른 뒤로는 태조의 옛 수하들도 모두 힘을 잃은 상태였던 데다 그나마도 당시 송문중은 죽고 없었다. 그런 처지이고 보니 기생을 빼앗긴 분풀이를 한다는 것이 고작 송거신을 정승을 죽이려는 살인자로 모는 것이었다. 그러나 어설픈 모략을 꾸몄다가 금세 들통이 나서 매만 맞고 귀양살이를 하게 된 것이다. 원래라면 역모에 대한 무고죄는 반좌율의 적용으로 참형에 해당한다. 그나마 송개석은 송문중이 남긴 유일한 아들인 덕에 목숨은 부지하고 유배형에 그치게 되었다.


## 남편과 동생을
## 역적으로 고발한 여인
—

조선 초기의 천재 변계량은 4세에 고시古詩를 줄줄 외웠고 6세에 시를 지은 신동이었다. 또 14세엔 진사시험에, 15세엔 생원시험에 합격했고 급기야 17세엔 문과에 급제한 재목이었다. 그는 관직 생활의 대부분을 학관직에 종사하여 세종 대의 학문적 기반을 닦는 데 중추적인 역할을 했던 인물이기도 했다. 하지만 한때는 누나 때문에 역도로 몰린 적이 있었다. 그것도 누나의 방만한 성생활이 원인이었다.

변계량의 누나는 보통 여자가 아니었다. 그녀는 원래 박충언이라는 남자에게 시집갔는데 박충언이 죽자 박원길에게 재가했다. 재가할 무렵에 그녀는 전남편의 종인 포대, 사안 형제와 사통을 즐기고 있었는데 박원길이 그 사실을 알게 되었다. 다급한 나머지 그녀는 동생 변계량을 찾아가 도움을 청했다.

"내 남편이 성질이 더러워서 함께 해로하기 어렵다. 제발 헤어지게 해다오."

하지만 평소부터 누나의 행동거지를 잘 알고 있던 변계량은 청을 들어주지 않았다. 동생이 가타부타 대답이 없자 그녀는 악감정을 품고 변계량은 물론이고 자기 남편 박원길까지 죽이기로 결심했다.

변씨는 우선 사통하던 포대, 사안 등과 의논한 후 정안공 이방원의 수하로 있던 김귀천을 포섭했다. 그녀는 김귀천을 양자로 삼고 노비 네 명을 준 후 이방원을 만날 수 있도록 주선해달라고 했다. 김귀천의 도움으로 이방원을 만나자 그녀는 역모를 고변했다.

"의안공 이화가 박원길과 변계량, 이양몽, 이양중 등과 더불어 몰래 난을 획책하고 있습니다. 그냥 두면 큰 변란이 일어날 것이니 미리 그들을 죽이소서."

변씨가 이방원을 찾아간 것은 1399년 8월이었다. 이방원은 바로 한 해 전에 군대를 일으켜 정도전을 살해하고 동생 이방석을 참살한 뒤 정종을 왕위에 앉힌 터였다. 원래 의심이 많은 데다 정변을 일으킨 지 얼마 되지 않았기 때문에 이방원은 그녀의 말을 심각하게 받아들일 수밖에 없었다. 하지만 역모에 거론된 인물이 의안군 이화였다. 이화는 이성계의 이복동생으로 이방원에게는 숙부였다.

"무슨 근거로 그런 말을 하는 것인가?"

이방원이 묻자 변씨는 꾸며댄 말을 쏟아놓았다.

"제가 박원길에게 시집가기 전인 금년 정월에 이양몽이 그의 형 이양중을 내게 중매했습니다. 그때 양몽이 말하길 '내가 일찍이 재주 있는 사람 수백 명을 휘하에 거느리고 있고 우리 주장主將 의안군 또한 휘하에 수천 명의 군사를 두고 있으니, 난을 일으키면 나는 하루아침에 대장군이 될 것이오'라고 했습니다."

이방원의 얼굴이 굳어지자 변씨는 한층 더 그럴싸한 말들을 꾸며 붙였다.

"그 뒤에 소첩이 박원길에게 시집가서 그 얘기를 했더니 그 사람은 의안공을 높게 평가하며 자기도 그리 생각한다고 했습니다. 또 박원길이 말하길 의안군이 자기의 기상을 뽐내며 왕위를 얻더라도 어려움이 없을 것이라고 했답니다. 지금 박원길과 변계량이 이양몽, 이양중 등과 어우러져 몰래 난을 획책하고 있습니다. 머지않아 일이 터질 것이니 먼저 그들을 도모하소서."

이방원은 곧 그 말을 정종에게 전하고 조정 대신을 비롯한 장수들과 의논한 뒤, 대장군 심귀령을 시켜 박원길을 잡아 와 국문했다. 박원길은 끝끝내 부인했다. 그리 되자 거짓말이 탄로 날 것을 염려한 변씨는 포대와 함께 몸을 숨겼는데 이내 붙잡혀서 하옥당했다.

변씨는 박원길, 이양몽 등과 대질 심문을 했다. 물론 그 자리에서도 변씨는 거짓말을 둘러댔다.

"이양몽은 의안공 휘하의 패두입니다. 내 남편과 함께 의안공을 받들어 거사하려고 했습니다. 제 귀로 똑똑히 들은 말입니다."

그 소식을 들은 의안공 이화와 그의 아들은 두려움에 떨며 울음을 터뜨렸다. 이방원은 사실을 캐내기 위해 박원길과 사안을 심하게 매질했는데, 장독이 심해 둘 다 죽고 말았다. 이양몽도 고문했지만 혐의 사실을 찾아낼 수 없었다. 그 와중에 포대가 매를 견디지 못하고 실토했다.

"우리 형제가 주인마님과 사통했는데 박원길이 그 일을 알게 되었으므로 거짓말을 꾸며 그를 사지에 빠뜨리고자 한 것입니다. 의안군이 역모를 획책한 일은 없습니다."

사실이 밝혀지자 이양몽 등은 석방되었고 변씨와 포대는 참형을 당했다. 변씨의 무고 내용 중에 변계량이 포함되어 있었지만 이방원은 그를 총애했던 까닭에 잡아다 국문하지 않았다. 다만 역모에 이름이 오른 만큼 하옥되는 처지에 놓였는데 그런 상황에서도 가급적 해가 가지 않도록 배려했다. 하지만 변계량의 처지가 난처했을 것이란 점은 쉽게 짐작할 수 있다. 다른 사람도 아닌 친누나가 자신을 역적으로 본 것도 충격적이지만, 누명을 벗고 보니 누나가 천하의 악녀이자 색녀였다는 사실이 세상에 알려진 것이다. 망신살이 뻗쳐도 보통 뻗친 것이 아니었다.


## 재산에 눈먼 형제

—

중종 14년(1519년) 4월 17일에 사헌부에서 보고를 올렸다.

"곽윤원이 계모 옥이와 간통하여 아이를 낳았는데 의금부가 추국함에 있어 정당하게 하지 않고 있습니다. 고발한 곽형종만 추국하고 윤원은 추국하지 않고 있으니 매우 불가한 일입니다."

그런데 웬일인지 중종은 사헌부의 요청을 받아들이지 않았다. 사실 당시 사헌부와 의금부는 이 일로 갈등을 일으키고 있었다. 이에 관하여 의금부 당상 김전이 4월 22일에 이런 보고를 했다.

"본 부에서 바야흐로 곽윤원을 추문하고 있는데 헌부가 본 부의 서리에게 태형을 가하였으니, 이는 실로 신 등이 못났기 때문인 것이라 직職에 있기가 미안합니다. 헌부가 곽윤원의 일에 대하여 반드시 자세히 알고 있기 때문에 이렇게 하는 것이리니 이제부터는 헌부로 하여금 추문하게 하소서."

하지만 중종은 김전의 사직을 받아들이지 않고 이렇게 말했다.

"사직하지 말라. 의금부 서리를 태형한 것은 과연 부당한 처사인 것 같으니 헌부에 물으라."

이렇게 되자 사헌부에서도 반발했다.

"금부가 추고하고 있는 곽윤원의 일에 대하여는 그 정황이 명백한데도 금부의 당상(김전, 이계맹, 임유겸)이 잘 살펴 추고하지 않아 곽형종이 죄 없이 형을 받았으니 그 추국이 매우 부당합니다. 지금 듣건대 금부의 당상 등이 금부의 일은 사헌부가 규찰할 수 없다고 말하면서 분노를 품고 보고서까지 올렸다고 하니 이는 더욱 불가합니다. 삼공 이하로 헌부가 모두 규찰할 수 있는데, 어찌 유독 금부의 일만은 규찰할 수 없겠습니까? 명색이 대신이면서 마음 쓰는 것이 이러하니 본 부에서 추고하겠습니다."

이 말에서 사헌부와 의금부의 갈등 요인을 파악할 수 있다. 사헌부는 계모와 곽윤원이 불륜을 저질러 아이를 낳았다는 곽형종의 고발을 사실로 판단했던 것이고, 의금부는 곽형종이 모종의 이익을 노리고 곽윤원과 계모 옥이를 무고했다고 본 것이다. 중종은 의금부와 사헌부의 갈등에 대해 의금부의 손을 들어주었다.

"금부 당상들의 말을 들으니, 헌부가 곽윤원의 일에 대한 금부의 추국이 정당함을 잃었다고 하여 서리에게 태형을 가하였다고 하는데, 금부의 당상이 잘 추국하지 못한다고 하여 서리를 태형한다는 것은 부당한 일이다. 나머지도 윤허하지 않는다."

그러자 의정부가 가세했다.

"곽윤원의 일은 강상의 큰 변입니다. 이는 실로 중대한 일이니 먼저 사건의 전말을 추문하여 증언을 모두 확인한 뒤에 정범을 가려 추문해야 합니다."

이후 의정부 의견대로 이 사건을 면밀히 조사하고 심문한 끝에 2개월여 만에 진상이 드러났다. 의금부는 그 내용을 6월 22일에 이렇게 보고했다.

"내금위 곽원종, 곽형종 형제가 그의 어미 정씨와 함께 곽윤원을 모함하여 '윤원이 그의 양모 이씨를 간음했다'고 하였는데, 핵실해보니 사실이 아니어서 그의 반좌죄가 장 1백, 유 3천 리에 해당되니 한 등을 감하소서."

의금부의 주장이 맞았던 것이다. 고발자인 곽원종과 곽형종 형제가 내금위 관원이었던 것을 감안하면 그들 형제의 입김이 사헌부에 영향을 끼친 셈이었다. 이 사건에 대해 중종은 이런 결론을 내렸다.

"원종 등의 일은 강상을 범한 죄이니 감등할 것이 없다."

말하자면 양반이라 법보다 한 등을 감하여 처벌하는 것조차 허락할 수 없다는 의미였다. 결국 이 사건은 계모와 의붓아들의 섹스 스캔들이 아니라 재산을 차지하기 위해 친족을 모함한 무고사건으로 결론이 났다.

朝
鮮
CRIMINAL

**6장**

# 절도·강도사건 파일

# 절도죄는 어떻게
# 처벌했는가

—

절도죄는 타인의 재물을 훔치는 행위를 말한다. 만약 절도와 동시에 폭행 또는 협박 행위가 있었다면 절도죄가 아닌 강도죄가 적용되어 더 무거운 형벌을 받게 된다.

절도죄에 대한 처벌은 어땠을까?《대명률》엔 '무릇 절도를 세 번 범한 자는 교형에 처하되, 일찍이 자자를 받은 자는 연좌를 받게 된다'고 규정되어 있다. 이는 초범과 재범에 대해서는 몸에 '절도'라는 글자를 새기는 자자형, 즉 묵형을 실시하고, 전과가 3범이 되면 교수형에 처한다는 뜻이다.

그런데 이것만으로 쉽게 절도범이 줄어들지 않자 조정에서는 더 강력한 형벌을 요구했다. 세조 11년(1465년) 11월 8일 자 실록에 다음과 같은 내용이 있다.

형조에서 절도범 처벌 사목을 아뢰었다.

"절도를 금하고 막는 법이 지극히 상세하고 엄밀하나 도적은 종식되지 않으니, 청컨대 이제부터 절도 초범으로 공공기관에서 쌀 3석, 개인에게서 6석 이상을 훔친 자는 단근斷筋하고, 소와 말 도적에 종범이 된 자는 모두 이 수에 의하여 장물을 계산하여 단근하고, 포화와 잡물은 시가에 준하여 계산하되 서울 안에서는 내년 정월 초 1일, 가까운 도는 4월 초 1일로 기한을 정하여 알리소서."

이에 그대로 따랐다.


단근이란 손이나 발의 힘줄을 자르는 것을 의미한다. 이 형벌은 정식으로 형법에 정해져 있지는 않으나 자주 건의가 있었다. 세종 대에는 양쪽 다리의 힘줄을 모두 자르자는 주장도 대두되었는데 세종의 거부로 실시되지 않았다. 그러다 세조 대에 와서 단근형이 본격적으로 실시되었다. 하지만 형벌이 너무 가혹하다고 하여 중종 대에 다시 중단되었고, 그 후에도 실시와 중단을 반복했다.

전과 3범을 교수형에 처하는 것은 계속 이어졌다. 다음 사례들을 보자.


형조에서 아뢰었다.

"통진 사람 백정 말수가 절도죄를 세 번 범하였사오니, 율이 교형에 처함에 해당합니다."

이에 그대로 따랐다. _세종 13년(1431년) 9월 27일

형조에서 상신하였다.

"절도 3범 전옥서 죄수 지봉 등 2인을 율에 의하여 교형에 처하소서."

이에 그대로 따랐다. _세종 29년(1447년) 11월 20일

두 건의 사례에서 보듯 조선의 형법은 절도죄를 세 번 범하면 교수형에 처했다. 하지만 꼭 세 번을 범하지 않았더라도 공공기관의 물건을 훔친 경우는 초범이어도 봐주지 않고 바로 교수형에 처했다. 또한 신분이 낮은 노비의 경우엔 절도죄를 두 번 저지르면 교수형에 처했다.

조선의 법은 물건을 훔친 것뿐 아니라 관리가 물품 관리를 제대로 하지 못한 경우도 절도죄로 다루었다. 세종 1년(1419년) 9월 19일 자 실록에 기록된 다음 사건이 대표적이다.

대사헌 신상이 아뢰었다.

"지금 보니 내자시의 천과 재물이 비가 자주 새어서 많이 썩었습니다. 이것은 과거의 관리가 감독 검찰하지 못한 소치입니다. 썩은 물건의 값을 갈라서 징수하도록 하십시오."

이에 임금이 말했다.

"과거의 관리가 한 사람이 아니니 어찌 한 사람 한 사람한테서 받아낼 수 있겠소. 하물며 그 가운데에는 그 자리에 오래 있지 않은 자들이 무척 많소."

그러자 신상이 답하여 아뢰었다.

"지난해 여름에는 비바람이 심했는데 관리 노릇을 하는 자가 그것을 감독 검찰하지 못한 것은 그 죄가 작지 않습니다. 법률 조문에 '모든 창고의 재물은, 그것을 지키는 소임을 맡은 사람이 손상과 파괴를 초래하면 절도법으로 다루고, 손상 파괴된 재물을 다 배상하여 관에 내놓는다'고 되어 있습니다. 지금 만약에 오손된 물건 값을 징수하지 않으면 뒷사람들에게 본보기를 보여줄 길이 없습니다."

이에 임금이 말했다.

"그렇다면 그 자리에서 벼슬을 지낸 일수의 많고 적음에 따라 나눠서 징수하면 되겠소."

그 말에 김점이 답했다.

"만약에 벼슬을 지낸 일수의 다과多寡를 가지고 갈라서 징수한다면 혹 5, 6일만 벼슬을 지낸 자도 생길 것이니, 5, 6일 안에야 어찌 창고에 들어 있는 재물을 감독 검찰해낼 수 있겠습니까. 마땅히 15일 이상 벼슬을 지낸 자한테서 징수해야 합니다."

또한 신상이 다시 아뢰었다.

"벼슬을 지낸 일수의 많고 적음을 가지고 갈라서 징수하는 것은 그

래도 괜찮다고 하겠사오나, 만약에 전연 징수하지 않는다면 관리 노
릇을 하는 자들이 겁낼 것이 없어질 것입니다."

이에 임금이 말했다.

"그렇다면 징수하는 일을 그만둘 수 없소."

이렇듯 관리가 물품 관리를 제대로 하지 못하면 죄로 다루어
변상하는 제도를 마련했다. 그렇다고 절도범처럼 자자형을 가하
거나 전과를 기록하지는 않았다. 그저 관리 소홀에 대한 책임을
물어 물품 값을 변상하도록 했을 뿐이다. 그것도 늘 시행된 것은
아니었다. 가끔 조정에서 일벌백계로 이 규정을 적용할 때만 시행
했다. 속된 말로 재수 없는 관리들만 이 규정의 적용을 받아 변상
을 했던 셈이다.

만약 관리가 공물을 훔치면 어떤 형벌을 받았을까?《대명률》에
따르면 감수監守하는 자가 스스로 창고의 돈이나 양식을 도둑질한
경우에 '관(1백 냥) 이하는 장 80이요, 1관 이상 2관 5백 푼에 이
르면 장 90이요, 5관에 이르면 장 1백이요, 40관에 이르면 참형에
처한다'고 되어 있다. 즉, 훔친 공물의 가치에 따라 형벌이 결정되
었다.

# 절도범이 된
# 정승 황희의 아들

—

나라의 공물이나 귀중품을 훔치는 사건도 종종 일어났는데, 그중
에 대표적인 사건이 '황중생 절도사건'이다. 황중생은 세종 대의
정승 황희의 서자였다. 그런데 이 사건엔 황희의 적자인 황보신도
연루되었다. 사건의 전말은 세종 22년(1440년) 10월 12일 자 실록
기사에 기록되어 있다.

　처음에 영의정 황희가 내섬시의 여종을 첩으로 삼아 아들을 낳았는
데 황중생이라고 하였다. 황중생이 동궁의 소친시小親侍가 되어 궁중
에서 급사로 일했는데, 병진년(1436년)에 내탕고의 금잔과 광평대군
의 금띠를 잃어버렸으나 훔친 자가 누구인지 알지 못하였다. 그런데
이때에 이르러 또 동궁이 쓰던 이엄耳掩(귀를 가릴 수 있는 방한용 모자)
을 잃어버렸다. 중생이 한 짓으로 의심하여 삼군진무를 시켜 그 집을
수색하게 하매, 이엄이 잠자리 속에서 발견되어 의금부에 내려 추국
하였다. 그랬더니 그전에 잃어버렸던 금잔과 금띠도 모두 중생이 훔
친 것으로 다 실토하였다.
　금잔의 무게는 20냥이었는데 중생의 집에서 나온 것은 11냥이었으
니 나타나지 않은 것이 9냥이었다. 의금부에서 다시 그를 추국하니
중생이 말했다.

"제가 그전에 적형 황보신에게 주었습니다."

이에 보신에게 물으니 보신이 부인하였다.

"나는 실지로 받은 바가 없습니다."

이후 두세 번이나 중생의 볼기를 쳤으나 중생은 처음과 같이 대답하였다. 중생으로 하여금 보신과 대질하게 하니 보신이 역시 부인하였다.

"그런 일이 없다."

이에 중생이 따지듯이 말했다.

"너와 첩 윤이가 같이 앉았을 때에 내가 바로 쥐여주었는데, 네가 윤이에게 묻기를 '네가 물리를 아는 체하는데 이것이 진짜 황금인가' 하니 윤이가 대답하기를 '진짜 황금이어요' 하였고, 네가 그제서야 가죽 주머니에 넣어 간직했으면서 어찌 숨기는가?"

하지만 보신과 윤이가 함께 부인했다.

"거짓을 꾸미는 것이지 실지가 아닙니다."

그러자 중생이 또 말하였다.

"네가 의금부 지사가 되었을 때 의정부의 말 1필과 필단 2필을 훔치어 윤이를 주더니, 이제까지 조사하여 꼬집어내지 아니한 까닭으로 이것까지도 숨기고 있지 않는가. 너는 실제로 내가 준 금을 받았다."

의정부에서 또 일찍이 금동비녀를 잃어버린 적이 있었는데, 보신이 또한 사사로이 훔쳐서 몰래 사용했다. 그러다가 금동비녀 주인이 기회를 봐서 고소하자 그 사용처를 국문하니, 바로 윤이의 머리장식이 되어 있었다. 그 나머지 장물도 매우 많았다. 황희는 중생을 자기의 소생이 아니라 하여 아들로 삼지 아니하니, 중생이 드디어 성을 조씨로 바꿔 불렀다.

황희의 서자 황중생이 동궁의 심부름꾼 노릇을 하다가 금잔과 금띠를 훔치고, 또 당시 세자로 있던 문종의 방한용 모자를 훔쳤다가 발각되었는데, 알고 보니 그가 훔친 금잔 중 일부가 이복형이자 황희의 둘째 아들인 황보신에게 넘어간 것이다. 황보신은 이를 부인했지만 그가 자신의 애첩 윤이에게 장물을 선물로 준 것이 밝혀졌다. 또한 황보신은 이전에도 의정부에서 말과 비단을 훔치고 남의 금동비녀를 훔쳐 애첩 윤이에게 선물한 전력이 있었다. 그리고 일이 전개되는 과정에서 화가 난 황희가 황중생을 자신의 아들이 아니라고 했고, 그는 성씨를 황씨에서 조씨로 바꿔 조중생이 되었다는 이야기다.

이들에게는 어떤 처벌이 내려졌을까? 우선 사건에 대한 세종의 견해를 들어보자. 세종은 사건의 전말이 밝혀지자 이렇게 말했다.

"조중생이 내부의 재물을 훔쳐 그 죄가 이미 드러났고, 보신으로 말하면 감독하면서 스스로 도둑질한 죄가 또 나타났으니, 이밖의 것은 모두 지엽적인 것이다. 보신이 비록 필단을 도둑질하여 그 장죄가 사형에 찼다고 하더라도 보신을 극형에 둠은 옳지 못하며, 또 보신이 비록 중생의 금을 받았다고 하더라도 이것은 형제가 서로 준 물건이니 또한 장물로 계산할 수 없는 것이다.”

세종이 이런 판단을 내린 배경에는 영의정 황희에 대한 배려가 있었다. 또한 황보신도 고위 관료였기 때문에 여느 절도범과 같은 취급을 할 수 없다는 뜻이기도 했다. 거기다 세종은 ‘내 차마 노신의 아들을 고문하게 할 수는 없다’고 하면서 황희를 생각해 황보신에 대한 고문을 막았다.

하지만 의금부 관료와 사헌부에서는 강경한 어조로 황보신을 추국해야 한다고 주장했다. 황보신도 끝까지 자신은 도둑질을 한 적이 없다고 부인하는 바람에 결국 의금부에서 추국이 이뤄졌다. 이후 의금부에서 추국한 결과를 말하며 다음과 같이 형량을 올렸다.

“황보신이 도용한 잡물은 장물로 계산하면 33관이오니 청컨대 율에 의하여 장 1백 대, 유 3천 리에 자자하게 하고, 윤이는 추문하였을 때에 바로 말하기를 ‘보신이 훔친 물건이니 보신을 추국하여야 옳지, 첩을 국문함은 옳지 않다’고 하였으니 처첩고부율에 의하여 장 1백에, 도 3년에 처하게 하소서.”

세종은 황보신에 대해 황희의 아들이라며 특별히 관대하게 용서해 장 1백 대에 자자형은 면하고 유배형 대신에 벌금형으로 대체하도록 했다. 그리고 윤이는 장 1백 대에 함길도 경원에 소속시켜 관비가 되게 했다. 위에 언급된 처첩고부율이란 처나 첩이 남편을 고발하지 못하게 금지하는 법인데, 윤이는 이 법을 어긴 것에 대한 처벌만 받은 것이다. 하지만 조중생은 참형에 처했다. 비록 같은 죄를 저지른 절도범이었지만 신분에 따라 확실히 다른 처벌을 한 셈이다. 신분 사회였던 조선에서 이런 형태의 처벌은 비일비재했다.

## 극형에 처했던
## 강도죄
—

절도죄와 강도죄의 차이는 폭력이나 협박의 유무에 있다. 만약 어떤 자가 도둑질을 하는 과정에서 칼이나 흉기로 사람을 협박하거나 상해를 입혔다면 이는 절도죄가 아닌 강도죄에 해당한다. 단순히 물건만 훔쳤으면 절도죄를 적용하지만 폭력이나 협박이 있었다면 강도죄를 적용하는 것이다.

절도죄와 강도죄는 처벌의 수위가 현격히 달랐다. 절도죄는 단 한 번으로 사형을 하는 경우가 드물었지만 강도죄는 초범이라도 사형이 선고되었다. 그것도 교수형이 아닌 참형이었다. 뿐만 아니라 가족에게도 연좌제가 적용되어 강도범의 아내와 자식은 노비 신분으로 전락했다. 이와 관련하여 다음 사례들을 살펴보자.

형조에서 경상도 감사의 관문에 의거해 보고하였다.

"하동 고을의 중 신존이 길에서 80여 세 되는 늙은 선사 지고를 만

나 때려죽이고 옷과 물품을 탈취했는데, 율을 상고하니 참형에 해당
됩니다."

이에 그대로 따랐다. _세종 7년(1425년) 8월 30일


형조에서 삼복三覆(세 번 심리함)하여 아뢰었다.

"전옥서에 갇힌 죄수 사노 황신, 안금이 명화적明火賊(밤에 햇불을 든
강도)으로서 파주 사람 박원생의 집을 겁탈한 강도죄와, 사노 달막,
산이, 대산이 길 가는 사람을 겁탈하여 의복을 강탈한 죄는, 다 율이
참부대시에 해당합니다."

이에 그대로 따랐다. _성종 1년(1470년) 8월 28일


같은 강도죄지만 첫 번째 사례에서는 참형이, 두 번째 사례에서
는 참부대시가 내려졌다. 참형과 참부대시는 어떻게 다를까? 참
형은 말 그대로 목을 쳐서 죽이는 것을, 참부대시는 '대시待時' 없
이, 즉 시일을 기다리지 않고 참형에 처하는 것을 뜻한다. 본래 사
형은 가을철 추분까지 대기했다가 집행하는 것을 원칙으로 했다.
그런데 대악이나 대죄 등 중죄를 범한 죄인은 '부대시不待時'라고
하여 이에 구애받지 않고 추분 이전에도 사형을 집행했다. 즉, 참
형은 추분까지는 죄인을 살려두지만, 참부대시는 추분까지 죄인
을 살려두지 않고 바로 사형일을 잡아 집행했다. 이렇게 볼 때 참
형보다 참부대시가 더 중한 형벌임을 알 수 있다.

그렇다면 위 두 사건에서 형벌 수준의 차이는 어디에서 비롯된 것일까? 첫 번째 사례는 강도질을 하고 살인을 저질렀기 때문에 살인죄와 강도죄를 적용하여 참형에 처했지만, 두 번째 사례는 강도질을 하긴 했지만 살인은 저지르지 않았다. 그래서 얼핏 보면 두 번째 사례가 더 가벼운 형벌을 받아야 할 것으로 보이는데, 조선의 법은 오히려 두 번째 사례를 더 무겁게 처벌했다. 왜 그랬을까?

첫 번째 사례는 개인이 개인을 상대로 강도질을 벌인 사건인데 비해, 두 번째 사례는 무리를 형성하여 민가를 습격하고 강도질을 한 사건이다. 조선의 법은 강도죄에 대해 무조건 참형에 처했는데, 그중에서도 무리를 이뤄 사람을 습격하거나 또는 개인이라도 민가를 습격하여 강도질을 한 것은 더욱 무겁게 다뤘다. 두 번째 사례가 더 무겁게 처벌된 것은 바로 그런 이유 때문이었다.

그렇다면 다음의 성종 2년(1471년) 10월 24일에 일어난 사건을 한번 보자.

> 형조에서 삼복하여 아뢰었다.
>
> "개성부의 죄수 백정 변북간, 조계산은 박자선의 집을 겁탈한 명화강도죄인데, 율에 따르면 참부대시에 해당하고, 수교受敎(임금에게서 받은 교지)에 의하여 그들의 처자는 변방 고을의 노비로 영속하여야 합니다."

이에 그대로 따랐다.

이 사건은 앞의 두 번째 사례와 같이 참부대시에 해당하는 강도죄다. 그런데 이 사건에서는 죄인들의 처자를 변방 고을의 공노비로 예속시키고 있다. 왜 그럴까? 같은 형벌에 해당하는 범죄라면 두 번째 사례에서도 죄인의 처자를 공노비로 예속시켜야 맞지 않을까? 왜 두 번째 사례에서는 범죄자의 가족을 공노비로 삼지 않았을까? 그것은 두 번째 사례의 범죄자들이 모두 사노, 즉 개인 노비 신분이었기 때문이다. 따라서 이들의 처자 역시 사노 신분이므로 개인 재산의 일부였다. 그래서 공노비로 만들 수 없었던 것이다. 하지만 세 번째 사례에서는 죄수의 신분이 백정이었다. 양인과 천인으로 양분되는 조선의 신분제에서 백정은 법적으로 양인에 해당하였으니 그들의 처자도 모두 양인이었다. 그래서 죄수의 처자에게도 연좌하여 신분을 노비로 전락시킨 것이다. 즉, 양인 신분이 강도죄를 저지르면 그들의 처와 자식들에게도 연좌법이 적용되어 노비로 신분을 전락시켰다는 것을 알 수 있다.

## 조선의 3대 대도

도적이라는 것은 무리를 이뤄 강도질하는 자들을 의미하는데, 시챗말로 '떼강도'를 지칭한다. 살펴보았듯이 떼강도는 참부대시의 형벌을 당할 정도로 중죄였다. 조선시대 떼강도의 우두머리 중에 대표적인 인물이 있다면 홍길동, 임꺽정, 장길산 등 세 사람이라고 할 수 있다. 조선 실학의 중조로 일컫는 성호 이익은 자신의 저서 《성호사설》에서 그들을 조선의 3대 대도大盜라고 칭했다. 대개 현대인들은 이 세 인물을 의적으로 알고 있지만 조선의 양반들은 그들을 그저 도적의 대명사로 일컬었던 것이다. 도대체 이들이 무슨 일을 벌였기에 이익은 그들을 조선의 3대 대도라고 했을까?

## 의적의 대명사 홍길동

대개 홍길동을 허균의 소설 《홍길동전》에 등장하는 가상의 인물로 알고 있기 십상이다. 하지만 홍길동은 실제 존재했던 역사적 인물이었다. 홍길동이 활동했던 시대는 폭군으로 이름을 남긴 연산군 시절이었다. 《연산군일기》에서 홍길동에 대한 첫 언급은 다음과 같다.

> 영의정 한치형, 좌의정 성준, 우의정 이극균이 아뢰었다.
> "듣건대 강도 홍길동을 잡았다고 하니 기쁨을 견딜 수 없습니다. 백성을 위하여 해독을 제거하는 일이 이보다 큰 것이 없으니, 청컨대 이 시기에 그 무리들을 다 잡도록 하소서."
> 이에 그대로 좇았다.

이것은 연산 6년(1500년) 10월 22일 자 기록이다. 의정부의 정승이 모두 나서서 홍길동의 체포 소식을 너무도 기쁘게 연산군에게 보고하는 것으로 미루어 당시 홍길동이 얼마나 큰 도적이었는지 쉽게 짐작할 수 있다.

도대체 홍길동이 무슨 일을 벌였기에 온 나라가 떠들썩했을까? 이에 대한 자세한 기록은 남아 있지 않지만, 중종 8년(1513년) 8월 29일 자 기사에는 홍길동이 입힌 피해 상황에 대해 다음과 같은 짧은 언급이 있다.

> 호조가 아뢰었다.
>
> "요사이 흉년이 잇따라 양전量田할 기한이 이미 지났는데도 하지 않은 지 오래입니다. 대저 양전하는 일을 1~2년 동안에 해낼 수는 없습니다. 경기는 인가를 철거한 뒤로 절호絶戶(호주도 없고 상속할 사람도 없는 집)가 매우 많고, 충청도는 홍길동이 도둑질한 뒤로 유망流亡(망하여서 떠돌아다니는 사람들)이 또한 회복되지 못하여 양전을 오래도록 하지 않았으므로 세를 거두기가 실로 어려우니, 금년에 먼저 이 두 도의 전지田地를 측량하소서."
>
> 이에 전교하였다.
>
> "양전은 중대한 일이라 본디 해야 하나 어찌 폐단되는 일이 없겠는가. 대신에게 물으라."

양전사업은 국가 재정 확충을 위해 시행되어 토지를 측량함과 동시에 토지 소유자 및 조세 부담자를 조사하는 것이다. 조선에서는 밭의 크기를 20년마다 조사하여 지질에 따라 6등급으로 나누어 농토대장을 만들었다. 이 농토대장을 호조 및 토지 소재지의 도와 읍에 배치하였고 이를 근거로 세금을 거뒀다. 이런 양전사업을 새로 하려고 보니, 충청도는 홍길동의 도적질을 피해 떠난 인가가 많아 그동안 양전을 실시하지 못하여 세금을 거두기조차 어렵다고 말하는 것이다. 1513년이라면 홍길동이 체포된 지 13년이나 지난 뒤였다. 그런데도 홍길동 무리가 행한 도적질의 여파로 양전사업을 제대로 실시하지 못할 정도였다고 하니 홍길동의 무리에 의한 폐해가 얼마나 심각했는지 알 수 있다.

　하지만 실록에는 홍길동 무리가 백성에게 어떤 피해를 입혔는지 구체적인 기록은 없다. 다만 홍길동이 도적질을 행한 방식에 대해서만 연산 6년 12월 29일 자 기록에 간단히 남아 있다.

　　의금부의 위관 한치형이 아뢰었다.

　　"강도 홍길동이 옥정자와 홍대 차림으로 첨지라고 자칭하며 대낮에 떼를 지어 무기를 가지고 관부에 드나들면서 기탄없는 행동을 자행하였는데, 그 권농이나 이정들과 유향소의 품관들이 어찌 이를 몰랐겠습니까. 그런데 체포하여 고발하지 아니하였으니 징계하지 않을 수 없습니다. 이들을 모두 변방으로 옮기는 것이 어떠하리까."

이에 전교하였다.

여기서 첨지란 곧 중추부의 정3품 무관직인 첨지중추부사를 뜻한다. 홍길동이 정3품 상장군에 해당하는 벼슬아치 행세를 하며 공공연히 부하들을 몰고 다니면서 도적질을 일삼았다는 것이다. 놀라운 점은 지방의 수령이나 유향소의 향관들도 그에게 동조했다는 사실이다.

홍길동을 도운 자들은 비단 지방의 수령이나 향관뿐이 아니었다. 당상관 자리에 올라 있던 엄귀손은 홍길동과 아예 한패를 이루고 재물까지 나눠 가졌다. 이에 대해 당시 위관이었던 한치형 등의 정승들은 이런 말을 올렸다.

"엄귀손은 본래부터 탐욕이 많은 사람으로 일찍이 동래 현령이 되어서는 관물을 훔쳐 취한 일로 죄를 받아 파면되었고, 또 평안도 우후가 되어서는 공물을 함부로 훔친 일로 파출되어, 그가 탐심 많고 비루한 것은 사람마다 모두 알고 있었습니다. 또 일찍이 양인 여자를 맞아들여서는 생김새가 고우면 자신의 첩으로 삼고 미우면 종의 처로 만들었는데, 이런 식으로 양인을 강제로 천인으로 만든 일이 많았습니다. 본래는 노복과 재산이 없었는데 지금은 서울과 지방에 집을 사두고 곡식을 3, 4천 석이나 가지고 있습니다. 이토록 부귀를 누리게 된 것이 지극히 황당하오니 청컨대 강도와 서로 통한 죄를 끝까지 국문하소서."

엄귀손을 국문한 뒤에 연산군은 그의 처벌에 대해 이렇게 말했다.

"모름지기 양계 지방에 유배하는 것이 옳겠다."

엄청난 폐해를 끼친 도적과 한패였던 인물을 단지 유배에 처하라는 것이 선뜻 납득되지 않았던지 윤필상, 한치형 등이 다시 아뢰었다.

"엄귀손은 무식하나 힘이 있는 사람이니 만약 변방에 유배한다면 적인敵人(여진족)과 서로 통하여 포악하고 사나운 무리를 이루어 불칙한 짓을 하게 될 것입니다. 남해 같은 데라면 포악을 부릴 수가 없을 것입니다."

이렇게 일단 엄귀손에게 유배형이 떨어졌는데, 지방에서 홍길동을 문초한 보고서가 올라오자 연산군은 마음을 바꿨다.

"홍길동의 초사를 보건대, 엄귀손은 비단 홍길동의 와주窩主(숨어 있는 주모자)일 뿐 아니라 바로 같은 무리다. 이 같은 행동이 있는데도 어떻게 벼슬이 당상에까지 올라간 것인가. 그 정승들을 불러 이 초사를 보이라."

이후 엄귀손에 대한 가혹한 고문이 이뤄졌고 결국 엄귀손은 그 고문을 견디지 못하고 옥에서 죽었다. 그러자 연산군은 그의 재산을 모두 몰수했다.

엄귀손을 처벌한 것을 끝으로 홍길동 사건은 종결되었다. 하지만 홍길동과 그 무리의 처벌에 대해서는 어떤 기록도 남아 있지

난장은 죄인을 형틀에 묶어둔 채
신체 부위를 가리지 않고 매질하는 형벌이었다.
이 형벌로 죽는 사람이 많자
영조 대에 들어서 영구히 폐지되었다.

형정도. 의금부에서 행한 난장 치는 모습을 그렸다. | 국립민속박물관

않다. 홍길동 정도의 도적 두목이 잡혔다면 의당 서울로 잡아 와 의금부에서 신문하고 능지처참의 형벌을 주는 것이 일반적인데, 홍길동의 경우는 지방에서 붙잡아 그곳에서 문초하고 그곳에서 형벌을 가한 듯하다. 그런데 그 구체적인 내용이 전하지 않는 것은 매우 의아하다. 어쩌면 홍길동을 잡은 것이 아니라 엉뚱한 인물을 잡고서 홍길동을 잡았다고 속였는지도 모를 일이다.

이런 의문점이 있었기 때문에 광해군 대의 문사 허균은 《홍길동전》이라는 한글 소설을 지었는지도 모른다. 허균은 이 소설에서 홍길동을 의적으로 묘사하고 그가 부하를 이끌고 율도국으로 떠나서 새로운 나라를 건설한 것으로 기술하고 있다.

## 백정 출신 대도 임꺽정

임꺽정은 사회가 혼탁하고 민심이 흉흉하여 도적이 들끓던 명종 시대의 대표적인 도적 두목으로 백성들 사이에서 의적으로 통하던 인물이다. 양주의 백정 출신인 임꺽정의 출생에 대한 기록은 별로 남아 있지 않다. 다만 힘이 장사인 데다가 날쌔고 용맹스러우며, 양반 중심의 조선사회에 불만이 많았던 사람으로 기록되어 있다.

임꺽정이 활동하기 시작하던 1559년은 척족 윤원형 일파와 이량 일파가 발호하여 온 나라가 그들의 세도에 눌려 있었으며 반대로 왕의 권위는 땅에 떨어진 상황이었다. 그러니 사회는 온통 부정과 부패로 얼룩질 수밖에 없었고 백성은 학정과 수탈에 시달리며 고통을 호소해야 했다. 설상가상으로 몇 년째 흉년이 계속되어 부랑자가 늘어나고 도적 떼가 할거했으며 남쪽에서는 왜구가 침입하여 민가에 불을 지르고 약탈을 자행했다. 그야말로 조선사회는 아수라장이나 다름없었다.

임꺽정은 이런 혼란을 이용해 자신의 처지를 타개하려는 인물 중 한 사람이었다. 처음에 그는 도당 몇 명과 함께 민가를 돌아다니며 도둑질을 일삼았다. 그러다 세력이 커지자 황해도로 진출하여 구월산 등에 본거지를 두고 주변 고을을 노략질하기 시작했다. 마침내는 경기도와 황해도 일대의 관아를 습격하여 창고를 털었는데 이를 백성에게 나눠주어 의적으로 둔갑했다.

이러한 의적 행각은 백성과 아전의 호응을 얻었고, 백성이 관아를 기피하고 오히려 임꺽정 무리와 결탁하는 양상이 전개되었다. 이 때문에 관아에서 그를 잡으려고 병력을 동원하면 백성은 무리를 숨겨주거나 달아나도록 도와주었다. 일이 이 지경에 이르자 조정에서는 선전관을 보내어 그들을 정탐하게 했는데, 되레 선전관이 임꺽정 무리에 잡혀 죽는 사건이 발생했다.

이때부터 조정은 임꺽정 잡기에 혈안이 되었다. 하지만 당시만 해도 관아에서는 임꺽정이 도적의 괴수라는 사실조차 파악하지 못한 단계였다. 조정에서 헤매는 사이 임꺽정 무리는 개성에 나타나기도 했으며 1560년에는 마침내 한양에까지 모습을 드러냈다.

1560년 8월에 임꺽정 무리를 쫓던 관원들은 그의 아내를 잡는 데 성공하여 그녀를 형조 소속의 종으로 삼았다. 그리고 그해 10월에 들어서는 한양으로 진입하는 길을 봉쇄하고 삼엄한 경비를 펼쳤다.

그럼에도 도적 무리는 봉산에 본거지를 두고 평안도 성천, 양덕, 맹산과 강원도 이천 등지에 출몰하며 더욱 극성을 떨었다. 이들은 황해도에서 빼앗은 재물을 개성에 가서 팔기도 했으며, 한양에 근거지를 마련해 약탈을 일삼았다. 이 때문에 황해도 일대는 길이 막히는 지경이 되고 말았다.

상황이 이렇게까지 악화되자 전 병력이 임꺽정 무리를 잡기 위해 나섰다. 그해 12월에는 엄가이라는 도둑 두목이 잡혔는데 그는 임꺽정의 참모인 서림이라는 자였다. 관아는 서림의 입을 통해 임꺽정 일당이 장수원에 모여서 전옥서를 파괴하고 임꺽정의 아내를 구출할 계획을 짜고 있다는 것을 알아냈다. 뿐만 아니라 그들이 평산 남면에 모여 자신들을 여러 번 잡아 그 공으로 영전한 봉산 군수 이흠례를 죽이고자 한다는 사실도 알아냈다.

이에 조정은 평산부와 봉산군의 군사 5백 명을 모아 평산 마산리로 진격했다. 그러나 관군이 오히려 그들에게 패하여 후퇴했고 부장 연천령이 죽고 군마를 모두 빼앗기고 말았다.

사건이 이렇게 커지자 임금이 직접 황해도, 경기도, 평안도, 강원도, 함경도 등 각 도에 대장 한 명씩을 정해 책임지고 도둑을 잡으라는 엄명을 내렸다. 이 무렵 서흥 부사 신상보가 도둑 무리의 처자 몇 명을 잡아 서흥 감옥에 가뒀는데, 한낮에 도둑 떼가 들이닥쳐 옥사를 깨고 그들의 처자를 구출해 간 사건이 발생했다. 관군은 본격적으로 도적 소탕 작전에 돌입했는데 드디어 황해도 순경사 이사증이 임꺽정을 잡았다는 보고를 했다. 하지만 그가 잡은 사람은 임꺽정이 아니라 그의 형인 가도치였다. 이사증은 허위 보고에 책임을 지고 파직당해 옥에 갇히기까지 했다.

이와 같이 5도의 군졸들이 모두 임꺽정을 잡기 위해 나섰지만 번번이 실패했다. 1561년 9월에 평안도 관찰사 이량은 의주 목사 이수철이 임꺽정을 잡았다고 보고했으나 그들은 임꺽정을 가장한 가짜였다. 이수철 역시 허위 보고로 파직당했다.

1561년 10월에 임꺽정 무리가 해주의 민가 30호를 불태웠다. 이때부터 관군은 서림을 앞세워 임꺽정을 체포하기 위해 나섰는데 수상해 보이면 무조건 체포하여 옥에 가두고 구타를 했다. 그래서 한양에서는 온종일 호곡 소리가 그치지 않았다. 모든 관청은 일을 중단하고 임꺽정을 색출하는 작업에 투입되었고, 5도의 전시장은 휴업하게 했다. 또한 평안도에서는 양민들이 도둑에 가담하는 일이 없도록 하기 위해 전세의 절반을 깎아주었으며, 황해도에서는 전세를 전부 탕감해주었다.

소란이 더더욱 심화되자 군민은 피로에 지치고 두려움에 떨어야 했다. 조정에서는 토벌 대장인 토포사를 다시 한양으로 올라오게 하고 임꺽정 무리를 잡는 일은 평안도, 황해도의 병사와 감사가 맡게 했다.

그 후 1562년 정월에 군관 곽순수와 홍언성이 임꺽정을 체포했다는 보고가 올라왔다. 이번에는 진짜 임꺽정이었다. 《기재잡기》에선 임꺽정이 잡힐 당시의 상황을 다음과 같이 기록한다.

민가에 숨어 있던 임꺽정은 주인 노파를 위협하여 '도둑이야'라고 소리치게 한 다음 자신이 뛰쳐나가 도둑이 달아났다고 소리쳤다. 이 말을 믿고 관졸들이 임꺽정이 가리키는 방향으로 몰려가자 그는 군졸들의 말을 빼앗아 타고 달아났다. 그때 서림이 저 사람이 임꺽정이라고 소리쳐 끝내 상처를 입고 생포당하고 말았다.

임꺽정은 조정에서 체포령을 내린 지 3년 만에 붙잡혔고, 체포된 지 15일 만에 처형당했다.

실록은 임꺽정 무리에 대해 '그들이 도둑이 된 것은 왕정의 잘못이지 그들의 죄가 아니다'라고 쓰고 있다. 이러한 기록은 당시 사람들이 임꺽정을 단순한 도적의 괴수로 생각하지 않고 민심을 대변하는 의로운 인물로 인식했다는 것을 증명한다. 그래서 사람들은 그를 의적이라고 추앙했으며 무수한 설화와 소설로 그의 행적을 그렸다.

## 광대 출신 의적 장길산

장길산은 숙종 대에 산적 두목으로 유명했던 실존 인물이다. 《숙종실록》엔 도적의 괴수로 등장하고, 이익의 《성호사설》엔 홍길동, 임꺽정과 더불어 조선의 3대 대도로 기록되어 있다.

그는 광대 출신으로 원래 활동 무대는 황해도였다. 그 무리가 워낙 커서 조정에서 걱정거리로 여기다가 신엽을 황해도 감사로 삼아 장길산을 체포하도록 지시했다. 이때 신엽은 장길산의 부하 한 명을 잡았으나 그의 은신처를 알아내는 데 그쳤다.

1692년에 장길산은 황해도를 떠나 평안도 양덕현 일대에서 활동했다. 조정에서는 포도청을 직접 움직여 그를 잡으려고 했지만, 역시 실패했다. 이 일로 양덕 현감이 파직되었고, 장길산은 행방을 감춰버렸다. 그렇게 몇 년이 흐른 뒤, 장길산이 다시 나타난 곳은 국경지대인 함경도 두만강 입구의 서수라였다. 하지만 서수라에서 활동하던 장길산이 잡혔다는 기록은 어디에도 없다. 임꺽정은 물론 의문스러운 점이 있기는 하나 홍길동 역시 체포되었다는 기록은 남아 있는데, 장길산에 대해선 전혀 언급이 없는 것으로 미루어 그는 끝까지 잡히지 않았던 것으로 보인다.

장길산은 알려진 대로 과연 의적이었을까? 장길산이 의적이었다는 말은 숙종 23년(1697년) 1월 10일에 있었던 역적사건에 대한 심문 과정에 근거를 두고 있었다. 이날 이절과 유선기라는 자가 이영창의 역적모의를 고변했는데, 그 내용을 보면 이렇다.

어느 날 이영창이라는 자가 이절의 집에 와서 하룻밤을 묵으며 자기 스승을 만나보지 않겠느냐고 제안했다. 이영창의 스승은 운부라는 당시 70세가 된 노승이었다. 운부는 송나라 명신의 후예로 명나라가 망한 뒤에 조선으로 망명하여 금강산에 들어와 머리를 깎고 승려가 되었는데, 천문과 지리를 통달하고 사람을 거느리는 재주가 제갈공명에 뒤지지 않는다는 것이었다. 그의 제자 중에 뛰어난 자가 많으니 옥여, 일여, 묘정, 대성, 법주 등 1백여 명이며, 그들이 전국 각지의 절에 흩어져 지내며 팔도의 승려들과 결탁해 큰 조직을 결성하고 있다고도 했다.

게다가 운부는 최씨 성과 정씨 성을 쓰는 두 명의 진인眞人을 찾아내 은밀히 숨기고 있는데, 정씨 성을 쓰는 자는 조선을 무너뜨리고 왕이 될 자이고, 최씨 성을 쓰는 자는 중국을 장악한 뒤 황제가 될 인물이라고 했다. 두 진인은 기사년 무진월 기사일 무진시에 태어난 자들로서 모두 뱀으로 태어나 용이 될 운명이라는 것이었다.

운부 휘하엔 승려 외에도 여러 인물이 있었다. 황해도와 평안도 일대의 산적들을 움직이던 장길산을 비롯해, 병마사를 지낸 최운서의 서자 최상중과 최상성, 용장勇將 정학과 그의 아우 정신, 최헌경, 유찬, 설유징, 김화의 부자 지대호, 함경도의 술사 주비, 강계부사 신건, 상토 첨사 신일, 춘천의 용장 최홍복, 수원의 역사 한이태, 용인의 거사 조종석, 수원 군기감관 임필흥 등 숱한 인물이 포진해 있었다.

그런데 이절과 유선기가 고변하길, 운부의 명령에 따라 전국 각처에 흩어진 운부의 제자들과 조직에 동참한 장사 및 관리, 도적패 등이 그해 3월 21일에 함께 군사를 일으켜 도성을 공격하기로 했다는 것이다.

조정은 급히 군대를 파견하여 이들 무리를 제거하는 작업에 돌입했다. 숙종은 금부당상과 양사의 장관, 좌우포도대장에게 명해 거명된 자들을 모두 잡아들이고 문초하여 운부의 조직을 일망타진하라고 지시했다. 이에 운부의 제자로 고발된 승려 혜찰을 비롯해 이영창과 그의 동생 이영만이 체포되었고, 관련자로 중길과 선옥을 잡아들였다. 또 이영창과 의형제를 맺고 변란을 도모했다는 김경함, 김정열, 장영우, 장한경, 최상성 형제 등도 붙잡혀 들어와 문초를 당했다.

숙종은 또 운부와 풍열, 묘정, 혜일 등 그의 제자들, 그리고 최헌경, 신건 등도 신속히 잡아들이라고 명했다. 그 결과 운부의 제자라고 알려진 풍열과 혜일이란 승려가 잡혀 왔다. 나머지 승려들은 종적이 묘연했다.

포도청에서 이들을 모두 국문했는데 승려들에게선 별다른 혐의점을 찾지 못했고, 함께 잡혀 온 술사 주비란 자는 횡설수설하며 미친 사람처럼 엉뚱한 소리를 해댔다. 그 바람에 주비는 참형에 처해졌다. 하지만 승려를 비롯한 관련자들을 아무리 다그쳐도 주모자로 거론된 운부라는 승려를 아는 자가 없었다. 포도청은 운부와 진인, 정체가 파악되지 않는 승려 등 모든 것이 이영창의 거짓이라고 판단하고 그를 강력하게 추궁했다. 결국 이영창이 고문 끝에 이렇게 말했다.

"본시 중이란 떠다니는 구름과 같기 때문에 운부雲浮라는 이름의 승려를 허위로 지어냈고, 일여와 혜일은 일찍부터 알던 사이였습니다. 풍열은 이름이 알려진 중이었기에 끌어다 붙였고, 묘정역시 내가 지어낸 이름입니다."

사건은 이렇게 종결되었고, 혜일과 각선, 풍열, 일여 등의 승려들은 모두 무혐의로 석방되었다. 그리고 조정에서는 운부가 전국적인 조직을 형성하여 반역을 도모하려고 했다는 이영창의 말이 모두 거짓이라는 결론을 내렸다.

하지만 한 달여 뒤인 2월 16일에 이 사건이 다시 거론되었다. 당시 권력을 잡고 있던 남인 측에서 주장하길 이영창을 고발한 유선기를 비롯하여 이영창에게 불리한 진술을 한 김정열, 김경함, 홍기주, 조석 등이 모두 서인 노론의 핵심 인물인 김춘택의 심복이라는 것이다. 이들은 이영창의 옥사가 애초부터 김춘택이 남인을 모함하기 위해 꾸며낸 무고사건이라고 주장했다. 이 때문에 이영창을 몰아세운 김춘택의 심복들은 모두 무고죄로 처벌받게 되었다.

그러나 만약 이영창의 역적모의가 사실이라면 운부는 당시 전국적인 조직망을 거느리고 있던 인물이고 장길산은 운부의 휘하에서 활동하던 무장 세력이었을 것이다. 즉, 장길산은 임꺽정이나 홍길동보다도 훨씬 거대한 조직에서 활동하던 의적이라고 볼 수 있다. 그것도 끝까지 잡히지 않았던 유일한 의적인 셈이다.

朝鮮

7장

위조사건 파일

# 무엇을
# 위조했는가
—

위조라는 것은 어떤 물건을 진짜인 것처럼 꾸며서 만드는 행위를 뜻하는데, 이것이 죄가 되려면 위조된 물건이 타인을 속이는 데 사용되었거나 그런 목적으로 만들어져야만 한다. 조선시대에도 위조죄로 처벌받은 사례가 많았다. 대개는 인장, 문서, 화폐, 신분 증 등을 허위로 만들거나 변조한 경우였다.

실록에 처음으로 등장하는 위조범의 처벌 사례는 태조 4년 (1395년) 4월 21일 자 기사이다. 이 사건에서는 대담하게도 사노 들이 왕지를 위조했다. 왕지王旨란 왕의 지시를 일컫는데, 실록엔 '사노 최문, 오천수 등이 왕지를 위조하여 모두 기시棄市하였다'고 기록되어 있다. 여기서 '기시'라는 것은 시장과 같이 사람들이 많 이 모인 곳에서 죄인의 목을 베고 그 시신을 길거리에 방치하는 형벌이다. 이는 일반적으로 반역도와 같은 중죄인에게만 적용하던 형벌이었다.

실록은 이 노비들이 어떤 이유로 왕지를 위조했으며, 어떤 일에 사용했는지는 서술하지 않았다. 또한 왕지가 담긴 문서를 위조한 것인지 아니면 왕지를 사칭한 것인지, 이들이 누구의 노비인지에 대해서도 구체적인 내용을 남기지 않았다. 때문에 위조 행위에 대한 자세한 내막을 알 길이 없다. 짐작건대 죄인의 신분이 노비였던 것을 감안하면 이들이 왕의 지시를 담은 문서, 즉 교지를 위조한 것은 아닐 것이다. 또한 관노가 아닌 사노인 것으로 미루어 왕의 지시를 전달하는 임무를 띠고 있었던 것도 아닐 듯하다. 따라서 이들은 아마도 왕지를 사칭하여 어떤 일을 도모하려다 발각된 것으로 보인다.

이 사건 이후로 왕지를 위조한 사례는 기록되지 않았다. 왕의 업무와 관련하여 저지른 위조 행위는 최소 참형에 처해지는 만큼 쉽게 벌어질 수 있는 일이 아닌 까닭이다.

하지만 다른 형태의 위조사건은 빈번히 일어났다. 특히 가장 광범위하게 발생하면서도 범인 색출이 어려웠던 것은 화폐 위조였다. 주로 저화(태종 대부터 성종 대까지 발행했던 지폐)나 동전을 위조하는 형태였다. 그중 동전은 위조하기가 쉬워서 위폐를 적발하기가 쉽지 않았고 위조범을 찾아내기도 어려웠다.

어보를 위조하는 사건도 잦았다. 특히 조선 초기에 어보 위조가 성행했다. 당시엔 4품 이상 관리의 직위를 증명하는 유일한 문서가 어보를 찍은 사령장이었는데, 이 사령장을 위조하여 사기를 치는 일이 잦았던 것이다. 때문에 사령장 위조를 방지하기 위해서 사령장 대신 관리의 직위를 증명하는 직첩을 내리는 제도가 도입되었다. 하지만 그렇다고 해서 어보 위조가 사라진 것은 아니었다. 어보는 나라에서 내리는 중요 문서에 모두 사용되었으므로 문서로 타인을 속이려면 어보를 위조하는 과정이 반드시 필요했기 때문이다.

태종 대 이후에 백성들이 자신의 신분을 증명하는 호패를 사용했는데, 이 호패를 위조하는 사건도 빈번했다.


## 조선의 화폐정책이
## 실패한 이유
—

조선이 개국될 당시엔 통용되는 화폐가 없었다. 대신 쌀이나 포, 금, 은 등의 물품을 화폐로 사용했다. 고려시대부터 여러 차례에 걸쳐 명목화폐를 만들기 위해 노력했지만 백성들의 신뢰를 얻지 못해 번번이 실패했었다. 조선은 개국 초부터 물품화폐를 저화나 동전 등의 명목화폐로 전환하기 위해 무던히 애를 썼다.

명목화폐를 도입하려 했던 가장 큰 목적은 국가 재정을 안정화하고 경제 질서를 일원화하는 것이었다. 명목화폐 도입을 방해하는 가장 큰 적은 위조였다. 고려시대에 주조되었던 화폐가 시장에 정착하지 못하고 실패로 돌아갔던 주된 원인 중 하나도 바로 위조였다. 위조화폐가 남발되면 화폐에 대한 신뢰가 무너지고, 신뢰가 무너진 화폐는 가치를 상실하여 통용될 수 없기 때문이다.

그래서 조선은 처음엔 위조가 쉽지 않은 저화를 명목화폐로 택했다. 물론 저화를 택한 이유가 위조 문제에 한정된 것은 아니었다. 저화의 가장 큰 장점은 저렴한 발행 비용이었다. 비용이 적게 든다는 것은 저화의 재료가 되는 종이가 저화의 액수에 훨씬 미치지 못한다는 뜻이기도 하다. 그런데 이것은 저화의 가장 큰 단점이기도 했다. 저화의 실질적 가치가 약해 백성의 신뢰를 얻기가 힘들었기 때문이다. 그럼에도 태종은 과감하게 저화를 발행했다.

그러나 시중에 위조저화가 유포되기 시작했다. 저화가 비록 동전보다 위조가 어렵다곤 하지만 위조 자체를 방지할 수는 없었던 것이다. 심지어 관청에서 위조저화를 제대로 파악하지도 못하는 사태가 벌어졌다.

사헌부에서 개성 유후사 낭리 이원상, 이감, 최맹온 등의 죄를 청하였다. 이원상 등이 저화를 위조한 일을 깨닫지 못하였기 때문에 헌사에서 청하였는데, 모두 태 40대를 속 받고 환임하라고 명했다.

이 사건은 태종 11년(1411년) 윤12월 14일 자 실록 기사에 기록되었다. 저화가 처음 발행된 것은 1401년이었다. 하지만 백성이 신뢰하지 않아 1403년에 발행을 중단했다. 그 뒤로 베를 화폐 대신 사용했고 이 물품화폐를 흔히 포화라고 불렀다. 그런데 베는 부피가 커서 운반 비용이 많이 들었다. 태종은 1410년에 다시 저화를 발행했다. 그런데 재발행 1년 만에 위조저화를 발견한 것이다. 심지어 위조저화가 너무 정교한 나머지 담당 관원들조차 제대로 인식하지 못했고, 위조저화가 시중에 유포된 시점이 정확히 언제부터인지도 파악하지 못했다. 그 때문에 태종이 노발대발하여 위조저화가 발견된 개성부의 관원들을 징계했다.

이후로도 저화 위조사건은 계속 일어났다. 사실 당시 위조저화는 이미 광범위하게 퍼져 있었다. 그래서 백성들은 자신이 사용하는 저화가 위조된 것인지 모르는 경우도 많았다. 이와 관련하여 태종 12년(1412년) 10월 18일 자 기사에 다음과 같은 내용이 나온다.


위조한 저화를 사용한 3인의 죄를 논하여 차등 있게 하였는데, 그 하나는 맹인이고, 또 하나는 무녀이며, 그 다른 하나는 역리驛吏(역에 종사하는 서리)였으므로, 임금이 말하였다.

"무지한 사람이 잘못하여 사용한 것뿐이다. 스스로 만든 것은 아니니 맹인은 죄를 면해주고, 그 나머지는 죄를 줄여서 처벌하라."

이 내용으로 미루어 이미 위조저화가 전국적으로 널리 퍼져 있었음을 알 수 있다. 또한 백성의 상당수는 위조저화를 식별할 능력이 없었다. 만약 그들이 사용한 것이 위조동전이라면 구리의 가치만큼은 인정받을 수 있는데, 위조저화는 말 그대로 종잇값도 받을 수 없었다. 이 때문에 저화는 당연히 동전에 비해 신뢰성이 떨어졌다. 결국 조정은 저화와 동전을 병행해 발행해야 한다고 주장했다. 이에 태종은 1415년 6월 17일에 동전을 병행하여 사용하라는 지시를 내렸다.

하지만 사간원에서 동전 주조를 강력하게 반대하는 상소를 올렸다.

"대저 법이 세워지면 폐단이 생기게 마련입니다. 호패의 법과 저화의 법이 시행됨에 따라 범법자가 많아져 백성이 그 폐해를 입고 있습니다. 지금 또 동전을 행용하게 되면, 동전은 저화에 비하여 위조하기가 더욱 쉬우므로 반드시 범법자가 많아질 것입니다. 하물며 때가 크게 가물어 백성이 기근에 들려 하는데, 지금 동전을 행용하려고 한다는 소문을 듣게 되면 국가에서 비록 저화를 겸하여 쓴다고 하더라도 민심이 동요하여 가난한 백성이 저화를 가지고 쌀을 사려고 하여도, 마침내 쌀을 얻지 못할 것입니다. 이 때문에 아침은 끓이되 저녁을 끓이지 못하는 자가 반드시 있게 될 것이니, 법을 창설하여 시행하는 것이 실로 미편합니다. 청컨대 동전의 주조를 멈춰주소서."

조선통보(좌)와 상평통보(우), | 국립민속박물관

상소의 골자는 동전이 위조하기 쉬워 범죄자가 늘어날 것이라는 점과 동전이 발행되면 백성이 저화를 신뢰하지 않아 돈을 들고 가도 물건을 살 수 없는 상황이 올 것이라는 점이었다. 태종은 이 말을 옳게 여기고 동전 발행을 지시한 지 나흘 만인 6월 21일에 주조 작업을 중지했다. 동전 주조를 중지한 태종은 이런 말을 보탰다.

"훗날 명군이 나오면 이것을 행하게 될 것이다."

이렇듯 동전은 한동안 발행되지 못하다가 세종 5년(1423년)에 이르러 비로소 발행되었으니, 조선 최초의 동전인 조선통보였다.

조선통보가 발행되자 이후 저화의 신뢰는 바닥으로 떨어졌고 급기야 유명무실한 존재가 되고 말았다. 그런데 동전 발행의 문제점은 위조만이 아니었다. 동전의 원료인 구리를 전량 일본에서 수입했기 때문에 구리 수급에 한계가 있었던 것이다. 이 때문에 동전을 대대적으로 주조할 수 없게 되었고, 결국 민간에서는 다시 물품화폐인 베를 선호하게 되었다. 이에 조정도 베를 화폐로 사용하는 상황이 펼쳐졌다. 조선통보의 실패 이후 조선에선 베, 즉 포화가 법화의 기능을 했는데, 숙종 대인 1678년에 상평통보가 발행되면서 새로운 동전시대가 전개되었다.

동전의 발행은 반드시 위조화폐를 등장시키기 마련이었지만 사실상 큰 문제는 되지 않았다. 동전 위조엔 구리를 사용해야 했는데, 어차피 민간에서 구리를 구하는 것이 쉽지 않았으므로 위조화폐를 만드는 일 또한 만만치 않았기 때문이다. 게다가 설사 위조에 성공했더라도 모양이 조악하거나 위폐임을 식별하는 것이 쉬웠기 때문에 통용되는 데 어려움이 있었다. 덕분에 상평통보는 이전의 화폐들처럼 사라지지 않고 조선 말기까지 법화로 인정받아 유통될 수 있었다.


## 어보를 위조하고
## 살아남은 자
—

조선시대엔 왕의 인장인 어보를 위조하는 사건이 많았다. 어보를 위조하면 엄청난 처벌이 뒤따를 수밖에 없는데도 의외로 어보 위조사건은 심심찮게 일어났다. 물론 어보를 위조한 죄인은 참형을 당했다. 하지만 그들 중에는 운 좋게도 목숨을 부지한 이들이 있었다. 다음은 태종 5년(1405년) 5월 16일 자 실록 내용이다.

> 탄신의 하례를 정지하고 가벼운 죄를 용서하였으니 가뭄을 근심했기 때문이다. 김천보와 손기린이 어보관교御寶官敎를 위조한 일이 있어 그 죄가 사형에 해당되는데, 등수를 감하여 장 1백 대를 치고 도역을 정하였다.

내용인즉 태종이 생일을 맞이하여 특별사면을 시행해 어보관교 위조죄로 사형이 선고된 김천보와 손기린의 벌을 감형하여 장 1백 대를 때리고 징역형에 처했다는 것이다. 태종의 생일인 데다 가뭄이 겹쳐 민심이 좋지 않은 덕에 목숨을 건졌으니, 김천보와 손기린은 어보를 위조하고도 그야말로 기대치 않은 행운을 얻은 셈이었다.

이 기록에 나오는 어보관교란 임금이 4품 이상의 관리를 임명할 때 주는 사령장을 지칭한다. 그렇다면 이들은 왜 관리의 사령장을 위조했을까? 이에 대한 이유는 세종 11년(1429년) 10월 16일 자 기사에서 찾을 수 있다.

> 이조에서 아뢰었다.
> "근래에 나라의 도읍을 세운 지 얼마 되지 아니하였으므로 각 관사와 교량을 가설한 중들에게 모두 상과 직책을 주고 관교를 내렸사온

데, 간사한 무리들이 어보 이외에 다른 서명이 없는 것을 기화로 이를 위조하는 자가 꽤 많습니다. 청하건대 이제부터 관교를 주지 마시고 모두 직첩을 내주도록 하며, 전에 받은 관교도 또한 모두 회수하여 고치고, 만일 숨겨두는 자가 있으면 직책이 없는 승려의 예로 논단하도록 하소서."

이에 그대로 따랐다.

이렇듯 어보 위조사건을 막기 위해 관교 대신 직첩을 내렸지만, 이후에도 비슷한 위조사건이 계속 일어났다. 그런데 어보 위조가 매우 중대한 범죄였음에도 정작 왕들은 그리 심각하게 보지는 않았던 모양이다. 태종이 어보 위조범을 특별히 감형했듯이 영조도 비슷한 일을 했다. 다음은 영조 46년(1770년) 2월 5일 자 실록 기사다.

어보를 위조한 죄인 변세기, 왕귀찬, 임우춘 등의 사형을 특별히 용서하여 여러 도에 나누어 정배하라고 명하였다.

이때에 여러 죄인을 가두고 형신을 가하여 옥안은 이미 갖추어졌으나 미처 완결되지 못하였는데, 변세기의 아내 연이가 북을 쳐 등문하니, 임금이 형조 판서 구선복에게 명하여 변세기의 문안 및 등문한 공술 초본을 갖고 들어오게 하여 읽으라고 명하였다. 이에 명릉(숙종과 그 계비 인현왕후 및 인원왕후의 능)의 능역 때에 연이가 흙을 진 내용이 있었는데, 이를 보고 임금이 말하였다.

"진실인가?"

구선복이 대답하였다.

"과연 있었습니다."

임금이 기특하게 여겨 특별히 그 지아비의 형을 감하여 정배할 것을 명하였으며, 왕귀찬과 임우춘은 변세기와 같은 죄로서 다르게 할 수는 없으므로 모두 사형에서 감하여 정배한 것이다. 구선복이 말하였다.

"옥사의 체통이 지극히 중한데 어찌 경솔히 풀어줄 수 있겠습니까? 대신에게 하문하여 처리하소서."

이에 임금이 말하였다.

"흙을 진 여인의 지아비를 어찌 법대로 처치할 수 있겠는가? 비록 대신일지라도 감히 따르지 않을 수 없을 것이다. 또 왕씨 자손을 한편으로 면천하고 한편으로 사형에 처함은 마음에 차마 할 수 없는 바다. 곧 물러가서 비록 밤이 깊더라도 개좌하여 거행하라."

이에 앞서 하한장이란 자가 사형수로 갇혔었는데, 그의 아내가 앵봉에 자리한 능역에 흙을 진 사실로 인하여 방면되었다. 변세기의 아내가 또 본받아 행하여 마침내 그 꾀가 이루어졌으며 왕귀찬 등은 죄가 마땅히 죽어야 하나 이로 인하여 모두 감형이 되었으므로, 간사한 백성이 징계하여 두려워하는 바가 없었으니 애석한 일이다.

어보를 위조한 죄는 무조건 참형에 해당하는데, 세 명의 죄인 중 한 명인 변세기의 아내에게 능역을 할 당시 흙을 지고 나른 공이 있어 사형을 감하여 유배형으로 낮췄다. 또한 같은 죄를 저지른 나머지 두 명만 죽일 수 없어 그들도 유배형으로 감형된 것이다. 이를 두고 조정에서는 불만이 많았으나 영조의 의지가 대단히 확고해 되돌리지 못했다.

## 반역으로 비화된 위조사건

때론 어보 위조사건이 반역사건으로 비화되기도 했다. 그 대표적인 사건이 '김직재의 옥'이다. 광해군 시절인 1612년에 발생한 반역사건인데, 이 사건의 발단이 된 것은 김경립의 어보 위조였다.

김경립은 황해도 봉산군 사람으로, 병역을 회피하고자 어보와 관인을 위조했다. 그런데 그를 체포한 봉산 군수 신율이 이 사건을 확대해 반역사건으로 몰고 갔다. 당시 정국은 광해군을 지지하는 대북파가 영창대군을 지지하던 소북파를 몰아내기 위해 혈안이 된 상황이었다. 때마침 김경립 사건이 터지자 대북파는 이 사건을 모반으로 조작하여 소북파를 숙청하는 계기로 삼고자 했던 것이다.

이 과정에서 봉산 군수 신율이 핵심적인 역할을 했다. 신율은 김경립을 체포한 후 황해도 병사 유공량에게 이런 보고를 했다.

"이달 7일에 어떤 사람이 와서 병조의 '차례로 전달하는 관문' 한 통을 바쳤는데, 겉봉에 '벽제로부터 중화까지 전달하는 관문'이라고 씌어 있었습니다. 그러나 관에서 보내는 문서의 모양 같지가 않았습니다. 뜯어보니 '중화 군사軍士 김경립을 군역에 충정하지 말라'는 내용이었습니다. 이에 위조한 형적이 현저하여 의심의 여지가 없으므로 즉시 그 사람을 잡아 출처를 추궁한즉 본 군에 사는 김경립의 짓이었고 인장은 그 집 산 뒤쪽에 묻어두었다는 것이었습니다. 많은 군사를 풀어 수색하여 어보 한 개와 병조의 도장 한 개를 캐내었습니다. 이것들은 감사에게 올려 보냈습니다.

김경립은 바로 김제세가 고친 이름으로서 중화에서 옮겨 와 본 군에 사는 자입니다. 즉시 경립을 잡아다 심문하니 그 공초에 '평산의 대장이 군내에서 반역을 일으키고자 우리 형제로 하여금 허실을 염탐하게 하였기 때문에 여기에 왔다'고 하였습니다. 그의 꾸며대는 말이 괴이하여 다시 국문을 가한즉 말이 혼란하여 믿을 만한 것이 없었습니다. 그러나 그 대략은, 팔도에 모두 대장과 별장을 정했는데 그 자신은 본 도의 서사書寫 관리라고 하였습니다. 무리가 많이 모이기를 기다렸다가 불시에 서울을 범한다는 것으로서 지극히 흉악한 내용이었습니다.

그의 아우 김익진을 추문하니 '팔도의 도대장은 바로 김백함이다. 그 아비 김직재는 왜적에 잡혔을 때 왜적이 그 아비 김흠을 죽여 삶자 태연히 그 고기를 먹었다. 그 뒤에 대간의 아룀으로 인하여 잡혀서 국문을 받고 풀려났다. 아들 백함은 제 아비가 실직한데 분을 품고 반역을 꾸몄다'고 하였습니다. 또한 '모든 관련 문서는 모두 최 군의 집에 있는데 각 도 역적들의 사정을 최 군은 모르는 것이 없다'고도 하였습니다. 그리하여 각 도의 대장으로 결정된 사람의 용모와 나이를 일일이 추문하여 책을 만들어 올립니다."

유공량의 보고를 받은 대북파는 당장 이 내용을 모반사건으로 몰고 갔다. 하지만 사건의 진실에 대해 당시 사관은 다음과 같은 글을 전한다.

상고하건대, 김제세(김경립)는 본디 병가兵家의 자손이다. 어려서 중이 되어 겨우 글자를 조금 알게 되었다. 환속하여서는 군보軍保에 소속되었는데, 그 역을 견디지 못하여 봉산 지역으로 도망하자 중화에 있는 그의 부모 친척들이 모두 대신 징발을 당하였다.

제세가 군보의 역을 모면하려고 예조에서 내린 훈도의 직첩을 위조하여 제 이름을 써넣은 뒤, 중화부 병조에 전달문을 보내려고 하였다. 역을 경유하여 전달문을 보내기 위해 먼저 봉산군에 보낸 뒤 중화부에 전달되도록 하려고 했는데, 봉산 군수 신율이 보고 위조임을 알고는 즉시 추궁하여 위조한 어보와 관인을 찾아냈다. 이것이 제세의 대략적인 죄안이다.

제세는 군역을 도피했기 때문에 감히 직접 중화에 제출하지 못하였다. 그런데 한 장의 전달문으로 군역을 면하려고 했으니 그 꾀가 너무나도 어리석다. 훈도의 직첩은 당연히 이조가 내린 문서로 나와야 하는 것인데 예조 문서로 위조하였고, 또 직첩 내에 예조 참지라고 썼는데 예조에 참지가 없는 줄은 알지 못하였다. 위조하여 새긴 어보와 병조인도 전서篆書의 획이 제대로 되지 못하였으며, 문서에 모두 먹으로 찍었다. 또 '차례로 전달하는 관문'은 바로 군국軍國에 관한 중대사에 관계되는 경우에 사용하는 것으로 이로써는 면역이 용납되지 않는다는 것을 몰랐다.

대개 해서 지방의 풍속은 어리석고 완악하여 문법도 알지 못하는데 제세는 환속한 지 오래되지 않아 더욱 관가의 규례에 어두웠다. 비록 위조문서라고 해도 형식조차 갖추지 못했으니 간사한 자의 꾐에 빠져 어지러운 말로 거짓 공초한 것은 당연하다고 하겠다.

김경립은 병역을 피해 오랫동안 산속에 머물러 있던 탓에 세상 물정을 몰라 이조에서 만들어야 할 문서를 예조의 문서로 위조했다. 또한 예조에는 있지도 않은 예조 참지라는 관직으로 문서를 작성했으니 조잡하기 이를 데 없었다. 이를 보고 한눈에 위조문서임을 안 봉산 군수 신율은 자신의 출세를 위해 김경립과 그의 아우 김익진을 고문하여 허위자백을 끌어내고, 단순한 어보 위조사건을 모반사건으로 몰고 간 것이다.

이후 대북파는 팔도 도대장으로 지목된 김백함과 그의 아버지 김직재, 김직재의 사위 황보신 및 그 일족을 모두 잡아들여 모진 고문을 가하고 허위자백을 받아냈다. 그 과정에서 김백함은 아버지 김직재의 실직에 불만을 품고 반역을 모의했다는 자백을 강요받았으며 고문을 이기지 못해 결국 모든 내용을 시인하게 되었다. 또한 김직재는 자신이 역모의 주동자이며, 연흥 부원군 이호민, 전 감사 윤안성, 전 좌랑 송상인, 전 군수 정호선, 전 정언 정호서 등 일군의 소북파 인사들과 꾀하여 특정한 날을 잡아 도성을 무너뜨리려고 했다고 자백하기에 이르렀다.

이 사건은 소북파의 거두이자 선조의 유명을 받든 일곱 신하 중 하나였던 박동량의 반대 상소에도 불구하고 옥사로 이어졌다. 역모 세력이 추대하려던 왕이 선조의 아들 순화군의 양자인 진릉군 이태경이라고 하여 그도 처형되었으며, 그들과 관련이 있는 대부분의 인사가 모두 제거되었다. 이 옥사로 김직재, 김백함 부자가 처형당하고 김제, 유열 등 1백여 명의 소북파 인사들이 대거 숙청당했다.

이 사건이 김직재의 옥으로 불리게 된 것은 그가 모반의 주모자로 거론되었기 때문이다. 그는 임진왜란 중에 아버지 상을 당했는데 이때 고기와 술을 먹었다고 하여 직첩을 빼앗겼다가 돌려받은 적이 있었다. 그 후 광해군 때 늙은 어머니를 학대했다고 하여 직첩을 다시 빼앗겼다. 이 때문에 그는 광해군에게 원한을 품게 되었고, 대북파가 이 같은 그의 약점을 이용해 소북파를 완전히 제거한 것이다.


## 호패 위조범은
## 왜 발생했을까
—

태종 13년(1413년)에 당시의 신분증에 해당하는 호패에 관한 법이 확정되었다. 그런데 호패법이 실시된 이후 호패 위조범들이 속출했다. 이들이 호패를 위조한 이유는 간단했다. 위조한 호패로 높은 신분을 가장하여 사기를 치기 위해서였다. 호패는 신분증 역할을 했지만 요즘의 주민등록증과 달리 신분에 따라 모양과 재질이 달랐다. 호패법에는 이에 대한 규정이 있다.

- 호패의 모양과 형태는 길이가 3촌 7푼, 너비가 1촌 3푼, 두께가 2푼이고, 위는 둥글고 아래는 모가 나도록 한다.
- 2품 이상은 상아를 쓰나 녹각으로 대용하고 오로지 예궐할 때에만 사용하며, 4품 이상에는 녹각을 쓰나 황양목으로 대용하며, 5품 이하에는 황양목을 쓰나 자작목을 대용하며, 7품 이하에는 자작목을 쓴다. 위에서는 아래의 것을 사용할 수 있으나 아래에서는 위의 것을 사용할 수 없으며, 서인 이하는 잡목을 쓴다.

상단이 각지게 처리되거나 상단에 호패끈을 끼우기 위한 구멍이 있는 등
호패의 형태는 다양했다. | 국립민속박물관

- 서울에서는 한성부에서, 외방은 각 지역의 관청에서 이를 맡아
  보는데, 본인으로 하여금 패를 만들어 바치도록 한다. 패가 완성
  되면 인장을 찍도록 허락하고 자기가 만들 수 없는 자는 나무를
  바치도록 허락해 공장으로 하여금 만들어주도록 한다.

이렇듯 호패는 보기만 해도 당사자의 신분을 알 수 있도록 규
정되어 있다. 따라서 호패를 좋은 재질로 만들어 자신의 신분을
과장한 후 고위직 행세를 하여 사기를 치는 범죄사건은 호패법이
제정될 당시에 이미 예견된 일이었다.

그런데 반드시 범죄를 저지르기 위해 호패를 위조한 자들만 있
는 것은 아니었다. 호패 위조범들의 대다수는 호패법에 따른 처벌

을 피하려다 색출된 자들이었다. 그렇다면 도대체 호패법에 따른 처벌이 무엇이었기에 백성은 호패를 위조까지 하면서 범죄자가 되었을까? 사실 호패법은 대단히 가혹한 악법이었다. 그 내용을 옮겨보면 이렇다.

- 패를 바친 후에 호패를 수령하지 않는 자가 있으면 중형으로 논죄한다.
- 호패를 잃어버리는 자는 불응위율에 의하여 태형을 집행하고 다시 지급한다.
- 호패를 함부로 두는 자도 불응위율로써 태형을 집행한다. 단 나이 70세 이상과 10세 이하는 논하지 않는다.
- 호패를 위조하는 자는 위조보초율로써 논죄한다.

호패법은 이렇듯 제때 수령하지 않아도 중죄로 다스렸고, 잃어버리는 등 제때 제시하지 못해도 태형을 당해야 했다. 또 호패를 위조하면 위조죄로 강하게 처벌했다. 게다가 호패는 10세 이상 남성이면 누구나 차고 다녀야 했으니, 보통 가혹한 법이 아니었다.

그런데 당시 호패를 알맞게 수령하지 못하거나 분실하는 사람이 부지기수였다. 그 때문에 처벌받지 않기 위해 몰래 호패를 만들어 가짜 관인을 찍어 다니는 사람이 많을 수밖에 없었다. 이렇듯 호패법은 엄청난 수의 범죄자를 양성하는 악법이었다.

朝鮮
CRIMINAL

## 8장

# 폭행·방화·
# 밀수사건 파일

# 폭행사건의
## 양상
—

### 주인을 폭행한 노비의 운명

지금도 마찬가지지만 조선시대에도 폭행은 가장 흔한 범죄였다. 폭행이라는 것은 타인의 신체에 폭력을 가하거나 폭력을 가하려는 의도로 상대방에게 상처나 공포감을 주는 행위를 일컫는다. 순간적인 감정을 참지 못해 저지르는 우발적 폭행부터 이해관계에 따라 어떤 이익을 취하기 위해 저지르는 계획적인 폭행까지 그 양상이 다양하다.

조선의 법을 따르면 단순 폭행죄에 대해서는 대개 장 60대에서 80대를 적용하는 것이 일반적이었다. 그런데 신분사회였기 때문에 다른 범죄와 마찬가지로 가해자와 피해자의 신분에 따라 처벌이 달라졌다. 예컨대 신분이 높은 양반이 하인이나 평민을 폭행한 경우엔 장형을 당하거나 벌금을 내는 데 그쳤다. 또한 신분 차이가 큰 경우엔 그다지 법적으로 문제 삼지도 않았다. 하지만 신분이 낮은 자가 신분이 높은 사람을 폭행한 경우엔 처벌 수위가 높았다. 평민이 양반을 폭행했을 경우엔 장 1백 대에 도 3년 형을 주었을 정도다. 그리고 이보다 더 강력하게 처벌한 것은 노비가 주인을 구타한 경우다. 다음 사건이 대표적이다.

> 형조에서 아뢰었다.
> "평양에 사는 사람의 사노인 어리금이 마을 사람들을 불러들여 그의 주인을 구타하고 나서 활과 화살을 가지고 그 일당을 좇아가다가 따르지 못하였다 하오니, 어리금은 율이 참형에 해당하옵니다."
> 이에 그대로 따랐다.

이 사건은 세종 12년(1430년) 10월 13일 자 실록에 실린 내용이다. 어리금이라는 사노가 자기 주인을 구타했는데, 그것도 혼자가 아니라 여러 명을 동원했다. 형조는 참형을 구형했고 세종 역시 참형을 선고했다.

지금의 법으로 보면 하나의 폭행상해에 불과하지만, 조선의 법은 어리금에게 사형, 그것도 목을 잘라 죽이는 참형을 선고했으니, 신분사회에서만 있을 수 있는 차별적인 재판 결과임이 분명하다.

그렇다면 노비 신분인 자가 현재 주인이 아닌 이전 주인을 폭행했다면 어떤 처벌이 이뤄졌을까? 《대명률》에선 이에 대해 '노비가 전 가장을 구타하고, 가장이 전 노비를 구타하면 각기 보통 사람을 구타한 것으로서 논죄한다'라고 규정하고 있다. 말하자면 현재 주종 관계가 아니라면 과거의 관계는 법 적용과 무관하다는 뜻이다.

**자식이 부모를 폭행했다면**

폭행죄를 무섭게 처벌하는 경우는 비단 하인이 주인을 때린 것에만 한정되지 않는다. 유교사회였던 조선은 효를 무척 강조한 까닭에 자식이 아버지나 할아버지 등 어른을 구타하는 경우엔 매우 강력하게 처벌했다. 다음 사건이 바로 그런 경우다.

> 형조에서 아뢰었다.
> "양인 이귀봉이 어미에게 머리채를 꺼둘리다가 그 머리를 휘둘러서 어미로 하여금 물에 빠지게 한 죄는, 율이 참부대시에 해당합니다."
> 임금이 듣더니 사형을 감면하게 하였다.

성종 2년(1471년) 9월 10일 자 기사에 수록된 이 사건은 법대로라면 참부대시에 해당한다. 참부대시는 참형보다 한 단계 높은 형벌이다. 그럼에도 성종은 이귀봉의 사형을 감면했다. 이유가 무엇일까? 그것은 이 사건의 내막을 잘 살펴보면 알 수 있다.

실록에 따르면 이귀봉의 어머니가 이귀봉의 머리채를 잡아채자 이귀봉이 머리를 내둘렀고, 그 바람에 이귀봉의 어머니가 중심을 잃고 미끄러져 물에 빠졌다. 그런데 그 어머니가 죽었다는 내용은 없는 것으로 미루어 익사한 것은 아니다. 그런데도 형조는 이귀봉에게 부모를 구타한 죄를 적용하여 참부대시형을 구형했다.

《대명률》에 따르면 부모에게 욕을 하거나 부모를 구타한 자는 참형에 처하도록 되어 있다. 그런데 이귀봉은 어머니를 위험에 빠트렸기 때문에 참형보다 하나 위인 참부대시를 적용한 것이다. 하지만 성종은 이귀봉이 어머니를 구타하여 위험에 빠트린 것으로 보지 않았다. 그의 어머니가 물에 빠진 것은 이귀봉의 고의적인 행동에 의한 것이 아니었기 때문이다. 즉, 폭행죄를 적용하는 것은 가혹하다고 판단한 것이다.

판부의 내용엔 나오지 않지만 성종이 사형을 면해준 배경엔 아마도 이귀봉의 어머니가 선처를 요청하는 탄원서가 있었기 때문일 것이다. 원래 친속 사이의 구타 사건은 친고내좌親告乃坐의 법이 적용된다. 친고내좌란 친속 사이에 폭행 등의 사건이 발생했을 때 피해자가 직접 고발해야만 처벌하는 것을 일컫는다. 지금의 용어로는 친고죄라고 할 수 있다. 그런데 이 사건은 앞뒤 정황으로 볼 때 이귀봉의 어머니가 직접 아들을 고소한 것은 아닐 것이다. 이귀봉의 실수로 어머니가 물에 빠졌고 그 사실을 목격한 동네 사람들이 어머니를 구해낸 후 관아에 고발한 것으로 보인다. 비록 친속 사이의 구타가 친고죄에 해당한다고 하더라도 주변 사람들이 다 본 이상 감춰질 수 없는 상황이다. 그래서 이귀동이 고발되었는데 정작 그 어머니가 아들의 처벌을 원하지 않아 사형을 면한 것으로 보인다.

그런데 어떤 부모는 자식의 처벌을 원하기도 했다. 태종 11년(1411년) 6월 3일 자 기사를 한번 보자.

> 형조 판서 임정이 아뢰었다.
>
> "형조에 판결하기 어려운 일이 있는데, 한 어미가 그 아들이 죽기를 원하는 일입니다."
>
> 이에 임금이 말하였다.
>
> "무슨 말이냐?"
>
> 임정이 대답하였다.
>
> "도성 관리의 여종 아무개가 말하기를 '내 아들이 나를 구타하니 이놈을 죽여주십시오'라고 하므로, 신 등이 여러 날 동안 조사하였어도 그 실정을 얻지 못하였습니다. 또 아들의 용모를 보건대 매우 열약하여 그 어미를 구타할 수 없는 놈인 듯이 보였습니다."
>
> 임금이 말하였다.
>
> "어미가 그 아들을 죽이려고 하니 어찌 공연한 일이겠는가? 그것을 자세하게 살피라."
>
> 그러자 대사헌 황희가 또 말하였다.

"신도 이 일을 알고 있습니다. 이 여종은 일찍이 남의 첩이 되어 음란한 행동을 자행하여 아들을 낳았는데, 다른 곳에서 자랐기 때문에 본래부터 모자의 애정이 없으므로 항상 아들을 해치려고 합니다."

한 어미가 아들에게 구타당하고 있다고 그 아들을 고발한 내용이다. 하지만 조선사회에서 이런 일은 일어난다는 것이 너무나 믿기 어려웠던지 태종은 형조의 말을 믿지 않았다. 그래서 여종의 아들을 다시 신문하여 조사하라고 지시했다.

만약 그 어미의 말이 사실이라면 아들은 부모를 폭행한 죄로 참형에 처해졌을 것이고, 참형을 받았다면 기록이 남았을 것이다. 하지만 실록에 그 이후의 상황이 나오지 않는 것으로 미루어 이 사건은 참형으로 다뤄지지 않았다. 따라서 황희의 말대로 어미가 자식을 무고하여 죽이려고 한 것이 분명하다.

### 관리의 폭행사건

흔히 위계질서가 엄한 곳일수록 구타사건이 많은 법이다. 그리고 조선시대에 위계가 가장 엄한 곳은 역시 관청일 것이다. 그 때문에 관청의 고급관리가 하급관원이나 서리를 구타하는 일은 자주 있었다. 물론 웬만해서는 이런 구타 행위를 문제 삼지 않았다. 대개 하급관리가 일방적으로 당하는 경우가 많았고 후환이 두려워 고발하지 못했기 때문이다. 하지만 상관의 횡포가 워낙 심할 경우엔 참지 못하고 고발하는 경우가 있었다. 특히 구타한 상관이 직속상관이 아니라면 더러 형조에 고발장이 접수되기도 했다. 다음은 태종 대에 일어난 사건이다.

사헌부에서 총제 권희달의 죄를 청하였다. 소는 이러하였다.

"춘추관 기사관 최사유가 경연에서 물러 나오다가 총제 권희달을 승정원 문밖에서 만났는데, 최사유가 땅이 비좁아서 몸을 굽히고 물러섰더니 권희달이 무례하다고 하였습니다. 권희달이 그 배종하는 서리를 붙잡아 주먹으로 치며 묻기를 '저 자는 무엇 하는 사람이냐?'고 하므로, 서리가 대답하기를 '사관입니다' 하니, 권희달이 '유자(문관)가 무관을 멸시하는 지가 오래다'라고 하며 극언을 하여 꾸짖었습니다. 권희달은 전하께서 재계하는 날에 대의를 돌보지 아니하고 서리를 구타하고 사관을 꾸짖고 욕하였으니, 죄가 마땅히 용서할 수 없습니다."

임금이 의정부에 명하여 의논하게 하니 의정부에서 아뢰었다.

"권희달 같은 완악한 자를 어찌 족히 따지겠습니까?"

임금이 권희달을 불러 꾸짖었다.

"네 나이가 이미 어리지 아니한데 미치고 방자한 행동이 가시지 아니함은 어찌된 일이냐? 네 죄가 가볍지 아니하나 아직 직임에 나아가게 하니, 조심하여 다시 이 같은 행동을 하지 말라."

총제는 요즘으로 치면 군사령관 격인 높은 지위의 무관이다. 그런 위치에 있던 권희달이 품계가 낮은 춘추관 사관이 자기에게 제대로 인사를 하지 않는다는 이유로 춘추관 서리를 주먹으로 때렸다. 또한 사관 최사유에게 욕설을 퍼부었다. 사관이라고 하면 대개 7품 이하의 문관인데 감히 2품관인 총제를 보고도 인사를 제대로 하지 않는 것은 문관들이 무관을 얕보는 데서 비롯된 것이라고 생각했다.

하지만 춘추관 사관은 품계는 낮지만 전도유망한 한림직이다. 대개 그들은 예문관에 소속된 관원으로 왕의 교지를 작성하는 역할을 한다. 그 때문에 콧대가 높기로 유명하다. 그런데 무관인 총제가 춘추관의 서리를 때리고 사관에게 온갖 욕을 퍼부었으니, 예문관에서 가만히 있을 리 없었다. 예문관의 관원은 사헌부와도 밀접했으므로 당연히 사헌부에 고발했을 테고, 사헌부는 곧장 임금에게 소장을 올린 것이다.

게다가 권희달은 정종 시절에도 사헌부 서리를 때려 장 40대를 맞고 벼슬에서 내쫓긴 적이 있었다. 그런데 총제 자리까지 오른 뒤에도 그 성질을 죽이지 못하고 또 구타사건을 일으킨 것이다. 하지만 태종은 권희달을 불러 나잇값 좀 하라며 주의를 주는 것으로 그쳤다. 여느 인사 같으면 벼슬을 떼고 쫓아낼 일이었지만 권희달은 태종이 아끼는 장수였기 때문이다.

이렇듯 관리들의 폭행사건은 타 부서의 관원을 구타했을 때 고발되는 경우가 대부분이었고, 구타당한 사람의 벼슬이나 위치에 따라 처벌이 결정되곤 했다. 만약 권희달이 서리가 아니라 기사관을 구타했더라면 그는 벼슬에서 쫓겨났을 것이다. 아무리 왕이 아끼는 무관이라고 해도 사관을 구타하는 것은 왕을 능멸하는 행위였기 때문이다.

다른 부서의 관원을 구타한 사례는 실록에 부지기수로 등장한다. 다음 두 건의 사례를 더 살펴보자.

> 환자宦者 염유치를 순금사에 가뒀다. 염유치가 본궁의 역사를 감독하다가 장흥고 영사를 구타하여 이를 부러뜨렸기 때문이었다.
>
> _태종 8년(1408년) 1월 18일

전교하였다.

"날이 추울 때는 대전 장무 내관이 서방색과 사약 별감을 거느리고 순심하며 불을 피우지 못하게 하는 것이 바로 선조의 옛 전례이다.

어젯밤에 바람이 세고 추위가 심하였기 때문에 위에서 승전색에게 명하여 내관이 불을 피우지 못하도록 하였다. 이에 전례에 의해 명을 받들고 나가 순심을 하니, 동소東所에 불빛이 매우 치성하기에 옛 전례대로 다만 금화의 일을 말하였다. 그런데 동소 위장 이유서가 상의 명을 업신여기고 군사를 시켜 별감을 잡아들이게 하여 거리낌 없이 뺨을 때렸다고 한다.

명을 받들고 순심 나간 별감을 위장이 어떻게 감히 그렇게 할 수 있단 말인가. 요즘 위장을 사리에 어둡고 용렬한 사람으로 구차하게 채워서 이와 같은 일이 있게 만들었으니, 매우 놀라운 일이다. 그 소행은 마땅히 중법으로 따져야 할 일이나, 지금은 우선 체직시킨 뒤 추고하라." _광해 11년(1619년) 12월 18일

첫 번째 사례는 내관이 장흥고의 관리를 구타한 사건이고, 두 번째 사례는 궁궐을 지키는 장교가 내관의 지휘를 받는 별감을 구타한 사건이다. 두 사건 모두 위력으로 상대를 폭행했다. 이 경우 위력제박률을 적용하여 장 70대를 때리는 것이 정상이었다. 하지만 두 사건의 처벌 결과는 크게 달랐다. 첫 번째 사례의 염유치는 순금사에 이틀 동안 갇혔다가 석방되었고, 별감을 때린 위장은 다른 부서로 이동시키고 중법으로 다스렸다. 염유치가 때린 장흥고 영사는 종5품 관원이고, 위장이 때린 사약 별감은 9품 벼슬로 궁궐의 잡무를 보는 계약직 관원이었다. 그런데 종5품 관원을 때린 환관은 겨우 이틀만 궁궐 감옥에 갇혔다가 석방되고 별감을 때린 위장은 자리에서 쫓겨나고 법에 따라 처벌되었으니, 그야말로 고무줄 형법이 아닐 수 없었다. 이렇듯 조선시대의 폭행사건은 폭행의 당사자가 어떤 위치에 있는가에 따라 처벌 수위가 현격하게 달랐다.

# 방화가 발생한
## 이유

—

### 함경도의 악습

조선 초기 조정은 함경도 지역의 두 가지 악습 때문에 몹시 골머리를 앓았다. 그 악습의 첫 번째는 때마다 소를 잡아 제사를 지내거나 손님을 접대하는 것이었다. 당시에는 소가 농기구의 일환이나 다름없었기 때문에 국가에서 소 잡는 일을 엄격히 규제했지만 함경도 지역에서는 이 풍습 때문에 집집마다 소가 남아나지 않았다. 더 문제가 되었던 악습은 누군가와 다툼이 일어나 감정이 상하면 몰래 상대의 집에 불을 지르는 것이었다. 이 때문에 온 마을이 화염에 휩싸이곤 했다. 이와 관련하여 세종 7년(1425년) 8월 30일에 함길도 찰방 신인손이 다음과 같은 보고를 올렸다.

"본 도 백성이 혹 술로 인한 조그만 혐의나, 혹은 싸움으로 인한 서로의 증오나, 혹은 혼인을 꾀하다가 성사가 안 되거나 함으로써, 바람 부는 밤을 타서 남의 집에 고의로 불을 질러 집 안의 사람과 가축이 모두 다 없어져서, 1년 동안에 화를 입은 자가 1백여 가호가 될 뿐아니라, 그 간악하고 참혹함은 이루 다 말할 수 없사옵니다. 또 그 풍속이 미신으로 무당을 숭상하여 반드시 소를 잡아 귀신에게 제사하고, 또 손님 대접이나 먹기 위해서 끊임없이 소를 잡는데, 1년 동안에 잡은 소가 수천 마리가 넘습니다. 민간 풍속이 습관으로 되어 예사로 여기어서, 비록 법령이 있으나 아랑곳없이 고칠 줄을 모릅니다. 그러하오니 감독 관서로 하여금 금지 단속하는 방법을 엄중하게 세워서 이 두 가지 폐습을 고치도록 하기를 청합니다."

이 보고서에 따르면 함경도 백성들 사이에는 화풀이로 몰래 남의 집에 불을 지르는 악습이 만연해 있었다. 세종은 형조 관리를 특별히 함경도로 파견하여 주민을 교화하고 방화범에 대해서는 강력한 처벌을 실시했다. 이후로 방화범이 줄어들었지만 악습이 쉽게 사라지지는 않아서 조선 중기까지도 비슷한 사건이 일어나다가 점차 사라졌다.

### 종친 이목의 처벌

조선에서는 방화를 법률로 엄격히 단속했고 방화에 대한 처벌도 매우 강력했다.《대명률》에 따르면 고의로 남의 집에 방화한 경우엔 사형에 처하고, 빈집에 방화한 경우엔 장형을 가한 뒤 유배형에 처하도록 되어 있다.

방화사건을 어떻게 처벌했는지 영조 12년(1736년) 9월에 일어난 '이목의 방화사건'을 통해 알아보자.

판의금 김동필이 파춘수 이목의 방화에 대해 말했다.

"《대명률》에 따르면 고의로 남의 방옥에 불을 지른 경우에는 일률—律(사형)로 논하고, 텅 빈 방옥에 불을 지른 경우에는 장류杖流시킨다고 되어 있습니다. 이목이 방화한 것은 바로 빈집의 부엌이었다고 하니 장류시키는 형률에 해당이 됩니다."

좌의정 김재로가 아뢰었다.

"이른바 텅 빈 방옥이라는 것은 사람이 거처하고 있지 않는 곳을 가리키는 것 같습니다. 목이 방화한 곳은 부엌에서 시작되었다고 하지만 이미 사람이 거처하고 있는 집이니, 어떻게 빈집이라고 할 수 있겠습니까?"

이에 임금이 팔의법八議法에 의거하여 먼 곳에 정배하도록 명했다.

파춘수 이목은 종친이었다. 그 때문에 팔의법의 적용을 받아 형량이 줄어들었다. 팔의법이란 형벌을 감면하는 여덟 가지 조건을 말하는데, 종친이나 왕실의 인척 또는 공훈을 세운 자나 그들의 자녀에 대해서 형량을 줄여주는 법이었다. 그래서 이목이 장형을 면제받을 수 있었던 것이다. 그런데 그가 비록 불은 냈지만 다른 집으로 불이 옮겨 붙지 않았고, 사람이 상하지도 않았다. 또한 그 집엔 처음부터 아무도 없었다. 이런 정황을 참고하면 가벼운 처벌을 내리는 것이 일반적인데, 영조는 봐주는 것 없이 팔의법만 적용하여 이목을 유배형에 처했다. 법 적용에서 엄격히 형률에 따라 판결했던 것이다.

## 옷소매에 붙은 불로 사람이 죽다

방화사건에 대한 또 하나의 사례를 보자. 연산군 시절에 일어난 이 사건에서는 방화로 인해 사람이 죽고 말았다. 하지만 고의적인 방화인지 아닌지 분명치 않았다. 안가을헌이란 자가 작은 방에서 친구 여섯 명과 함께 술을 마시다가 상동이란 자의 옷소매에 몰래 불을 붙였는데, 그 바람에 상동이 화염에 휩싸여 죽은 것이다.

얼핏 보면 술에 취해서 실수로 상동의 옷에 불을 붙인 것으로 보이지만 그 내막을 살펴보면 고의성이 없다고 할 수 없었다. 안가을헌과 상동은 일종의 연적 관계였다. 안가을헌이 좋아하던 동질비라는 여인과 상동이 간통을 했는데 이 사실을 그가 알게 되었으니, 고의로 불을 붙였다고 짐작할 만한 정황이 있었던 것이다. 하지만 안가을헌은 막상 상동의 옷소매에 불이 나자 '불이야'라고 소리를 지르기도 했고 동네 사람들을 불러 함께 불길을 잡았다. 또한 불을 끈 이후에는 상동을 부축해 그의 집에 데려다주기도 했다. 그런데 상동이 죽었으니 방화죄를 넘어 살인죄가 성립된 것이다. 문제는 고의적인 살인이냐 아니면 과실치사냐 하는 것이었다.

이 사건이 한성부와 형조를 거쳐 의금부까지 올라오자 의금부 당상인 이극돈과 윤효손이 연산군에게 의견을 개진했다.

"안가을헌이 상동이란 자를 불태워 죽였으니 죄가 참형에 해당하오나, 다만 그 사건의 상황을 관찰하건대 모의해서 고의로 죽인 것은 아닌 성싶사옵니다. 두어 칸 오막집에 일곱 사람이 모여 술을 마셨는데 가을헌이 비록 상동과 문제가 있다고 할지라도 어찌 여러 사람과 공모하지 않고 홀로 살해할 생각을 했겠습니까. 그리고 여염집이 즐비한데 어찌 상동이 구원해달라고 고함칠 것을 생각지 않고서 감히 옷자락에 불을 질렀겠으며, 또 따라서 이웃 사람을 불러 함께 구원하자고 하였겠습니까?

만약 반드시 불태워 죽이고자 하였다면 불이 그 몸에 미친 뒤에 스스로 깨닫게 할 것이지, 어찌 불이 겨우 옷자락에 붙자 갑자기 '불이야'라는 말을 했겠습니까. 그때에 상동이 아직 죽지 않아 언어를 능히 할 수 있었으니, 가을헌이 아무리 어리석다고 할지라도 어찌 상동이가 자기를 죽인 상황을 폭로할 것을 요량하지 못했겠습니까. 사형이란 지극히 중한 것이므로 그가 비록 자복한 바 있다고 할지라도 죽는 가운데서 생명을 구해야 하오니, 청컨대 대신에게 의견을 내도록 하소서."

그러자 연산군은 의정부와 육조의 참의 이상에게 모두 의견을 내도록 했다. 먼저 윤필상이 자기 의견을 내놓았다.

"가을헌이 만약 딴 속셈이 없어 우연히 희롱으로 불씨를 던졌다면, 그 불이 치성할 때 틀림없이 즉석에서 깜짝 놀라 허둥지둥 구원하고 머리가 타고 이마가 데어도 불을 끄고야 말았을 것인데, 조금도 구원하거나 불을 끈 흔적이 없으니 이것이 고의로 죽인 것이 아니고 무엇입니까. 더구나 분명하게 간통 때문에 죽이려

고 한 저의가 있습니다. 이에 마땅히 율에 의하여 시행해야 하옵
니다."

윤필상은 안가을헌이 고의로 상동의 옷에 불씨를 던졌다며 법
에 따라 사형을 해야 한다고 주장한 것이다. 어세겸 또한 비슷한
견해를 보였다.

"안가을헌의 사람됨이 어찌 이해를 요량하고 미리 깊은 꾀를
썼겠습니까. 취중에 질투심이 생겨서 앞뒤 돌아보지 않고 옷에 불
을 질러 자기의 분을 드러냈던 것입니다. 또 그 '불이야' 하고 소
리친 것도 자기가 한 짓이 아닌 것처럼 보이려는 것이니, 이 역시
간흉한 꾀입니다. 더구나 명백하게 자복한 것이 동질비의 말과 서
로 같습니다. 또 가을헌이 곤장을 맞은 것이 불과 다섯 차례밖에
되지 않았으니, 이는 남형濫刑(강한 형벌)을 써서 강제로 자복을 받
은 것도 아니온즉, 청컨대 율에 의하여 시행하옵소서."

반면 정문형, 노공필, 이숙함, 이감 등은 안가을헌에게 사형을
내리되 고의에 의한 살인이 아니라 장난을 하다 실수로 사람을
죽인 죄로서 처벌해야 한다고 주장했다. 즉, 고살이 아니라 과실
치사라는 것이다.

"율문의 내용을 보면 고의로 죽인 것이나 희롱하다 죽인 것이
나 다 사형이 되는 것은 마찬가지온데, 단지 참형과 교수형의 차
이가 있을 뿐입니다. 안가을헌의 정상으로 보면 희롱하다 죽인 것
이 분명하오니 청컨대 이 율로써 죄주옵소서."

다른 신하들도 고의적인 살인으로 보기엔 무리라고 하면서 우발적인 방화에 의한 과실치사로 처리해야 한다고 주장했다. 여러 관리의 의견을 들은 뒤 연산군은 이렇게 말했다.

"만약에 희롱하다 난 일이라면 곧 마땅히 박멸해서 죽는 지경에 이르지는 아니했을 것이며, 또 가을헌과 상동이 젊었을 적부터 사귄 친구라면 마땅히 상동의 집에 가서 그가 상하고 안 상한 것을 물었어야 할 터다. 그런데 곧 도망하였으니 이는 희살戱殺(희롱에 의한 살인)이 아닌 것이 너무도 분명하다."

그러자 특진관 성준이 반대 의견을 냈다.

"만약 그 집에다 불을 질러서 타 죽게 만들었다면 고살이라고 하겠지만 이는 희살이옵니다."

하지만 연산군은 단호했다.

"두 사람이 다 간부였으니, 희롱의 일이 아니다."

말하자면 두 사람이 연적 관계였으니 단순히 놀리기 위해 장난삼아 불을 붙인 것이 아니라는 뜻이었다. 이런 연산군의 판단에 따라 결국 안가을헌은 고의적인 방화에 의한 살인이라는 죄목으로 참형을 당했다.

연산군은 안가을헌이 상동의 옷소매에 불을 붙인 것은 연적에 대한 질투심에서 비롯된 행동이라고 보았다. 따라서 분명 의도가 있었다고 판단했다. 이후 벌어진 일들이 다소 우발적으로 전개되었다고 하더라도 애초에 고의로 일으킨 일이기 때문에 상동의 죽음 역시 그 근본을 따지면 안가을헌의 고의성에서 비롯된 결과라고 본 것이다.

하지만 연산군의 해석은 지나친 감이 없지 않다. 안가을헌이 비록 질투하여 상동에게 불을 붙인 것이 사실이라고 할지라도 이후에는 겁이 나서 큰 소리로 '불이야'라고 고함을 질렀고 주변 친구들은 물론 이웃까지 불러내 불을 끄려고 노력했다. 이를 고려하면 과실치사로 보는 것이 마땅하지 않을까?

## 봉수대에 방화를 저지르면

정조 7년(1783년)에 목멱산(서울의 남산) 봉수대 근처에서 불이 났다. 누군가가 고의로 불을 지른 흔적이 발견되어 군사들이 나서 범인을 색출했는데, 범인은 충청도 옥천에서 올라온 정윤환이라는 자였다. 정윤환이 봉수대에 불을 지른 것은 봉수대를 태우려는 목적이 아니었다. 병조에서 방화의 이유를 캐묻자 그는 이렇게 대답했다.

"소인의 조부께서 무신년에 군공을 세웠는데, 그 일을 나라에 알릴 길이 없어 불을 지르게 되었습니다."

무신년이라면 영조 4년인 1728년이다. 이때 군공을 세웠다고 하는 것은 이인좌의 난을 진압하는 데 공로가 있다는 뜻이었다. 그러나 조정에서는 정윤환의 조부인 정시웅이라는 이름을 알지 못했다. 또 설사 그의 말이 사실이라고 하더라도 군사 시설인 봉수대가 있는 산에 불을 지른 행위는 어떤 이유로도 용서될 수 없었다. 형조에서 형률을 검토해보니 사형에 해당되는 죄였다. 이에 형조에서는 정조에게 이렇게 말했다.

"마땅히《속대전》에 의거하여 일률을 시행해야 합니다. 교형과 참형 및 대시와 부대시의 구별에서는 묘당(조정)으로 하여금 품처하게 하시기 바랍니다."

그러자 비변사에서는 정윤환의 죄는 마땅히 사형에 해당한다고 하면서 참부대시, 즉 추분을 기다리지 않고 적당한 날에 바로 사형에 처하는 형벌을 적용해야 한다고 보고했다. 그러면서 이렇게 덧붙였다.

"고의로 관倉에서 쌓아둔 것을 불태운 것도 대시참에 해당하는데, 하물며 이번에 방화한 변은 연대烟臺(봉수대)로부터 3보 이내에서 생긴 것이니 범한 죄가 얼마나 무겁겠습니까? 허위로 봉화를 올리는 것도 연대의 위치와 관계없이 모두 사형률을 적용합니다. 그러니 이번 사건은 사형률의 참부대시가 되어야 할 것에 의심이 없습니다."

정조는 비변사의 의견을 받아들여 정윤환을 참부대시에 처하도록 했다. 정윤환이 봉수대 근처에 불을 놓은 것은 비록 조부의 군공을 인정받기 위한 행동이었으나, 이는 판결에 전혀 참작되지 않았다. 원래 봉수대는 매우 중요한 군사 시설이므로 봉수대가 있는 산에 불을 지르는 것만으로도 사형이었다. 그런데 정윤환은 봉수대 바로 근처에 불을 질렀으므로 참부대시를 면할 수 없었던 것이다.


## 공인된 범죄, 밀수

### 후시무역으로 자리 잡은 밀수

밀수라는 것은 공식적인 통로 외에 다른 방법으로 은밀히 무역하는 행위를 말한다. 조선시대에도 밀수가 성행했다. 이러한 밀거래의 형태는 크게 네 가지였다. 첫째는 사신 일행을 이용하는 방식이었다. 원래 중국으로 사신이 갈 때는 정해진 품목에 한해 일정량만 가지고 갈 수 있었는데, 명단에 없는 품목을 가지고 가거나 정해진 양보다 많은 양을 가지고 가서 중국인에게 판매하는 방식의 밀무역이 성행했다. 또 중국에서 돌아올 때 역시 일정량 이상의 물품을 가지고 들어와 국내에 판매하여 큰 이득을 취하는 경우가 많았다. 사신 일행에 가담하여 밀무역을 할 경우엔 주로 양반들이 상인을 끼고 하는 것이 일반적이었다. 태종 5년(1405년)에 예문관 제학으로 있던 김한로가 이런 방식으로 밀무역을 하다가 들켰는데, 당시 사헌부는 이렇게 보고했다.

"김한로가 중국에 갈 때 거상 백구를 데리고 가려 하자, 종사관들이 백구는 항상 금은을 가지고 상국에 가서 장사를 하니 데리고 가지 말자고 청했습니다. 그런데 한로가 재물의 이익을 탐하여 듣지 않고 정부의 차차差箚(증명서)에다 백구의 이름을 용이라고 고쳐 썼습니다. 이후 평양부에 이르러 의정부에서 추고한다는 말을 듣자 백구를 돌려보내고, 백구의 처남 이원을 시켜 대신 그 재물을 받아서 가게 하였습니다. 이것은 비단 재상의 도리를 잃었을 뿐 아니라 국가를 속인 것 또한 심합니다 청컨대 직첩을 거두고 먼 지방으로 내치소서."

이 말을 듣고 태종은 김한로를 파직했다. 하지만 직첩을 거두거나 유배를 보내지는 않았다. 김한로는 젊은 시절 태종의 친구였기 때문이다. 그리고 훗날 김한로의 딸은 세자(양녕대군)와 결혼했다.

밀거래의 두 번째 방식은 국경 근처의 관리로 파견되었을 때 자신의 직위를 이용하여 중국과 밀수를 하는 형태였다. 태종 9년(1409년) 2월에 사헌부에서 희천군 김우를 탄핵했는데, 바로 이런 형태의 밀무역을 하다 들켰기 때문이다. 당시 사헌부의 말을 살펴보자.

"김우가 일찍이 강계에 부임하여 초피(모피) 50장과 황랍 16근을 가지고 비밀리에 통사 박지성에게 부탁하여, 요동에 가서 초피 10장으로는 능(비단) 2필을 사고, 20장으로는 중견 10필을 샀습니다. 박지성이 돌아오니 김우가 이미 벼슬이 갈렸으므로, 길에서 만나 능과 견 그리고 남은 초피 20장을 김우에게 되돌려주고, 다만 황랍만 강계부에 도로 바쳤습니다. 본 부에서 그 도의 감사에게 내용을 전달받고 이 사실을 알아냈습니다. 김우가 금하는 물건을 함부로 거두어 국경을 넘어 매매하였으니 죄를 엄하게 징계하여 후인을 징계함이 마땅합니다."

하지만 태종은 사헌부의 탄핵 소장을 받아만 놓고 답을 내리지 않았다. 김우는 공신이었다. 그래서 그 정도 사건으로 직위에서 내쫓을 수 없다고 판단했던 것이다. 사실 조선 초기만 하더라도 밀무역이 워낙 성행했기 때문에 김우의 행위 정도는 큰 사건도 아니었다. 국경 지역의 관리들이 중국과 은밀히 밀무역을 하는 것은 공공연한 비밀이었고, 국경 하급군관들의 밀거래는 아예 일상화되어 있었다.

밀무역의 세 번째 형태는 중국인들이 조선 땅으로 건너와 거래를 하는 방식이었다. 당시 중국인들도 조선인들 못지않게 자주 압록강을 건너와 장사를 했는데, 심지어 요동의 병사들은 아예 대놓고 조선 땅으로 건너와 물건을 강매하기도 했다. 이와 관련하여 태종 8년(1408년) 10월 17일에 서북면 도순 무사가 다음과 같은 글을 올렸다.

"사신을 영접하는 요동 군관과 군인이 마음대로 압록강을 건너와 의순관에 머물러 있으면서 우마를 무역하고자 60~70명씩 떼를 지어 근처의 민호뿐만 아니라 50~60리나 되는 촌락에까지 이르고 있습니다. 이들이 밤을 틈타 횡행하며 억지 매매와 강탈을 일삼고 못하는 짓이 없으니 이것을 금하지 않으면 폐단이 장차 무궁할 것입니다. 금후로는 한결같이 도사의 차비(회신 공문) 약속에 의하여 마음대로 압록강을 건너지 못하게 하고, 비록 강을 건넌다고 하더라도 마음대로 촌락에 돌아다니며 폐단을 짓지 말게 하도록 신속히 도사에게 자문을 보내어 금할 수 있는 약속을 받아내소서."

태종은 보고서를 받고 즉시 요동 도사에게 문서를 보내 병사들을 단속하도록 하라고 지시했다. 그러나 이후로도 중국 병사들이 강을 건너와 물건을 파는 행위는 줄어들지 않았다.

네 번째 밀수 형태는 국경의 주민들이 중국 쪽으로 도강하여 밀거래를 하는 방식이었다. 이때 밀거래가 적발되면 밀수죄로 처벌받았기 때문에, 막상 관에서 밀수범을 체포하려면 그들이 아예 중국 땅으로 달아나 버리는 경우가 많았다. 태종 6년(1406년) 2월 4일에 의정부에서 올린 글을 한번 살펴보자.

"의주 백성 주부개 등 4인이 몰래 마필을 가지고 국경 밖의 사람에게 팔았다가 일이 발각되어 도망 중이고, 성주의 중 해선은 동북면을 거쳐 마침내 월강하여 깊이 들어갔습니다. 바라건대 동북면 각호의 마필은 그 털빛과 나이를 상고하여 문적에 기록하고 낙인을 찍을 것이며, 만일 매매하거나 죽거나 잃은 것이 있으면 반드시 관에 고하게 하고, 그 낙인이 없는 말과 각도의 행장이 없이 갔다가 돌아오는 자는 모두 타인이 고발할 수 있도록 하여, 말 1필마다 베 50필을 징수하여 고발한 사람에게 상으로 충당해주도록 하소서. 또 말 주인은 율에 의하여 죄를 결정하고, 마필은 관에서 몰수하고, 행장이 없는 중은 남이 고발하기를 허락하여, 가진 물건을 거두어서 고발한 사람에게 상으로 충당해주고, 그 중은 각각 그 본적지에 수군으로 충당하게 하소서."

이 보고서에서 보듯 밀수범은 일이 발각되면 아예 국경 너머로 달아났기 때문에 체포하기가 쉽지 않았다. 그들이 주로 거래를 하는 것은 말이었는데, 그 때문에 백성이 소유하고 있는 말에 낙인을 찍어 밀거래를 방지하려고 했던 것이다.

이렇듯 국경 지역에서 밀거래가 성행하자 조선 후기에 이르면 정부에서 아예 이런 밀무역을 눈감아 주게 되었다. 이렇게 해서 만들어진 것이 이른바 후시後市였다. 후시는 국경 지역에서 이뤄지는 밀거래를 뜻하는데, 국경이 맞닿거나 교역이 이뤄지는 곳에 형성되었다. 예를 들어 조선에서 중국으로 사신을 보낼 때 중국의 회동관에서 이뤄지는 후시를 회동관 후시라고 했다. 또한 중강의 중강 후시, 의주 맞은편 책문에서 이뤄지는 책문 후시 등이 대표적이었다. 이외에도 함경도 경원에서 여진족과 함께 형성한 북관 후시도 있었고, 남쪽에는 부산 등의 왜관에서 이뤄진 왜관 후시도 있었다.

이처럼 후시에서 이뤄지는 거래를 통칭하여 후시무역이라고 했다. 그 규모가 조선 상인의 생사를 거론할 정도였다고 하니, 당시 무역에서 차지하는 비중이 매우 컸음을 알 수 있다.

## 왕을 곤혹스럽게 만든 사건

조선 후기엔 후시가 아예 공식적인 시장으로 인식될 정도로 밀거래가 성행했다. 조정에서는 몇 차례 후시를 없애려고 시도했지만 그때마다 번번이 실패했다. 그만큼 후시의 영향력은 막강했다. 심지어 인조 대에는 책문 후시를 철폐하려고 하자 조정 대신들이 나서서 책문 후시를 없애면 개성의 송상들이 다 굶어 죽는다고 반대할 정도였다. 게다가 요동의 청나라 관료들도 후시 철폐를 강하게 반대했다. 그들은 후시를 철폐하려면 아예 전시, 즉 공식적인 거래도 없애라며 강력히 반발했다.

후시에서 가장 인기 있는 품목은 조선의 인삼과 중국의 비단이었다. 조선의 말이나 중국에서 만든 금은 제품도 인기가 좋았다. 그런데 중국 측에서 철저히 차단하는 물품이 있었다. 바로 군용 물자였다. 특히 무기를 만들 수 있는 재료는 중국에서 특별히 관리하여 조선으로 넘어가지 못하도록 했다. 청이 중국 대륙을 장악한 이후에는 감시가 더욱 심해졌다. 그럼에도 조선에서는 암암리에 중국의 군용 물자를 반입했다. 그러다 현종 대에 '염초(화약) 밀반입사건'이 터져 조선 조정에 팽팽한 긴장감이 감돌기도 했다. 다음은 이 사건에 대한 현종 7년(1666년) 7월 11일 자 실록 기사이다. 때는 병자호란으로부터 30년이 지난 시점이었다.

청나라 차사 이일선이 앞으로 나와 칙사의 말을 전하였다.

"먼저 유황에 관한 금령을 범한 사람을 조사해야겠습니다."

이에 금령을 범한 최선일을 뜰로 잡아들이라고 명했다. 일선이 물었다.

"염초는 법으로 금한 물건인데 어떻게 사 왔느냐? 금한 물건인지 모르고 사 왔는가?"

선일이 대답했다.

"어리석고 못난 소인이 금한 물건인지 몰랐으며, 사 온 것은 실로 몸에 종기가 나서 약으로 쓰려고 한 것이었습니다."

그러자 임금이 말했다.

"우리나라 사신이 왕래할 때에 매번 금한 물건이라고 신칙했을 텐데 어찌 모를 리가 있었겠소. 이놈은 정상이 매우 간사하니 국문해야 하겠소."

일선이 캐물었다.

"어디에서 샀으며, 판 자는 누구냐?"

선일이 대답했다.

"판 자는 송참에 사는 왕씨 성을 가진 자인데 이름은 기억하지 못하고 있습니다. 사실 금한 물건인 줄 알았으나 죽을 날이 닥쳐오므로 법을 무시하고 샀으니, 만 번 죽어도 달게 받겠습니다."

일선이 또 물었다.

"사신은 몰랐느냐?"

"사신은 북쪽을 향해 가고 저는 돌아올 때에 몰래 사서 왔으니 사신

이 어떻게 알겠습니까. 사신이 매우 엄하게 신칙하였는데 함부로 범하였으니 죽을죄를 졌습니다.”

“염초는 몇 근이나 되었느냐?”

“한 주먹 정도밖에 되지 않는 적은 양이었습니다.”

이때 영의정 정태화가 일선에게 말했다.

“판 자나 산 자가 다 죄가 있으니 대국도 엄히 금해야 할 것입니다.”

이에 일선이 수긍하였다. 또 청평위 심익현 등을 불러들여 월대 위에 앉히고 물었다.

“데리고 간 사람이 금령을 범하였으니 무슨 말로 대답하겠소?”

청평위가 대답했다.

“사신이 들어간 뒤에 그가 중도에서 되돌아오다가 몰래 샀으니 사신이 어떻게 알 수 있었겠습니까?”

“법으로 금한 물건이니 범하지 말라고 제대로 신칙했소?”

"영장(사신을 수행하는 무장)도 함께 불러 매우 엄히 신칙했습니다."

그러자 영장 박선일과 황산이를 불러들여 물었다.

"너희는 영장으로 있으면서 데려간 사람이 법령을 범하는데도 금하지 못하였으니, 사신이 처음에 엄히 신칙하지 않아서 그런 것이 아닌가?"

이에 대답했다.

"엄히 신칙하지 않은 것이 아니었으나 금한 물건을 몰래 사서 자루 속에 숨겨두었으니 어떻게 알 수 있겠습니까."

"너희가 중도에 수색하였느냐?"

"그렇습니다."

"수색했다면 어떻게 자루 속에 둔 물건을 모를 리가 있겠는가. 간악한 정상이 이미 드러났으니 서로 짜고 사 왔음을 알 수 있다."

그때 임금이 말했다.

"이 자들이 거짓말을 하고 있으니 신문을 하면 반드시 바른대로 고할 것이오."

그러자 일선이 통관들과 함께 나가서 중문 밖에서 신문하였는데, 영장 등이 애당초 수색하지 않았다고 공초하였다. 일선이 또 선일을 국문하여 사신이 신칙했는지의 여부를 알아냈으면 한다고 청하였다. 임금이 허적에게 명하여 나가서 죄인에게 말을 이랬다저랬다 하지 못하게 하라고 하였다.

죄인 선일이 말했다.

"금령을 어기고 은밀히 사 온 것은 사실 신칙이 엄하지 않아서 그런 것이 아닙니다."

이일선이 또 물었다.

"영장들과도 짰느냐?"

"정말 그런 일은 없습니다."

일선이 사신을 향해 물었다.

"염초 밀반출에 관한 일은 조사를 다 했는데 어떤 죄안을 적용해야 하겠습니까?"

두 사신이 말했다.

"금령을 범한 사람은 참형을 적용하고, 영장들은 한 등 낮은 법률인 장 1백, 유 3천 리를 적용해야 하겠습니다."

사신 행렬에 함께 갔던 최선일이란 사람이 중국에서 화약의 원료가 되는 염초를 몰래 반입한 것이 발각되어 청나라 황제가 칙사를 보내 내막을 조사하도록 한 사건이다. 그리고 칙사를 대신해 차사 이일선이 죄인 및 관련자에 대한 조사를 맡아, 밀수범 최선일과 당시 사신으로 갔던 청평위 심익현, 영장 박선일, 황산이를 심문했다. 심문장에는 조정의 주요 관료는 물론이고 현종까지 참석했다. 현종이 밀수사건 심문을 위한 자리에 직접 나타난 이유는 청나라 황제가 보낸 칙서에 따른 것이었다.

심문이 끝나고 범인 최선일을 참형에 처했다. 그가 단독으로 저지른 범행임이 밝혀졌지만 영장 박선일과 황산이는 장 1백 대를 맞고 3천 리 밖으로 유배되었다. 하지만 청평위 심익현은 죄를 모면했다. 그는 효종의 딸 숙명공주의 남편으로 왕의 부마였기에 특별히 사면된 것으로 보인다.

사건의 조사를 맡은 청나라 차사 이일선은 원래부터 조선을 드나들던 자였다. 그는 칙사를 대신하여 조선과 접촉하는 일을 맡았는데, 올 때마다 조선 조정으로부터 많은 선물과 돈을 챙겨서 가곤 했다. 이 사건 이후에도 조선 조정은 그에게 5천 냥을 줬다. 3냥이면 쌀 한 섬을 살 수 있는 돈이었으니 5천 냥이면 쌀 1천 6백 섬을 살 수 있었다. 쌀 한 섬이 대략 72킬로그램이고 지금 쌀 10킬로그램이 대략 3만 원에 조금 못 미치는 점을 감안하면 한 섬의 값은 대략 20만 원이다. 따라서 5천 냥은 지금 돈으로 3억 2천만 원 정도의 금액이다. 게다가 당시 쌀의 가치가 지금보다 훨씬 높았던 것을 고려하면 이일선이 받은 5천 냥은 지금의 돈으로 10억 원을 상회하는 금액이었다. 이일선은 이런 거액을 챙기고서 사건을 마무리했던 것이다. 심지어 엄청난 뇌물을 바치고도 조선 조정이 쩔쩔 매는 처지였으니, 당시 염초 밀반입 문제가 얼마나 민감한 사안이었는지 알 만하다.

조선시대 죄수들은 감옥 안에서
짚신 등을 만들었는데
이를 팔기 위해 큰칼을 차고
거리에 나와 있곤 했다.

구한말 한반도와 만주, 사할린을 두루 여행한 주일 독일대사관 무관 헤르만 산더가 촬영한 사진이다. | 국립민속박물관

朝鮮
CRIMINAL

**9장**

# 조선에만
# 존재한 범죄

인사 청탁 방지용
분경죄
—

정종 2년(1400년) 12월 1일에 대사헌 정구와 중승 김구덕이 파직
되었다. 대사헌은 사헌부의 수장으로 요즘의 검찰총장과 감사원
장을 합친 직책이라고 할 수 있고, 중승은 사헌부 정3품 벼슬인
집의에 해당해 지금의 검사장급 직책이다. 이렇듯 대단한 권력을
가진 관료들이 파직된 이유는 분경을 금하지 않았다는 것이었다.

분경奔競이라는 것은 청탁을 위해 권력자의 집을 분주하게 드나
드는 행위를 가리키며, 엽관운동이라고도 한다. 엽관운동이란 관
직을 얻기 위해 권력자를 찾아다니는 행위를 뜻한다. 이는 반드시
뇌물을 동반하기 마련이었고 부정부패를 양산했다. 그래서 정종
은 1399년 8월에 하급관리가 상급관리의 집을 찾아가지 못하게
하는 분경금지법을 마련함으로써 조정을 일신하고자 했다. 처벌
대상은 권력자를 찾아다닌 자와 찾아온 자를 받아준 권력자 모두

였다.

분경금지법은 고려시대에는 없던 법이었다. 조선이 개국된 이래 조정 관료의 뇌물 수수를 막기 위해 처음으로 분경금지법이 시행된 것이다. 대사헌 정구와 중승 김구덕은 이 규정의 첫 번째 처벌 대상이었다.

하지만 이후에도 분경은 좀처럼 사라지지 않았다. 분경죄로 처벌된 관리는 대개 고위직에 있던 자들이었다. 태종 대에만 한정해서 살펴보아도, 상장군 박순이 이무의 집에 분경한 죄로 파직되었고, 중군 동지총제 이지실과 공조 참의 유용은 정승 조영무의 집에 찾아갔다가 파직되었다. 또 우헌납 김섭은 이조 판서 남재의 집에 분경한 죄로, 판서 박유손은 승지 황희에게 분경한 죄로 파직되었다. 이들 외에도 분경죄를 저지른 자가 여럿 있었는데 하나같이 고위직 관리였다.

세종 대에는 분경을 더욱 강력하게 처벌했다. 물론 분경금지법에 대한 반발도 있었다. 특히 정승들은 분경금지법을 몹시 불편해했다. 의정부에서는 정승이 관리를 만나지 못하게 하는 것은 불합리한 처사라고 주장하기도 했다. 그러나 분경금지법은 인사권을 가진 고관대작들의 부정을 막는 유일한 법인 만큼 없앨 수 없다는 주장이 더 강했다. 덕분에 《경국대전》에 명문화될 수 있었던 것이다. 《경국대전》에 명시된 분경금지법의 구체적인 내용은 다음과 같다.

이조와 병조의 관리 또는 각 군부대의 당상관 이상의 장수, 이방이나 병방을 담당한 승지, 사헌부나 사간원의 관리, 판결사 등의 집에 같은 성씨의 8촌 이내이거나 다른 성씨의 6촌 이내, 또는 아내 쪽의 6촌 이내이거나 사돈, 이웃 간이 아니면서 드나드는 자는 장 1백 대와 유 3천 리에 처한다.

내용을 면밀히 살펴보면 육조 중에 이조와 병조의 관리에게만 적용하고 있다. 이는 이조와 병조에 인사권이 있기 때문이었다. 이방이나 병방을 담당한 승지란 곧 도승지와 좌부승지를 말하는데, 마찬가지로 이조와 병조의 인사권에 관여할 수 있기 때문에 규정에 포함되었다. 사헌부와 사간원의 관리는 감찰과 간쟁 역할을 맡고 있었으므로 역시 인사권에 영향을 끼칠 수 있다고 판단하여 분경금지법으로 단속하였다. 또한 판결사는 노비 송사를 다루는 장례원의 수장으로서 이권에 개입할 여지가 많았기 때문에 역시 분경금지법의 대상에 넣었다. 분경을 금지한 대상은 이들 외에도 정승이나 주요 직책에 있는 관리까지 포함했다.

분경이 금지된 관리를 찾아가도 죄가 되지 않는 사람은 친족 8촌 이내, 외가 6촌 이내, 처족 6촌 이내, 사돈이나 바로 곁에 사는 이웃으로 제한했고, 여기에 속하지 않는 사람이 대상자의 집을 찾아갔을 때는 분경금지법 위반으로 처벌되었다. 또한 분경을 위해 찾아오는 자를 받아준 관리도 역시 처벌되었다.

# 왕조시대 최고의 악법,
# 존장고발죄

—

조선의 법은 존장尊長, 즉 웃어른을 고발하면 법에 저촉되어 형벌을 받았다. 그 내용을 《경국대전》은 다음과 같이 규정한다.

- 아들과 손자, 아내와 첩 또는 노비로서 부모나 가장을 고발하는 것은 반역 음모와 역적의 경우를 제외하고는 교형에 처한다.
- 종의 아내나 남편으로서 가장을 고발한 경우에는 장 1백 대와 유 3천 리에 처한다.
- 옛 노비나 고공(품을 받고 일하는 머슴)을 하는 자가 옛 가장을 때리거나 욕설하거나 고발할 경우에는 '가장을 때리거나 욕하거나 고발한' 조문에서 두 등급을 낮추어 처결한다.
- 아래 관리가 한 등급 높은 관리에게 욕설을 한 경우에는 '남에게 욕설한' 본 조문보다 한 등급을 높이고, 두 등급 높은 관리에게 욕설을 한 경우에는 두 등급을 높여서 처벌한다. 이렇게 차차로 장 1백 대까지 높인다.
- 장공인이나 장사치, 천한 종들은 하는 일이 있건 없건 상관없이 각각 그보다 한 등급씩 높여 처결한다.

이렇듯 존장고발금지법이 있었기 때문에 조선사회에서는 자식이 부모의 잘못을 알아도 관아에 고발하지 못했고, 종이 주인의 잘못 때문에 피해를 보아도 하소연하지 못했다. 또한 향촌의 일반 백성이 수령을 고발하는 것도 금지했다. 그 때문에 수령이 아무리 많은 부정을 저질러도 백성이 직접 수령을 고발할 수 없었다. 단 반역이나 모반에 해당하는 사안은 예외로 했다.

이러한 법이 정해진 것은 세종 때였다. 당시 이조 판서였던 허조는 세종 2년(1420년) 9월 13일에 세간의 잘못된 풍조에 대해 거론하며 이런 보고서를 올렸다.

당唐 태종이 말하기를 '요새 종으로서 상전이 반역한 것을 고발한 자가 있는데, 대개 모반은 혼자서는 할 수 없는 것이매 발각되지 아니할 것을 걱정할 것이 무엇이 있기에, 반드시 종이 이것을 고발해야 하겠는가. 이제부터는 종이 상전을 고발하거든 받지도 말고 그대로 목 베라'고 하였으니, 원하건대 이제부터는 종으로서 만일 상전을 고발하는 자가 있거든 받지 말고 그대로 목 베게 하소서.

전조前朝(고려)의 풍속은 백성이 수령을 능멸하거나 반항하면 반드시 이를 몰아냈고, 심지어는 그 집까지 물웅덩이로 만들고야 말았사오니, 원하옵건대 이제부터는 속관이나 아전의 무리가 그 관의 관리와 품관을 고발하거나, 아전이나 백성이 그 고을의 수령과 감사를 고발하면, 비록 죄의 사실이 있다고 하더라도 종사의 안위에 관한 것이거나 불법으로 살인한 것이 아니라면 위에 있는 사람을 논할 것도 없고, 만약에 사실이 아니라면 아래에 있는 자의 받는 죄는 보통 사람의 죄보다 더 중하게 해야 할 것입니다.

세종은 허조의 의견을 받아들여 이를 법으로 삼고 규정을 만들게 했다. 이후로 백성이 수령을 고발하는 행위는 법으로 금지되었다. 조선에서 이런 법을 정한 이유는 백성이 수령을 업신여기고 고발하는 풍조가 만연할 것을 염려해서였다. 조선왕조뿐 아니라 고려왕조, 그리고 중국의 여러 왕조도 백성이 수령을 고발하는 행위를 금지했다. 대신 중앙에서 감찰을 파견하여 지방의 수령을 감시하는 제도를 뒀다. 암행어사 제도나 행대감찰 제도가 바로 그것이다. 그러나 감찰이나 어사가 수령을 제대로 감독하지 않는 경우가 비일비재했고, 심지어 감찰이 수령의 접대를 받고 부정을 눈감아 주는 일도 허다했다. 그런 까닭에 존장고발금지법은 수령의 부정부패를 방치하는 결과를 낳기 일쑤였다.

이 법은 조선 인구의 40퍼센트를 차지하던 노비에게도 엄청난 악법으로 작용했다. 노비는 주인이 무슨 짓을 해도 억울함을 풀 방도가 없었다. 노비는 무방비 상태로 주인의 폭력에 시달려야 했다. 이 때문에 주인은 노비에게 폭력과 성폭행을 일삼았고 심지어 죽이는 일도 심심찮게 일어났다.

조선의 최고 성군이라 불리는 세종이 이런 악법을 명문화해 시행한 것은 정말 아이러니가 아닐 수 없다. 세종뿐 아니라 중국사에서 성군으로 불리는 왕들도 모두 이 법을 시행했으니, 아무리 뛰어난 왕이라고 해도 결국 왕조 체제의 한계를 극복할 수는 없었던 모양이다. 왕에겐 힘없는 백성의 인권보다 국가 체제의 안정이 더 중요했던 것이다.

## 특정 무리에만 적용된 도망죄

조선시대에는 일정 지역에서만 살아야 하는 사람들이 있었다. 이들이 만약 해당 지역을 벗어나면 도망죄를 적용하여 처벌했다. 그렇다면 이 법은 어떤 사람에게 적용되었을까? 그 첫 번째가 국가에서 강제로 이주시킨 백성이었다. 그들에 대해《경국대전》은 이렇게 규정한다.

이주시킨 백성이 도망치면 그 처자를 살림이 군색한 역참의 노비로 삼는다. 또 붙잡히면 그 집의 가장을 참형에 처한다. 다만 자수해서 나타나면 본래의 이주 지역으로 돌려보내는 동시에 처자를 놓아준다.

도망친 이주민을 받아준 사람은 온 집안을 변경으로 이주시킨다. 세 명 이상 도망치게 한 고을의 수령은 파면한다. 직접 그들을 관할하던 사람, 즉 서울의 관령이나 지방의 권농, 이정, 통주 등과 가까운 이웃이 알면서도 고발하지 않았을 경우엔 임금의 지시를 위반한 죄로 처결한다.

국가에서 강제로 백성을 이주시킨 곳은 주로 함경도와 평안도 지역의 변방이었다. 변방으로 백성을 이주시킨 사례는 조선 초기에 자주 나타난다. 다음 기록은 세종 즉위년(1418년)에 변방으로 이주한 백성의 상황을 보고한 내용이다.

함길도 경원 병마 절제사 조비형이 보고했다.
"새롭게 이주한 4백 호 가운데서 그 당시 도착한 사람은 180호에 불과했으므로, 무인년(1398년)에 공주성을 중수하여 경원부를 설치하고, 도내의 부유한 백성들을 이주시켜 그것을 채웠습니다. 그런데 그 후 또다시 병란을 겪게 되자 백성들이 사방으로 흩어져 가고 말았습니다. 이제 다시 부를 설치하고 이미 각 관리들에게 돌아오게 하도록 명령했으나, 각 관들은 그들에게 호적이 없다는 핑계로 당장에 쇄환하지 않고 있습니다. 그렇지만 그들의 산업 기지가 아직도 그대로 있어서 분별하기가 어렵지 않사오니, 아무쪼록 그들의 호적 여부를 막론하고 전부 쇄환하도록 해주시기 바랍니다.
그리고 또 원주민들은 그들의 부모처자가 모조리 도적에게 잡혀갔거나 죽었으므로, 모두 이산하여 도적이 출몰하는 용성 땅에 이주하여 여러 해 동안 이곳을 방어하고 있다가, 본부가 다시 설립된 후에는 또한 제일 먼저 와서 살고 있으니 참으로 가상합니다. 그러하온즉 그들에게는 직책을 상으로 내려주어 그들의 마음을 위로해주시기 바랍니다."

이에 임금이 병조로 하여금 상의하도록 했다. 병조에서 보고했다.

"도내에서 산업을 갖고 있지 않은 자들을 그곳으로 이주시켜서 3년 동안은 요역을 시키지 말고 조세를 면제해주며, 또 떠도는 인민을 쇄환하는 것에 대하여는 곧 상소에 아뢴 그대로 해주시는 것이 좋겠나이다."

이에 그대로 따랐다.


실록의 기록에서 알 수 있듯이 당시 변방의 개척지로 이주한 백성에게는 여러 혜택을 주었다. 대신 그곳을 떠나지 못하도록 했고 만약 몰래 떠나면 도망죄를 적용하여 처벌했다. 이는 변방 지역의 개척지를 지속적으로 사용 가능한 영토로 만들기 위한 고육지책이었다.

이주민 다음으로 거주 이전을 제한한 대상은 죄수들이었다. 이는 지금의 보호감호제와 흡사한 규정으로서 죄수들이 같은 죄를 또 저지르지 않게 하는 데 목적이 있었다. 다음은 《경국대전》의 관련 규정이다.

영영 노비가 된 강도죄인이 두 번째로 도망하면 참형에 처한다. 도형을 마쳤거나 유형을 보냈거나 일정한 지역에 거주를 제한시켰거나 또는 일정한 지역에 안치해놓았거나 군사로 충당해놓았거나 어떤 신역에 배속시킨 죄인, 여영 노비가 된 절도죄인이 세 번째로 도망을 하면 참형에 처한다. 도형을 지운 자와 유형을 보낸 자, 일정한 지역에 거주를 제한시키거나 감금시킨 자, 군사로 충당해놓은 자, 신역에 배속시킨 자 등이 죽거나 혹 도망을 치면 수령이 직접 조사해서 관찰사에게 보고하고 관찰사가 다시 조사하여 임금에게 보고한 뒤, 해당 관청에서는 대장에 기록해놓는다.

그런데 죄인이 아닌데도 거주 이전의 제한을 받던 이들이 있었다. 바로 재인才人(광대)과 백정이었다. 이들의 신분은 양인이었지만 국가에서는 거주 이전을 제한하고 거주지를 이탈하면 도망죄를 적용하여 처벌했다. 다음은 이와 관련한 《경국대전》의 규정이다.

수도나 지방에 있는 재인과 백정들을 모두 찾아내어 수도에는 각 방, 지방에는 각 촌으로 나누어 거주시키면서 돌봐야 한다. 동시에 대장을 작성하여 형조, 한성부, 본 부, 본 도, 본 고을에 각각 한 건씩 보관해야 한다. 또한 해마다 출생하거나 사망하거나 도망한 것을 조사하여 임금에게 보고하고 대장에 기록해두며, 도망한 자는 도형이나 유형으로 규례에 따라 죄를 적용한다.

그렇다면 도대체 조선 조정은 왜 백정과 광대의 거주 이전을 제한하고 한곳에 모여 살게 했을까? 이와 관련하여 다음 기록을 보자.

> 화척(백정)이나 재인이 농업에는 종사하지 아니하고 활 쏘고 말 타는 것으로 일을 삼아서, 양민과는 혼인도 하지 아니하고 저희끼리 한 떼를 이루어서 모였다 흩어졌다 하기를 한결같이 아니하며, 소나 말을 도살하여 양민에게 손해를 끼치게 하니, 청컨대 이들을 각 지방에 나누어두어서 평민과 혼인도 하게 하여 그들로 하여금 직업에 안착하여 살도록 하고, 그래도 옛날 버릇을 고치지 않는 자는 그가 기르는 축산을 몰수하고 아울러 이정里正·장長까지 죄주라 했습니다.

조선이 광대와 백정의 거주 이전을 제한한 것은 바로 그들이 떼로 몰려다니면서 물의를 일으킬 것을 염려한 까닭이었다. 대개 광대와 백정은 여진족 출신이 많았는데 이들은 조선 백성과 잘 어울리지 않았고 결혼도 자기들끼리만 했다. 조정에서는 어떻게 해서든 그들이 조선 백성과 섞여서 농사를 지으며 살기를 원했고, 이를 위해 거주를 제한하고 거주지를 이탈할 경우엔 도망죄를 적용하여 처벌했던 것이다.

## 상인 감시용
## 노인 미소지죄
—

조선시대엔 같은 양인이라고 해도 사농공상의 서열을 두었다. 여기서 사는 학문을 업으로 하는 선비로서 대개 양반을 지칭하고, 농은 농민, 공은 기술자인 장인, 상은 상인을 가리킨다. 따라서 양인 중에서 상인을 가장 천시하는 정책을 쓴 셈이다. 그렇다면 그 이유는 무엇이었을까? 엄밀히 말하면 천시한 것이 아니라 경계했다는 표현이 맞을 것이다. 사실 조선뿐 아니라 동서양을 막론하고 모든 농업 중심의 왕조시대엔 상인을 경계했다.

왕조시대에 국가 차원에서 상인을 단속하고 억압한 이유는 국가의 안정 때문이었다. 과거 왕조시대는 대개 농업 중심의 경제구조였는데, 그 때문에 농민을 중시하고 우대하는 정책을 썼다. 농민은 직업의 특성상 땅을 떠나서는 살 수 없었으므로 웬만하면 국가 시책에 순응했고 되도록 안정을 추구했다. 그래서 농민은 국가에 대한 충성도가 높은 편이었다.

하지만 상인은 농민과는 상황이 달랐다. 상인은 이익을 추구했으므로 이익만 된다면 언제든지 국가를 떠날 수도 있는 존재였다. 말하자면 상인은 국가에 대한 충성심이 낮은 부류로 상인이 늘어나면 국가는 불안해질 수밖에 없었다. 이런 이유로 왕조시대엔 상인이 늘어나는 것을 경계했고 시장도 국가에서 철저히 통제했던 것이다.

'노인 미소지죄'라는 것은 바로 국가가 상인을 감시하고 통제하기 위한 수단이었다. 노인路引이라는 것은 상인에게 부여하는 일종의 여행허가증이다. 조선은 상업 행위를 하려면 반드시 노인을 발급받도록 했고, 노인이 없는 자가 상행위를 하는 것은 불법으로 규정했다. 또한 노인을 발급받은 상인이더라도 소지하지 않은 채로 다른 지방을 여행하면 노인 미소지죄로 처벌했다. 이 법은 태종 대에 규정되었는데, 이와 관련한 기록을 보자.

> 명하여 상인 가운데 노인이 없는 자는 모두 그 재화를 몰수하게 했다. 전라도 관찰사 이귀산이 아뢰었다.
> "무릇 상고商賈(상인)들은 농업을 일삼지 않고 본 역을 도피하고 있으니, 그들 가운데 경외관京外官의 노인이 없는 자는 모두 그 재화를 몰수하고, 고발하여 체포하게 한 자에게는 저화 50장을 상으로 주면, 놀고먹는 무리가 없어질 것입니다."
> 이에 그대로 따랐다.

이렇듯 조선은 근본적으로 상인을 농업을 회피하는 바람직하지 못한 존재로 보았다. 그래서 늘 그들을 감시하고 경계했으며, 그 일환으로 마련한 제도가 바로 여행허가증에 해당하는 노인이었다. 노인을 소지하지 않은 상인은 다른 지역으로 갈 수도 없게 했던 것이다.


## 재산까지 몰수한
## 사치죄
—

조선사회는 신분을 막론하고 지나치게 사치스러운 행위를 하지 못하게 했다. 복장은 물론이고 그릇 등의 생활용품을 규제했고, 심지어는 가옥을 과하게 꾸미거나 벽을 색칠하는 것도 금지했다. 이와 관련하여 《경국대전》에선 다음과 같이 규정하고 있다.

> 높고 낮은 붉은색, 잿빛, 흰빛의 겉옷과 흰 갓, 붉은 언치(안장이나 길마 밑에 깔아 말이나 소의 등을 덮는 방석이나 담요)를 사용하는 자, 술그릇 이외에 금이나 은그릇, 푸른빛으로 그림을 그린 백자를 사용하는 자, 절 이외에 색 물감을 사용하는 자, 명주로 만든 꽃과 봉황새, 금지와 은지로 만든 꽃송이를 사용하는 자는 모두 장 80대에 처한다.

이것이 이른바 사치죄다. 관리 중에는 사치죄를 명목으로 처벌받거나 재산이 몰수되는 경우가 종종 있었다. 성종 9년(1478년)에는 사치죄와 관련해 사헌부 지평 이세광이 재상 유자광을 이렇게 비판했다.

"무령군 유자광이 연석을 써서 집을 꾸몄으니 법에 어긋남이 있습니다. 청컨대 헐게 하소서."

그러자 성종은 이렇게 말했다.

"정말 연석을 썼다면 헐게 하는 것이 진실로 마땅하다."

연석은 그림이나 무늬를 새긴 돌을 말한다. 이후 사헌부에서 유자광을 사치죄로 처벌해야 한다고 주장했다.

"무령군 유자광의 집에 참람하게 연석을 썼으니 자못 대신으로서의 체통이 없습니다. 청컨대 유자광을 죄주고 연석을 철거하게 하소서."

그러자 성종이 유자광을 불러 사실이냐고 물으니 유자광이 대답했다.

"이른바 연석이라는 것은 돌을 곱게 갈아서 그림을 새긴 것인데, 신은 단지 돌을 다듬었을 뿐입니다. 그러나 신에게 죄가 있습니다."

그러자 성종은 연석을 철거하도록 하고 유자광의 죄를 더 이상 묻지 않았다.

실록에는 유자광 이외에도 사치 때문에 공격받은 관리에 관한 기록이 여럿 있다. 또한 관리뿐 아니라 민간의 사치도 사회문제가 되었다. 이 때문에 정부에서는 사치의 범위에 대한 구체적인 규정을 더 내놓았는데, 특히 사치스러운 결혼이 성행하자 신분에 따라 결혼식에 사용할 수 있는 물품을 제한하고 이를 어기면 사치죄를 적용해 장형으로 다스렸다. 그래서 당하관 이하 관리가 혼인할 때 사라능단(비단)과 계담(담요)을 사용하면 장 80대에 처한다는 규정이 생기기에 이른 것이다.

양반집 여성들의 복식도 큰 문제가 되었다. 특히 여인의 머리치장에 들어가는 비용은 사회문제가 될 정도였다. 영조는 전통적으로 우리나라의 기혼 여성들이 즐기던 머리 모양인 얹은머리까지 금지하기도 했다. 얹은머리는 머리카락을 땋은 뒤 정수리 앞부분에서 둥그렇게 말아 고정하는 머리형으로 고대부터 성행했다. 그런데 얹은머리에는 장신구가 많이 필요했고 또 머리를 풍성하게 보이기 위해 가채를 얹는 경우도 많았다. 가채는 물론 떨잠이나 비녀의 값 또한 워낙 비쌌기 때문에 그로 인한 사치 풍조가 만연했다. 그래서 영조는 가채 금지령을 내리는 한편 얹은머리를 금지하고 쪽진 머리로 대체하도록 한 것이다. 이후로 조선 기혼 여성의 상징은 얹은머리에서 쪽진 머리로 변화되었다.